治校之道

小学名校长的办学智慧（1）

陶继新　著

江蘇鳳凰教育出版社
Phoenix Education Publishing, Ltd

图书在版编目（CIP）数据

治校之道．小学名校长的办学智慧（1）/ 陶继新著．—南京：江苏凤凰教育出版社，2017.10

ISBN 978-7-5499-6804-6

Ⅰ.①治…　Ⅱ.①陶　Ⅲ.①小学—学校管理　Ⅳ.①G627

中国版本图书馆 CIP 数据核字（2017）第 259754 号

书　　名　治校之道——小学名校长的办学智慧（1）
作　　者　陶继新
责任编辑　雷利军　李媛媛
出版发行　江苏凤凰教育出版社（南京市湖南路 1 号 A 楼　邮编 210009）
苏教网址　http：//www.1088.com.cn
照　　排　北京世纪鸿文制版技术有限公司
印　　刷　三河市九洲财鑫印刷有限公司
厂　　址　河北省三河市灵山大口
开　　本　787 毫米×1092 毫米　1/16
印　　张　14.25
字　　数　226 千字
版　　次　2018 年 1 月第 1 版　2018 年 1 月第 1 次印刷
书　　号　ISBN 978-7-5499-6804-6
定　　价　35.00 元
网店地址　http：//jsfhjycbs.tmall.com
邮购电话　025-85406265，85400774　短信　02585420909
E - mail　jsep@vip.163.com
盗版举报　025-83658579

自序 ■ PREFACE

几十年来，尤其是近十来年，我所写的校长及其学校的通讯作品的数量和质量都不断提升。更令我欣慰的是，这种写作已经逐渐内化为一种情愫和习惯，使我越写越想写，越写越从容。尤其是近一两年，我与所采写的校长及其学校有了一种难以割舍的情感。

初写此类文章的时候，我其实并不是特别快乐，更难达到从容坦然的心境。一篇万字左右的通讯文章，往往需要五六天时间才能完成，而其中真正遂心意的，只有十之三四而已。

随着写作速度的提高，写作质量也在不断提升，以至有了提笔即作、其乐无穷的感觉。采访的时候，我往往被采访对象所感动，从而产生强烈的写作欲望，写起来也多是一发而不可收。六七千字的通讯文章，常常只需一天即可完稿。在整个写作过程中，我几乎都沉浸于一种精神享受之中。

在我的四十多本著作中，关于校长及学校的书就占了半壁江山。正是在近乎每周都有的长期采写的过程中，我接触到了全国各种各样的校长与学校，其中既有北京、上海等大都市中的极有名气的校长与名校，也有小山村中名不见经传的校长及基础薄弱的学校。不同的校长所展现出来的思想与智慧，以及不同的学校所呈现出来的品质与面貌，各有千秋。每每走进一所学校，我都会收获一种意想不到的惊喜。我习惯于从新闻采访与专家探究两种视角来审视学校里的人与事，并即时吸纳值得学习的东西，且最大限度地将其“化”成自己的写作素材，进而形成烙印着陶氏风格的通讯作品。

如此持之以恒地行走几十年，我蓦然回首，发现这些校长及学校的许多精神营养，已经被自己慢慢吸收并逐渐“消化”，让原本单薄的我渐渐变得丰盈起来。凡属学校管理、课程构建、课堂改革、教师发展、学生自学、家校合育、文化建设等方面的问题，都已储存在了我的大脑中。而且，无论在什么场合，即兴言说或限时成文，对我来说都变得容易而轻松了。

即便到一所陌生的学校去采访，我也会很快寻找到校长及学校的最核心要素，并当场进行逻辑的归类与理性的升华，从而梳理出将要写的通讯作品的整体思路。返程之后的写作，也就有了水到渠成之势。英国诗人威廉·布莱克说过这样的箴言："一粒沙里看世界，一朵花里见天堂。"每一所学校、每一位校长，都展现出一幅幅不同的生命图景，我作为倾听者和编织者，倾听故事融我于他们的世界，编织语言呈现其生命的不同光华。

有人说我的写作水平高，其实，我是一个"困而学之"者，只不过在写作上下的功夫比一般人多罢了。几十年如一日地奔赴全国各地进行采访，几十年如一日地将采访的内容写成作品，甚至每年的除夕及春节，我也几乎是在办公室享受着写作的愉悦中度过的。外面此起彼伏的鞭炮声，丝毫打乱不了我写作的思路，影响不了我写作的速度，也影响不了我写作的质量。

正是几十年的笨功夫，才有了属于我自己的语言风格：不是故弄玄虚地搬弄美词佳句，而是让与文脉相契的语言"道法自然"地流动于文本之中。即使那些被读者称道的所谓妙语警句，也毫无预设，而是灵感袭来时的自然语"化"。

一篇有质感的通讯作品，不能只是满足于让读者感受到内容的新颖与丰沛，也不能只是让读者享受语言之美，还应当用理性的光华为作品点燃生命的亮色。美国教育家杜威说："理性是活动借以具有丰富意义的一切资源。"确实如此，作品需要理论升华，亦需要理性判断，且不是与作品本身相游离的，而是融为一体的。这就需要长年累月的储备，不是现学现用，而是它早已在你的大脑中，处于沉睡状态。当你写作需要它的时候，它就会极其迅速地做出反应，让我惊叹其何以如此神妙！于是，我的十指便条件反射般地在键盘上飞快地敲击着，随即理性的光芒便照亮了那一段描述性的文本，我的精神也亢奋起来，以极其愉悦的心境继续后面的写作。

要达到这样的境界，并非只需掌握某些写作技巧，其中还有一个核心语词——道。它不只是写好有关校长及学校的通讯作品的关键，也是写好所有作品的关键，甚至是一个人通向审美殿堂的不二法门。它看似玄之又玄，其实是返璞归真，“本立而道生”。从这个意义上来说，任何的投机取巧，都只是雕虫小技，永远无法抵达写作的高层境界。

当我采写了几百位校长及其学校之后，在这个领域拥有了充分的话语权的时候，是不是就一定能走进写作的“道”场之中呢？回答是否定的。丰富的写作素材，以及对写作对象的准确把握，构成了写好通讯作品的必要条件；继之不断地阅读大师作品与背诵经典，才能构成充分必要条件，即有之则必然，无之则必不然。只有不断地阅读名著，大量诵记经典，且“化”之于心，并与采访的内容和谐地融为一体时，才能产生巨大的生命能量，也才能让“道”不期而至。这是一个无止境的大境界，我只是触摸到了“道”的边缘而已。不过，有了这种觉悟，并不间断地“行”下去，相信会让我的作品跃升到“更上一层楼”的境界，以至点亮我整个生命的前程。

需要说明的是，这本书中所写的校长及其学校，除内容各异外，呈现方式也有所不同。有的会相对全面地铺展开来，给人一个整体的印象，甚至让人产生一种“横看成岭侧成峰”的感觉；有的则是“弱水三千，只取一瓢饮”，让读者从某一个视角去领略其独具的一个“景点”，进而展开丰富的想象，窥一斑而知全豹。

收入本书的通讯作品共计18篇，均发表在各大报刊上，在本书中则是按照由“近”及“远”的顺序编排的，即最近发表的排在前面，最早发表的排在后面，以免给读者造成这些校长及其学校优劣不等的印象。我去任何地方采访的时候，都是怀着一颗朝圣的心去“拜谒”的。在我这里，没有因其名气大小与城乡之别而有分别心，有的只是“择其善者而从之”的学习心。

还需要说明的是，每篇作品开头的校长简介，均系我采写时校长所提供的。

陶继新

2017年2月23日于济南

目录 CONTENTS

学生个个都是管理者

——黑龙江省鸡西市园丁小学尝试德育掠影

校长介绍

王春梅，黑龙江省鸡西市园丁小学党支部书记兼校长。先后被评为全国煤炭基础教育百名优秀校长之一、黑龙江省模范教师、黑龙江省巾帼建业标兵、黑龙江省教育系统先进工作者、黑龙江省教育学会教育科研工作先进个人、鸡西市十佳公仆、鸡西市专业技术拔尖人才、鸡西市十大名校长之一、鸡西市模范工作者、鸡西市名校长协会优秀导师等。从2008年开始，所在学校开始进行尝试教学法的实验研究，并从尝试教学研究拓展到尝试教育及尝试管理研究，建构了完整的大尝试教育体系。主持的课题获国家教育部教学成果一等奖、省教学成果二等奖。尝试教育改革的成果发表在《人民教育》《现代教育》《语文研究与教学》《尝试教育研究》等刊物中。

在开创尝试教学法的邱学华老师将尝试教学发展到尝试教育的同时，其"尝试"的内容与地域也在不断扩展。黑龙江省鸡西市园丁小学，则是这扩展大军中的一支劲旅。他们在尝试德育方面积极探索，开辟出一条新的路子，尤其是在让学生敢于管理、善于管理方面取得了突出的成绩。他们不但照亮了自己的前程，还为全国德育工作提供了一个很好的参照。

轮流“坐庄”，人人都是“小当家”

说起班级管理工作，很多人都会想到忙得不可开交的班主任，尤其是小学班主任，他们有时忙起来简直是苦不堪言。在园丁小学则并非如此，其班级管理工作除了由班主任负责之外，全体学生也在各尽其责。

问及其中的微妙之处，王春梅校长神秘地一笑：“是因为有了‘十员十长’角色定位，才有了如此成效。‘十员十长’角色定位的实施，如同抓住了班级管理的‘牛鼻子’，聚合发力，让原本‘山重水复疑无路’的班级工作呈现出‘柳暗花明又一村’的新气象。”

老子说：“天下大事，必作于细。”班级工作，是学校的大事。要想做好这件大事，就要从细处着手。为此，学校对每个角色的职责进行了细化。班主任根据每个学生的特点、能力及性格，给他们安排合适的角色，以发挥其作用。于是，园丁小学的“十员十长”角色定位便应运而生。

所谓“十员十长”，“十员”即文明监督员、代管班管理员、墙面监察员、小食品管理员、多媒体管理员、仪表检查员、校服检查员、毽球检查员、课间检查员、眼保健操监察员；“十长”即排长、灯长、帘长、桌长、水长、门长、窗长、花长、刊长、楼长。

“十员十长”并非实行“终身制”，而会在每个月进行角色轮换。这样既形成了“人人有事做，事事有人做”的班级管理格局，又让活泼率真的学生在更多新的岗位上获得了锻炼的机会。

然而，教师做起班级工作来尚且顾此失彼，学生管理班级难道就真的能比教师强吗？

事实是最有说服力的。教师的知识与阅历固然比学生丰富得多，可是一个班级只有一个班主任，班主任即使能力再强，也不可能面面俱到地做好每项班级工作；而学生有几十人，当人人参与管理工作、人人都有积极性的时候，班级管理工作就有了“全覆盖”的可能性。

其实，在很多时候教师往往低估了学生的潜力，如果给予学生管理权力，往往能收到意想不到的效果。

最朴素的美丽，就是留下的脚印。

四年级的李默奇是一个讲文明、懂礼貌的孩子。当班主任委任他担任文明监督员的时候，其他学生都非常信服。如果说以前讲文明、懂礼貌还是一种个人行为的话，现在则发生了变化，那就是不但要以身作则，还要监督别人，让全班同学都做讲文明、懂礼貌的好孩子。为此，李默奇更加严格地要求自己，不管是在校内还是校外，绝不乱扔废纸，不随地吐痰，看到老师、同学主动问好……这些，同学们看在眼里，记在心里。所以，在他严格执“法”，对其他同学进行监督管理的时候，大家都能听从。就连几个平时文明习惯不太好的学生，也在他的感召和帮助下“旧貌换新颜”。期末，他们班被评为学校文明班，班主任和同学们在感到高兴与自豪的同时，都说李默奇功不可没。

职责，是学生发现春天的光源。

自从当上代管班监督员之后，四年级的王智宁突然明白了：离开校园后，一举一动就不只是个人行为，还代表着园丁小学；不但不能任性地在代管班里淘气，还要严格要求自己，给其他同学做出榜样。为此，在外面玩耍时，他会提醒同学们注意安全；发现同学买零食的行为，他会及时阻止。妈妈夸他懂事了，老师说他长大了，他也觉得自己更棒了。

只要有阳光，就能选择方向。

三年级的排长刘佳奇原本是个淘气的孩子，经常违反纪律，不但给班级“抹黑”，还让班级被扣分。班主任迟曼老师苦口婆心地劝过，也严厉地批评过，但他很快就会“旧病复发”。问及何以如此过而难改，他扑闪着大眼睛对迟老师说：“老师，我也不想，可我真的控制不住自己！”为了让他学会自律，迟老师就给他安排了一个排长的职位。自从担任排长后，他完全变了。每天放学时，有了定力的他都会吹着哨子，带领着同学们迈着整齐的步伐，昂首挺胸地走出校园。迟老师问他为什么突然就能管住自己了，他还是扑闪着大眼睛回答：“老师，我是排长啊！管不住自己，怎么管别人?”就这样，一向管不住自己的刘佳奇，在责任的提醒下，有了超越自我的能量。

据五年级某班的班主任宋会娟老师讲，她班有一名叫林宣廷的同学，平时成绩不理想，但是为人忠厚老实，从来不会管人。宋老师安排他当小食品监督员时，他难以置信地问道：“老师，我能做好吗?”宋老师拍拍他的肩膀说：“你不但能做好，而且会做得非常好!”这种鼓励不但燃起了他的信心，也鼓起了他的勇气。他工作起来既认真又大胆，学习成绩也有了很大的进步。

一个个“养眼”的职位，美了学生的意象，提升了学生的自信心。

六年级的李欣阳是一个内向安静的女孩，在刚被选为花长的时候，她认为这个工作不过就是给教室里的花浇浇水而已。可真正干起来的时候，她发现并没有那么简单。浇水不及时，或浇水不均匀，就会导致有的花叶子干枯，有的花根部腐烂了。为了照顾好这些花，她向奶奶请教养花的经验，上网查找养花的技巧。一盆盆小花在她精心而科学的照顾下焕发了生机，而她自己也变得像一朵带露的花。

一个梦，与阅读有约，于书中发芽。

五年级的石权是毛遂自荐成为刊长的。他平时酷爱文学，从中大大受益，便希望更多的同学能与他一起阅读更多的文学名著，成为“腹有诗书气自华”的人。为此，他帮助同学们有针对性地征订他们喜欢的又具有品位的刊物；倡议大家给班级捐书，同学之间互换着看书；开展每月一次的班级读书交流会，评选“读书小能手”，并颁发证书。结果，学生读书的热情与日俱增，爱好文学成了全班同学共同追求的一种时尚。

探索本身就蕴藏着收获。

据王春梅校长讲，“十员十长”如同春雨，唤醒了幼苗，让每个任职的学生都能负责任地履行自己的职责。它既为有热情、有能力的学生提供了挥洒才思的平台，也为存在各种问题的学生修正自我的缺点提供了契机与载体，同时在潜移默化中改变着学生的精神面貌。

古罗马斯多葛学派的哲学家爱比克泰德说：“是否真有幸福并非取决于天性，而是取决于人的习惯。”园丁小学此举的背后，还有更为深远的意义，那就是让学生养成良好的习惯，从而为他们未来的发展奠定一个能飞多高就飞多高、能飞多远就飞多远的基础。

“两课”转换“说到行”

上品德课的时候，不少教师选择对教材文本进行认真的讲解，并附以相应的说教，但总是难以达到预期的效果。因为学生优秀品德的形成需要的不仅是说，更重要的是行。当年孔子的教育，更多的就是行的教育。孔子主张“讷于言而敏于行”，并说“力行近乎仁”。可以说，他的教育独具匠心，不只是一种对精神的呼唤，还是一种实践哲学，因此才培养出了一批德行高尚的弟子。

感应极强的磁场是由心跳和梦境构成的。

园丁小学的品德课，更多关注了学生心灵共鸣的实践与体验。学校专门安排班主任担任品德课的教师，上课的时候，教师对教材文本的有趣解说与学生的实践融为一体，不但让学生放飞了天真的心灵，喜欢上了品德课，还产生了理想的教育效果。

心灵之窗一旦敲开，整个世界都是春天。

闫秀伟老师在教“家人的爱”一课之前，先安排了让学生给父母洗脚一个星期的实践活动，以让学生感受父母由此而产生的喜悦，以及彼时彼地生成的特殊的生命体验。闫老师结合学生的感受，再到课堂上讲“家人的爱”，学生自然地就走进了教材文本之中。课后，闫老师又设计了一个体验活动：先让学生说说从出生到现在父母为自己做了些什么。然后做小调查，问学生“你知道父母的生日、年龄和爱好吗”，很多学生都不知道。随后，闫老师再问学生“父母知道你的生日、年龄和爱好吗”，学生异口同声地回答“知道”。此时此刻，学生感受到了父母对自己的爱远远大于自己对他们的爱。“盘点”过后，闫老师继续给学生“施肥”，让每个学生为父母制作一张感恩卡。这时候，学生做得特别用心，沉睡的亲情在行动中被唤醒，感恩之心油然而生。

当学生将制成的感恩卡送到父母手里的时候，就更增添了对父母的珍爱之情。学生对家人的爱的回报就不会仅局限于为父母洗几次脚，而会在生活的各个方面都力所能及，会心存感恩、孝敬父母。在这一过程中，学生用真心、真情和行动表达了最朴素的道德本质。

一个人如果连自己的父母都不爱的话，还能谈得上爱家乡、爱祖国吗?《论语》有云：“本立而道生。孝弟也者，其仁之本与!”没有孝敬之心，就没有仁爱之本，也就不可能作为一个“大写的人”而立于社会之中。

如果说园丁小学的品德课一路开山拓道是班主任起着主导作用的话，那么班会课上的创新奇观则是因为学生发挥了主体作用。

让实践活动，激起心灵深处层层叠叠的“涟漪”。

每周一次的班会课，班主任根据学校布置的主题班会内容提前一周将任务下放给班委，由筹划班会小组成员分配任务，由组织委员进行检查督促，由学生利用业余时间进行排练，由主持人制作课件。这不但调动了每位学生参与班会课的积极性，也大大提升了班会课的质量。

即使是班会课的总结环节，也全由学生完成。如果过去一周内班级出现的问题较少，则采取班长汇报制，即由班长汇总各职能岗位班干部的一周工作情况并向全班同学汇报。假如过去一周内班级出现的问题较多，或者下一周有较多事务安排，则采取各职能岗位班干部汇报制，即由各班干部逐个上台向全班同学汇报一周工作。汇报内容主要有表扬好人好事、指正不良现象、指正违纪行为、总结本岗位工作的成绩与不足等。

这样的汇报不但真实而具体，而且能让学生感到非常亲切和自然，这就消解了教育者与被教育者的心理距离，收获了良好的教育效果。

引爆每位学生的潜能。

五年级某班的班主任于丽老师从一年级起就开始担任她所在班级的班主任了。在一、二年级的时候，她便引领与指导学生参与班会课的相关工作。三年级时，该班的班会课便彻底放手给学生负责。根据班会课的需要，该班还成立了以下三个团队。

主持团：在班级中选出四个男同学、四个女同学，按一个男同学、一个女同学的组成方式分成四组，成立主持团。在开学初把整个学期的班会计划布置下去，以便让他们有计划地进行布置，每组成员平均一个月承担一次班会任务。这样，学生就会找准自己的坐标，会用足够的时间整理自己要上的班会课的内容，进而进行整节班会课的主线设计及课件制作等，以展现自己的才能。主持团的启动，让学生在活动中拥有了活力。

导演团：主持团关于班会课的工作基本完成之后，于老师便从班级中挑选出能歌善舞的文艺骨干成立一支导演团，让他们负责整节班会课中文艺演出的排练。同时，对导演团成员提出要求：各个小组要根据预先的安排依次进行，并让人人都参与、人人有角色。于是，每个学生都有了参与的热情，也都期盼着每周一次的班会课。

美工团：先从班级中挑选几个美术方面特别突出的同学，他们的任务是负责每次班会课之前黑板的布置。关于黑板布置，要求是字体美观、图文并茂，尤其要有创意，让师生看到后有眼前一亮的感觉。于老师的要求高，学生的动力更大。他们想方设法地收集艺术字，也尽全力画出美丽的图案。结果，他们布置的黑板每次都会给大家一个惊喜。

据王春梅校长讲，班会课上学生所展现出来的才华常常让教师们有一种“后生可畏，焉知来者之不如今也”的感慨。更重要的是，在一次又一次的班会课上，学生“我能行”的自信心建立起来了，集体荣誉感与班级责任心也应运而生。同时，这样的班会形式点亮了主题班会的生命之光，证实园丁小学的教育得到了上乘密法。

学校管理，学生走上舞台

当学生尝试着走上班级管理岗位的时候，学校又让他们上前一步，走上了学校管理的舞台，任他们演绎了一种又一种精彩。毫不夸张地说，园丁小学从学生的精神入手，开始了突围。

一、值周管理班级负责制，提升学生的主人翁意识

所谓值周管理班级负责制，就是将日常教师值周管理的任务转交给四年级和五年级的学生，每班负责一周。学校根据需要在各楼层设置“前楼东一岗”“后楼西三岗”等19个“尝试体验管理岗”，以使学校管理工作实现定岗、定员、责任到人。所有学生都可以参与申报，学校通过“学生自荐—班主任推荐—政教处最终考核”的层层选拔，确定上岗人员。

学生尽管热情高涨，可毕竟初次涉“政”，对于有何职责、怎样管理、如何评价等问题毫无经验。为此，政教处每周深入班级进行集体培训，以打通学生管理能力的“隧道”。

心灵的冲刷，是为接近朴素的品质。

为保证学生在管理过程中少出乃至不出问题，学校印发了《“尝试体验管理岗”检查记录单》，要求学生实名记录违纪学生的班级、姓名以作为佐证资料，每日加以汇总和公示。学期末，学校评选“优秀值周班”“优秀管理小能手”，并进行隆重表彰。

小小的策略，可以改变学生的思想和行为。

开始的时候，有的教师认为学生难以担此重任，可事实上每一个学生都特别珍惜这个机会，工作起来一丝不苟。尤其是那些一向被教师认为调皮淘气的学生，他们走上这个岗位后不但能以身作则、严格执“法”，还能约束自己并成为全新的自己。

其实，调皮只是一种表象，这类学生大多比较聪明，只不过自制能力较差。而给这类学生这个特殊的岗位，如同在他们心中燃起了一把火，必然会使他们“正人先正己”。更重要的是，通过一次又一次的“正己”，这些学生便能从他律走向自律，不但找回了本真，增强了自制力，还养成了良好的行为习惯。

值周管理班级负责制不但受到了学生的热烈欢迎，也得到了教师一致的好评。以前教师做这些工作的时候，不但要付出好多时间，管理起来也有很大的难度。学生接下这项工作后，教师不但减少了工作量，也减轻了心理负担。学生管学生，由于他们彼此心理相近、年龄相仿、心灵相通，自然就有很好的管理效果。

二、大胆启用“学生秘书”，提高学生服务他人的能力

在园丁小学，每个学校领导与教师都有一个“学生秘书”，“学生秘书”的职责是协助领导与教师上传下达，开展工作。学校采取双向选择的方式，由学生自愿报名，由大队委进行第一轮“海选”以确定每个岗位的五名候选人，再由教师进行个性化筛选，最终确定“学生秘书”名单。开始的时候，有的“学生秘书”工作起来还有点不熟练、不好意思，可在领导与教师的鼓励与指导下，很快便大胆地工作起来。由于学生之间彼此比较了解，学生中一些尚处于萌芽状态的问题，多是由“学生秘书”提供“线索”或“情报”给教师而得到及时解决的。这不但在潜移默化中让学生养成了服务他人的习惯，也在无形中提高了学校管理的效率与质量。

选择，在新绿的枝头芬芳。

来自三年级的方璐宁同学，起初对于参加“学生秘书”海选并没有自信，是在班主任的鼓励下才走上这个竞争舞台的。后来，她说很庆幸自己参加了这次海选，因为在这个过程中，认识了很多高年级的大哥哥、大姐姐。她不但从他们身上学到了很多处理问题的方法，更为他们服务的热忱所感动。由于年纪小，方璐宁的主要任务是负责传达大队部通知，这就需要她敲开每个教室和办公室的门，把通知内容准确地传达给别人。起初，她很紧张，说话常常前言不搭后语，可每每看到老师和善鼓励的目光，听到老师说“谢谢你”时，她浑身就充满了力量。现在，每当戴着“学生秘书”的胸牌完成一项又一项任务的时候，她就感到自己平添了一分自信，自豪感也油然而生。

责任在心，使命在肩，与教师共甘苦。

五年级的吕子轩同学是大队辅导员刘敏老师的“学生秘书”，他的主要工作是开展大型活动之前协助刘老师做好准备工作，以及负责学校开放书架的管理和各种通知的上传下达。任务虽然比较多，可他都安排得井井有条。如书架管理工作，下课铃声一响，他就到各个书架处巡视一番，看看有没有书籍被损坏的现象，如果有，他会立即处理好；如果发现有同学忘了把书放回原位，他就立刻给予温馨的提醒。就这样，所有书架始终得以保持得干净整齐，从来没有丢失过一本书。

据刘老师讲，吕子轩不但帮助她很好地处理了一些问题，为班级工作带来了极大的效益，在这个过程中也有所收获：不但培养了责任心，也形成了为他人服务的意识。这些良好的品质一旦形成，不但有助于提高他的社会适应能力，还有可能如影随形地伴随他一生，促使他在未来的生命历程中做出对社会、对他人有益的事情来。

三、校园窗口实现自治，培养学生健康的行为模式

园丁小学的很多工作并不是由学校领导督察与评价的，更多权力被放给了大队部，使大队干部充分发挥了自身的作用。大队部下设的“童声”广播站和文明监督岗等窗口部门，均实行自主管理。工作制度由每个成员共同完善，具体的工作安排由例会商议决定。广播站稿件的筹集采取中队负责制，将新闻实事类内容作为广播站的主要内容，分为“童眼看天下”和“园丁轶事”两部分。“童声”广播站还成立了校内小记者团，进行新闻采集和稿件编撰工作，让广播站成了学生自己的窗口，也让学生在反复尝试中学会了策划、组织、管理和协调。

有人认为，学校每天的教育教学工作大同小异，并没有什么新闻可报，其实不然。园丁小学的小记者们眼观六路、耳听八方，有些学校领导与教师看不到、听不到的新闻，都被他们挖掘了出来，并通过“童音”广播站传播到全校师生那里。这些新闻不但成了学生关注的热点，也吸引了学校领导与教师的注意，并会让每个人下意识地依据这些新闻对学校的相应工作做出评价。

邱学华老师认为，人要有突围的勇气，不要害怕当先锋，要敢于尝试。做任何事情，先不要说不能干或干不好，不妨先试一试，即使不行，也可以从中吸取教训。学习如此，管理亦然；教师如此，学生亦然。有了这种认识与理念，学校的很多工作都可以交给学生来做，这不仅让学生学会了管理，增强了责任感与自信心，还让冷漠、机械、教条、死板的学校管理有了温度、生机、活力、人性……

园丁小学努力探索、奋力前行，让光芒充满了校园，让每个学生都有满满的收获。

学生在守“格”中养成好习惯

——湖北省松滋市黄杰小学“幸福网格”扫描

校长介绍

杨继军，中学高级教师，中共党员。1988年8月至1997年9月在湖北省松滋市新江口镇第一初级中学工作，1997年10月至2010年8月在松滋市教育科学研究中心任教研员，2010年8月至2013年4月在松滋市新江口镇第一小学任校长，2013年4月至今在松滋市黄杰小学任党总支书记、校长。被评为松滋市基础教育先进个人，荆州市第四届、第五届明星骨干教师，湖北省优秀教师、优秀教研员。有多篇论文在专业报刊上发表。

不少小学班主任有一个共同的感受：小孩子难管，经常是“按下葫芦浮起瓢”。可我在黄杰小学发现，诸如餐厅打饭、出入校门、大小课间之时，罕有维持秩序的班主任的身影，学生竟也行止有序，毫无乱象。

问及其中的奥妙所在，学校分管德育的胡雄副校长嘿嘿一笑，说是因为有了网格管理才有了这种无为而治的景观。

之前，网格管理这种提法只出现在某些企业、社区中，黄杰小学的杨继军校长却认为，学校也可以通过网格管理来提升校园管理的品质。他以“聚沙成塔”这个词为例进行了解释。大家对这个词的普遍理解都是积少成多，而事实上，聚再多的沙，也只能成为沙堆，不可能成为高塔。那么“聚沙成塔”怎么样才能成立呢？必须要让“聚沙”有一个质的飞跃，那就是建立结构。以前，德育管理者也好，班主任也好，很少去思考德育的理论体系和结构框架的问题，但恰恰是因为没有理论体系和结构框架的支撑，才会沉迷于琐碎的实践之中，难以完成由沙堆到高塔这种从量到质的蜕变。也有很多班主任在多年的实践当中积累了很多有效的经验，但这始终是一种散点式的经验。就像珍珠一样，就算是宝物，如果不串起来，就永远只是一颗颗分散的珍珠。而如果能精心打磨、挑选，把这些珍珠串起来使之成为项链，那么它除了是宝物，更升华成了一件艺术品。

所以，杨继军校长提出，德育部门要为学校的德育工作搭建一个结构框架，聚沙成塔，串珠为链，以作为学校德育工作的顶层设计。这个结构框架出台以后，可以据此在全校实行模式化管理，在班级内实施差异化管理。意思是说，总体上学校采用一种管理模式，但在管理的细节上提倡“百家争鸣”。这种做法既避免了德育工作毫无章法、随心所欲，也避免了德育工作千篇一律、个性缺失，更在让学校的管理与班级的实际情况不脱节的同时，把总体管理的规范化与班级管理的个性化结合了起来。这就给年级组和班级提供了一个自我发挥的空间，也充分尊重了班级的实情、自我的创新。

这个结构框架就是之后推出的网格管理。经过两年多的探索，黄杰小学的网格管理已经结出了丰硕的成果。

人人平等，个个重要

网格管理对于学生来说无疑是一个新课题，它改变的不只是学生的学习方式，在很多时候也变革了原有的教育形态。

据政教室的唐艳主任讲，他们将整个学校看作一个大网格，这个大网格分成 6 个年级网格，每个年级网格又按班级建制分成若干班级网格，而在每个班级网格里，还有 4 人一组组成的学生网格。如果班级人数不是 4 的倍数，如多出 2 人或 3 人，则单独作为一个网格建制；如仅多出 1 人，则和某一 4 人网格整合为一个网格。所有的网格都有一个别具特色的网格名。

班级网格管理有着类似于目前流行于不少学校的 4 人或 6 人不等的合作小组管理的建构形式，但网格管理在理念上又与其有着本质的不同。合作小组管理的人员组成多实行的是异组同质、同组异质的方法，即在一个班内分成水平相对一样的小组，而每个小组中有高、中、低水平的明显差异，高者在小组内有着领导权与教导权。

为了解释班级网格管理的建构形式，杨继军校长出示了一张网格图，然后指着这张图上的一个个网格说："这些网格环环相扣，每一环都是同样重要的，而我们的网格管理的理念也是这样。在网格内不分优劣好坏，不给学生贴三六九等的标签，公平地对待每一个学生，大家在人格上都是平等的。这样，每一个学生都有存在的价值，都不会处于被遗忘的角落。当然，每一个学生也就都有了自觉性与积极性。"

不仅如此，就连师生也是平等的。如果把一个班看成由诸多小网格组成的一个大网格的话，教师在游离于网格之外的时候，各个小网格照样能够正常运转。教师如果参与某个网格的建设，也是以一般参与者的身份出现的。学生可以听从教师的建议，也可以按原定规则照常运转。因为在网格内，师生只有长幼之差，没有尊卑之别。不过，教师并不会因此就完全置身事外，他们在某些关键性的环节中依然可以起到主导作用。

在网格中，每个人都是管理者，也是被管理者；随着时间的推移与方位的转换，管理者与被管理者的角色也在转换。管理者没有盛气凌人之势，被管理者也没有低人一等之姿，由此形成的是一种民主和谐的人文景观。这既激发了每个个体的管理热情，也锤炼了被管理者的意志品质。这种双向的积极性与无处不在的管理网格，不但让所有管理环节免于出现疏漏，也使每个学生在管理与被管理中完善与提升了自身。而且，每个学生都是网格中的一环，就其个体而言，自然有一定的生命能量。可环环相扣之后，就会产生"1＋1＞2"的能量，而每一个学生都能从这种合力中感觉到自己的成长。

有的放矢，细化守则

孟子曰："不以规矩，不能成方圆。"

何止古代？如今这全球化时代对于中国社会来说，就是一个建立规范，由无序走向有序、由人治走向法治的时代。在这样一个时代里，所有社会成员都必须确立一种规范意识。当下的小学生，正是祖国未来的建设者。他们将面对的社会，比今天的社会还要开放、多元，他们中的一部分甚至还要走向世界。所以，学校教育需要给予学生的，除了教材上的知识，还应当包括适应未来社会的品质与能力。这样，学生将来在走向世界上任何一个国度的时候，才会让那里的人感觉到：这既是从中国走出来的文明守礼者，也是很有品位的世界公民。

由此，几乎所有的学校都制订了学生守则。可是，如果用“高大全”式的守则去要求学生，多会事倍功半、不起作用甚至起反作用。为此，黄杰小学针对不同年段小学生的特点，有的放矢地制订了相应的网格守则。

比如，三年级的年级组组长黄晓艳在广泛征求班主任意见与建议的基础上，又收集与查阅了大量国内外小学生守则的资料，根据三年级学生的认知与心理特点，制订了好理解、易操作、“接地气”的网格管理守则。

小学生天真烂漫，爱说好动，即使知道甚至背诵了守则，一时违背某项守则也是可能的。如果只是通过“不准”“不要”“不许”等冷冰冰的词语对学生进行限制与批评的话，尽管当下也能起到令行禁止的效果，可未必能够内化到学生心里，甚至有可能对学生造成心理伤害。为此，学校从正面对学生提出要求，即通过“我们要”“我们可以”“我们应该”等温馨的话语，让学生既遵守规则，又从心理上悦纳规则。久而久之，这些规则就会内化到学生的心里，并外化成学生的自觉行动。

据三年级组的陈浩瀚老师讲，小学生理解一些比较抽象的词语的时候常常会出现偏差，为此，他们在制订守则的时候，从学生易于理解的角度，变抽象为具体，形成了一套细化的规则。比如，一般守则中的“尊敬老师”这一条就比较抽象。有的学生认为多向老师问好就是尊敬老师，于是一天到晚追在老师后面问好；还有的学生认为送礼就代表尊敬，于是就让父母给老师送礼。网格管理对此进行了细化，即从早晨进校问好、课间打招呼、进教室和办公室喊“报告”、节日送祝福，到认真完成老师布置的各项任务等，都做出了具体的要求。同时，在政教室唐艳主任、杨晓琼主任的带领下，教师们还将守则分为九大篇：进校篇、晨读篇、集会篇、课堂篇、休整篇、卫生篇、进餐篇、安全篇、离校篇，并戏称其为“九阳真经”。如何穿着，如何与他人打招呼，如何站队，如何行走，如何进餐，如何休息、玩耍等，无一不涵盖其中。这些又小又细的琐事，其实都关乎学生习惯养成的大问题。学生正是在践行这些网格守则的过程中，才养成了良好的习惯。有哲人言：“好习惯，一辈子享受不尽它的利息；坏习惯，一辈子偿还不完它的债务。”网格管理，不正是为学生积淀了受益终身的利息吗？

学生久处在这样的网格中，还会形成一种积极的思维定式：遵守规矩不但是一种责任、一种义务，而且是一件无比快乐的事情。

不过，据杨继军校长讲，在网格管理实施初期，有不少教师和家长也怀疑过这种管理会压抑学生的个性。

杨继军校长说，首先要认清个性张扬与违章乱纪的不同。孩子天真烂漫，好说好动，这是天性使然，学校教育工作者一定要保护他们的天性，可这并不等于让他们任性而为、不受约束。日月运行尚有一定的规律，一个人在干任何事情的时候也应当有一定的规则。即使是吃饭、睡觉，孔子还说要“食不语，寝不言”。这种看似“过分”的规则，是有实际意义的。如果在吃饭时乱喊乱叫，在别人睡觉时乱蹦乱跳，这不是张扬个性，而是破坏规则，定会影响他人。尊重个性的前提，是不能影响他人的生活、学习与工作，否则就是在纵容不文明的行为。

如今，黄杰小学的学生在公共场合特别懂礼守纪，他们能自觉遵守规则，也会主动制止他人的不文明行为。也许有人会问，这种中规中矩的行事准则会不会影响学生思维的开放性呢？

答案是否定的。

比如，在课堂上，某个网格的成员不但可以对其他同学的观点提出疑问或给出建议，还可以对教师讲授的内容提出不同的看法。久而久之，他们已深得“吾爱吾师，吾更爱真理”之精髓。胡雄副校长认为，在黄杰小学的网格管理里，学生的思维是敞开的，有时候，他们还会对报刊、图书甚至教科书上的某个词句或解释“说三道四”，并为此唇枪舌剑，争得面红耳赤。当学生的思维向度被彻底打开之后，其创造的火花也会被点燃。

杨继军校长认为，网格管理不是通过规矩把学生约束住，也不是将学生框定在不能创造的圈子里，而是让他们学会在遵守规则的同时从容不迫地去应对眼前的一切。一旦学生适应了网格管理，非但不会感觉到被束缚，反而会生出一种“道法自然”的感觉，他们的创造力非但不会受到压抑，反而可能出现“井喷”。

在网格之中，思维的交锋让每个学生都有了批判性思维及创新意识。这两种品质一旦在他们的心里定格，就有可能埋下一颗创造性思维的种子，而这种子到了一定的生命节点上就会破土而出，进而长成参天大树，使他们成为有益于社会的创造型人才。

杨继军校长高兴地说，网格管理让学生的个性与学校的规矩和谐统一，从而使他们既有积极向上的心态，又不失文明礼貌。而且，学生在网格管理中还形成了合作、竞争、服务、爱人等优秀品质，这些都会在他们的人格银行里存储下一笔资金，影响他们未来的发展。

人管人，生教生

叶圣陶先生说：“教育是什么？往简单方面说，只需要一句话，就是要养成好习惯。”黄杰小学地处城乡接合部，不少家长不重视学生良好习惯的养成。那么，怎样才能让学生养成良好的习惯呢？

要想把某种不好的习惯改成好习惯，有专家说需要21次。其实，有时候21次远远不够。一个班级里一个班有不良习惯的学生不止一个，故而即便是一个班主任和几个任课教师同上阵，应付起来也没那么容易。

网格管理则有着“人管人”的妙道。它让不少学生成为管理者，甚至让每一个人都成为管理者。这样，某些学生的不良习惯不但得以完全暴露于大家面前，还有了当即被纠正的可能。如课间、进餐、路队等时段，一旦网格中任何成员做出不“法”行为，立即就会有人出面给予适当警告，提醒成员改正自身的不良习惯。

据二年级组的李贵蓉老师讲，他们班有一个特别调皮好动的男孩，以前在公共场合常常一高兴就忘乎所以，将规矩与制度抛到九霄云外，即使多次受到老师批评，他还是一如既往。可实施网格管理后，这男孩只要稍有出“格”，马上就会被其他学生“网”住。

一天，在餐厅里，他吃完饭还了碗筷回到座位上以后就毫无顾忌地大声嚷嚷起来。坐在旁边的网格小组长毫不客气地拍了他一下，神情严肃地瞪了他一眼，然后做了一个不要讲话的手势。他环顾四周，发现一片寂静中大家都在看着自己，于是就不好意思地低头不语了。

渐渐地，他开始能够自觉地要求自己，出“格”的次数越来越少了。有时候，他还会在别的同学出“格”的时候立刻给予友善的提醒。

一次又一次的强化之后，绝大多数学生养成了遵守餐桌规矩的习惯，懂得了餐桌礼仪是一种文明的表现。曾经嘈杂喧闹的餐厅变得鸦雀无声时，学生的文明程度也在悄然提升。

在同伴一次又一次的提醒与警告中，那些平时不遵守规则的学生最终发生了巨大的变化。当越来越多的学生养成了良好习惯的时候，管人就不再是一种负担而是一种义务了，甚至会使人产生一种荣誉感。而被管者不会再觉得有失尊严，而会以有过而能改为荣，会感谢哪些提醒乃至批评。

杨继军校长说，之前有不少学生对教师即使是善意的批评也会产生抵触情绪，甚至有的家长会为此到学校兴师问罪。这种情况不但给教师造成了心理上的伤害，还会将学生引向歧途。实施网格管理之后，不但学生有了“择其善者而从之，其不善者而改之”的品德，家校关系也变得和谐了。

任何班级中，不管教师如何优秀，学生学习能力与成绩的高下不同依然存在。即使教师使出浑身解数，也很难顾及每一个学生。所以，学困生问题一直是一个难解的“方程”。

黄杰小学的网格管理采取“生教生”的方略，很好地解开了这个“方程”。

网格管理有一个理念：没有差生，只有差异。事实上，对于不少学生来说也确实如此：某门学科成绩优异，另一门学科成绩则有可能一般；即使每门文化学科的表现都比较优秀，艺体学科却未必有突出的表现；就算每门学科都有出类拔萃的表现，在网格中有教人的资格，但在某个学习点上也有可能成为被教者。

在网格管理中，教师大都采取捆绑式评价，即多评价网格，少评价个人。所以，每个网格成员学习水平的高低，都有可能影响整个网格的成绩。学习成绩好的学生为了不让自己所处的网格在与其他网格的竞争中败下阵来，总会千方百计地帮助那些学困生；而学困生不想因为自己的学习成绩不好而影响整个网格的成绩，就有了努力向上的内在需求。

杰夫·佩第在《循证教学：一种有效的教学法》中这样写道："实验表明，成绩提高的主要因素是学生的主动学习，而非教师的讲解。"当所有学生都有了主动学习的积极性后，全班学生学习成绩的提升也就成了必然。

那么，也许有人会问，这样会不会影响学优生的进步呢？事实证明不会。

教师都有这样一种体验：学会了某种知识，未必能恰如其分地将它表述出来；即使能表述出来，也未必能让学生学得明明白白。但如果能表述出来且让学生学得明明白白，那就说明这种知识真的被自己掌握了。当一名学优生能够把某些知识教给学困生的时候，说明其学习水平就有了极大的提升。

美国科学家研究 24 小时后知识保持的规律时发现：只用耳朵听，24 小时后知识在大脑中保留 5%；只用眼睛看，保留 10%；采用分组讨论法，保留 50%；进行实验操作、练习，保留 75%；向别人讲授、互相教、及时应用知识，保留 90%。这就是知识再现的金字塔规律。

网格管理中，在向别人讲授、互相教、及时应用知识的时候，学生就会牢牢地掌握相关的知识，并由此提升学习的自信心。还有一个意外的收获，那就是"生教生"的时候，对教者而言助人成为一种习惯、一种品质，于被教者而言则是学会了感恩，也加深了与教者的感情。于是，助人与合作精神也就在网格中自然而然地形成了。

网格评价，拓宽视野

为了建立与网格管理相对应的评价体系，黄杰小学推出了独特的"追星争章"评价方案，取消了以往"五好学生"之类的奖状，设置了"十颗星"（管理星、礼仪星、规范星、孝敬星、学习星、阅读星、健康星、安全星、特长星、卫生星），提出了对应的评选条件，一年内集齐"十颗星"就能兑换一枚"幸福勋章"，至小学六年时集齐六枚"幸福勋章"，就能获得"黄杰金勋章"。

胡雄副校长说，以前每学期都会发奖状，这张奖状只与这一学期的表现有关。但全新的"追星争章"评价体系不再聚焦于眼前，而是以立德树人为根本，着眼于学生的长远发展，让学生每一天的每一个表现都和整个小学阶段的成长轨迹建立关联，让他们能很清晰地记得自己是如何在黄杰小学长大的，让他们从不懂礼貌、不谙世事的孩子长成文明优雅、风华正茂的翩翩少年。

如今在黄杰小学，“追星争章”已经成为常态，学生早早地就开始忙碌起来，习惯了对照评价规则查漏补缺，做好申报准备。因为以往的评价很多都意味着在期末的一次班会上学生投票、教师通过就行了，而现在的评价已经融入了学生每一天的学习生活。

聚沙成塔，串珠为链

前不久，黄杰小学刚刚举办了第二届幸福德育论坛。本届论坛的主题和第一届一样，都是围绕网格管理做进一步探究。六位教师作为各个年级网格的代表，阐述了在网格管理实践中的点点滴滴和成败得失。杨继军校长在点评中说，如果说幸福德育是一种笼统的理念和愿景的话，那么网格管理就是一种具体的探索和实践了。刘艳芳老师谈到的一年级网格的班训文是班级美好的精神图腾；谭春梅老师提到的网格示范是更好的教育；许地平老师提到的情感网格是网格管理的更高境界；刘艳容老师的梅、兰、竹、菊的网格命名独具匠心；邓秀双老师的网格管理细则中的“文明存折”形式新颖；张玲老师的互助、互评两大策略，抓住了网格管理的要点。

这次幸福德育论坛的主持人、政教室的副主任杨晓琼介绍，前不久，黄杰小学申报的“德育‘网格化’管理模式及实施策略研究”已经正式通过专家团评审和网上公示，成为湖北省教育科学规划课题。这让大家对网格管理的研究和推进有了更明确的目标和更澎湃的热情。

杨继军校长感叹道，在这次论坛中，大家真正感受到了网格管理框架下年级组和班级网格德育思路的百花齐放，这是一种良好的德育生态。只有这样，黄杰小学的德育高塔才能被建立起来，教师们的珍珠项链才能串起来，学生应该具备的核心素养才能不断得到培养。而等网格管理的素材结集之后，网格管理框架下教师们的金点子会让更多的班主任和学生都从网格管理中受益。

唐艳主任兴奋地说，年级网格自主开发了不少网格小活动，丰富了网格文化的内涵。比如，三年级组在汪泽维组长的组织下开展了“网格知心话”活动，即在周小结时每一名网格成员都给其他成员写知心话，写好后交由对方带回家和家长一起品读。这些知心话包含了希望、勉励、肯定和赞美，写的人真诚、认真，读的人亦觉温暖、自信。这个网格小活动成了网格成员间一种互助共勉的情感催化剂，网格成员的心更近了、感情更深了。这样，在监督评价时就不会显得那么冰冷和生硬，不会产生抵触和怨恨了。正如人体需要盐而不能直接吃盐一样，网格管理让道德价值的传递变得亲近起来了。

所以，黄杰小学的网格管理，又被赋予了另一个名字：幸福网格。这也是学校的网格名。这个名字来源于杨继军校长提出的幸福教育理念，也正是网格管理的目标指向。因为这种管理不只是让每一个学生都有了管理者与被管理者的双重身份，也不只是让绝大多数学生有了文明行为与好的学习成绩，更为重要的是还由此让他们有了一种走向幸福人生的素养。

“仁者爱人”

——贾志敏校长任期中的四件“小事”

校长介绍

贾志敏，从事小学教育工作，曾任校长 15 年，教龄已近 60 年。对小学语文教学有深入研究和独特见解。教学态度亲切，教学语言生动，教学效果显著，深受学生欢迎与爱戴。1992 年电视系列教学片《锦上添花——贾老师教小学作文》在中央电视台及各地方电视台播出后，得到了社会的广泛关注。1994 年被评为特级教师，1999 年获浦东开发建设特殊贡献奖，2000 年被授予“浦东名师”称号。

人们都知道贾志敏是一位全国著名的小学语文特级教师，却很少有人知道他还当过校长。15 年的校长生涯，为他的人生增添了一抹亮丽的色彩。他说，自己只是做了四件小事而已。然而正是从这些“小事”中，我们看到了贾志敏光彩照人的形象。

尊重、关心教师

德国社会学家狄尔泰认为，人们生活在体验之中，并透过体验生活。贾志敏既有过被称为名师大家的经历，也有过被人忽视甚至打击的历史。独特的生命体验与感悟，促使他在成为一名校长之后选择了更加尊重、关心和爱护一线教师。

《大学》有言："所恶于上，毋以使下。"当年贾志敏当教师时不喜欢校长做的事，现在他当了校长绝对不做。不仅如此，他还想方设法让教师感受到来自他这个校长的尊重与关爱，让他们在学校有一种温馨的感觉。

贾志敏不但"诚于中"，而且"形于外"。当时学校的经济条件并不好，可是他还是从办公经费中挤出钱来买了一辆校车，专门用于接送教师上下班。不少教师住的地方离学校很远，工作日往往来不及吃早饭，贾志敏就每天为他们送上早点。

美国心理学家盖伊·莱弗朗索瓦兹强调，教师的教学信念与幸福感必然会影响其教育工作的思想和行动。当人们谈起这些事的时候，贾志敏总是谦和地说，这都是些小事，是自己应该做的。然而，正是这些小事昭示了他作为一名校长的人文关怀与高尚品质。可见，校长的领导力在本质上就是一种影响力，这种影响力发于心、动乎情，细腻无声又深入人心。

请学生到校长室做客

孟子曰："君子以仁存心，以礼存心。"

贾志敏对学生没有架子，反而以礼待之。他每两周请学生到校长室做客一次，而且郑重其事。具体流程如下：首先由班主任拟定被请学生的名单，他再到学生中逐一了解情况，最后确定学生名单。接着，他亲自用毛笔工工整整地写请柬，并且署名盖章。请柬中对学生的称呼，也不是习惯上常用的"××同学"，而是"××先生/女士"。之后在升旗仪式上，他郑重宣布被邀学生名单。这些学生一个个走上主席台，贾志敏身着崭新的西装，与所有行政干部一字排开，向他们躬身致礼，然后将请柬递到他们手里。被邀请到的学生，个个脸上洋溢着幸福，在场的师生则用热烈的掌声向他们表示祝贺。

对到校长室做客的学生，贾志敏像对待尊贵的客人一样，悉心备上水果和茶点。作为主人的贾志敏虽是校长，却特别谦卑随和。很快，他便与学生成了无话不谈的朋友。于是，学生开始无所顾忌地谈自己喜欢哪个老师、不喜欢什么事情、有什么建议等。贾志敏一面对学生表示感谢，一面将他们说的内容详细记录下来。随后，他再根据学生开始所谈的问题，在行动上一一落实。

德国哲学家尤尔根·哈贝马斯认为，真正的交往是主体间相互理解的交往。凡是到校长室做客的学生，不但会把这次被邀当作一种莫大的荣幸，也会为贾志敏的真诚与和善所打动。贾志敏发的请柬，都成了他们想要保存终生的独特礼品。2015 年贾志敏手术住院期间，当年曾被邀请到校长室做客的一位学生来看他，谈及此事依然激动不已。学生说，他经常将那份请柬拿出来在家人、朋友面前炫耀。还说，那次做客，成了他注定要铭记终生的回忆。而他记住的，不只是那一次做客本身，更有贾志敏的人格魅力，以及自己由此生成的“见贤思齐”的学习欲求。

行文至此，我不禁要追问：“什么是教育?”德国存在主义哲学家雅斯贝尔斯认为，教育是人对人的主体间的灵肉交流活动，是人与人精神相契合的我与你的对话。而美国学者帕克·帕尔默亦在其《教学勇气——漫步教师心灵》中称，教师与学生之间寓于教育过程的就是无止境的相遇，所有真实的生活都源于相遇。是的，没有心与心的交流与融合，没有教师本真自我的呈现，又如何能让学生真实地呈现自我?贾志敏以其至仁的胸怀与向善的品格，和他的学生一道诠释了师生间的心灵沟通与情感共鸣、智慧体悟与人格敬仰。教育也许就是这样的一种存在，即只有当师生都以真实的自我相遇并将彼此的感受融合于生活中时，才能为教学本真意义的发生与实现提供最大的可能性。

国旗下的演讲

对于“国旗下的演讲”，不少人已经司空见惯，觉得讲不出什么新意，贾志敏的演讲却不是这样的。因为他的演讲不是说大道理，而是讲小故事，每天讲1个，一年大约讲200个。这一讲就是15年，算来已有3000多个！人本主义哲学家埃里希·弗洛姆曾说："思想只有活生生地物质化的时候才能影响人。"贾志敏所笃信的教育生活，不正是持续不断地影响着人吗？

贾志敏平时说话与讲课有一个特点：言简意赅。他的"国旗下的演讲"，也凸显了这个特点。虽然每次演讲只有两三分钟，可既有意义，又富有情趣，很受师生欢迎。这些故事有的是从图书报刊上精选后再行加工而来，有的是他自身的生活经历，有的是从同事那里听来的趣闻，还有的是即兴生成的。比如，有一次他发现学生玩过四架飞机模型后丢在了操场上，于是那天的"国旗下的演讲"中就有了一个新鲜的故事——"昨天，有四架飞机失事了！"这一说，全场寂然。随后，他不急不缓地说："昨天放学后，老师与同学们都回家了，我独自一人在洒满夕阳余晖的操场上散步，猛然发现，四架飞机失事了！飞机的小主人没有把它们升上天空，也许是玩后就匆匆忙忙地回家了。于是，我将这四架飞机小心翼翼地收起来，把它们拿到办公室珍藏在书柜里。回家的路上，我还在惦记着：明天，那些小主人会不会来认领这四架失事的小飞机呢？"

演讲过后，四名学生果然先后来到了校长办公室。在认领飞机模型的同时，他们还真诚地向贾志敏道了歉，保证不会再犯类似的错误。

贾志敏说过，针对小学生的教育，不能说教，也应尽量少批评，因为他们犯的错误大多是出于无意识。而用故事的形式，可以形象且不着痕迹地向学生传递一种教育信息，从而让他们自觉自愿地改正错误，进而形成一种知错必改的好习惯。贾志敏的教育信仰正如德国文化教育学派的斯普朗格之信仰："教育的最终目的不是传授已有的东西，而是要把人的创造力量诱导出来，将生命感、价值感、责任感唤醒。"

不过，演讲虽然能让听者在当时受到感动，这感动却容易被淡化甚至遗忘。为此，贾志敏安排行政人员对每场演讲进行录音，随后将录音整理成文稿，修改打印后分发到教师手中。

因为他知道，尽管演讲时间很短，可其中的内容相当丰富，教师将其收藏起来，说不定会在以后工作的时候能派上用场。这不但有益于教师的工作与生活，还会福及学生，从而产生更广泛的意义。

当然，语文教师出身的贾志敏还希望通过自己的演讲，使学生习得规范的语言。一天一场演讲，师生耳濡目染，不但有助于学生的语文学习，而且有助于学生形成较好的语感。

“国旗下的演讲”有时还会衍生出另外的故事。有一天，贾志敏的办公室来了一位30多岁的女士，她说自己是一名学生的家长，特别喜欢贾志敏的演讲，每天都是听了之后才去上班的。不过，她也诚恳地指出，在贾志敏演讲的时候，有两个字的读音有误。贾志敏虚心地向她请教，并问其何以会有这般辨识能力，她说她是电台的播音员。贾志敏深受感动。

贾志敏怀有视教育为信仰的虔诚之心，这让作为校长的他有了一份崇高的责任与神圣的使命。

校长要进课堂

校长工作忙，这是众所周知的事情。所以，校长在做事情的时候要有主次先后之分。于是，对于校长要不要进课堂、是不是懂教学，就有了不同的看法。贾志敏认为校长不但要会管理，而且要懂教学、会教学，因为在校长的诸多职责与能力要求中，对课程与教学的领导力与实行力是核心。在以教学为主体的学校里，如若不从课堂教学入手，不以身示范，就可能失去真正的话语权。更为重要的是，校长如果长期不进课堂，就不可能清楚教学发展的方向，不可能更好地引领教师进行教学研究与教学改革，也不可能让教师的生命价值得到更好的实现。正如加拿大课程理论研究者迈克·富兰曾在《变革的力量——透视教育改革》中所强调的，学校教育的真正变革其实是思想上的变革，而校长既是学校教育改革的领导者，更是教师群体思想的引领者。

贾志敏进课堂，特别关注的是教师是不是真心爱学生。在他看来，爱学生不应只停留在说说而已的阶段，而应该体现在行为之中。尤其是对那些学困生、调皮生，抑或一般教师认为的问题学生或坏学生，更要多一些爱。正如法国思想家帕斯卡尔在《思想录》中所谈“爱即理性”，爱的趋向、爱的追求本身体现了宇宙完美秩序的一种积极的营造建构。它将教师与学生放置在一种关系之中，使双方处在彼此最真实的生命里。教育者唯有以良知和敏感在爱的领域中探寻教育的基础和本质，才能真正关照学生的生活与内心。其实，学生呈现出来的问题，大多不是品质问题，而是习惯问题，是心理问题，有的还是家庭问题。越是这样，教师就应当多给予学生一些爱。贾志敏称自己小时候在老师眼里就不是一个好孩子，曾有一次老师要他写 10 个字，他竟然写错了 3 个，于是同学们都不约而同地开始嘲笑他。万万没想到，老师却表扬了他，说要他写 10 个字，他竟然写对了 7 个！那种表扬是发自内心的，有一种无言的爱流动其中。他为此很是感动，并从此爱上了语文。所以，陶行知先生说："没有爱就没有教育。"贾志敏进课堂，就是要看教师对学生有没有爱，尤其是对那些在一般教师看来成绩并不好的学生有没有爱。

当贾志敏发现一位教师真心爱学生的时候，他就认为这位教师有发展前途，甚至会对该教师进行重点培养。他认为，一位充满爱心的教师，在平时的教育教学以至生活中，会将这种爱无声无息地传递给学生。同时，因为有了爱，教师也会更加努力地丰盈自己，让自己的教学水平持续不断地提升。

根据长期教学及进课堂观课的经验，贾志敏用非常通俗的话这样解释"语文"：口说为语，书写为文。当然，这只是一个高度的概括，它还有更为丰富的内涵。

他非常欣赏陶行知的一句名言："千教万教，教人求真；千学万学，学做真人。"而语文这一最具人文价值的学科，就更应当体现真的特点。那种把语文课讲成政治课、历史课之类的教学，尽管也有一定的意义，可是从本质上说已经失去了语文之真。语文就是要训练学生的听、说、读、写能力，要让他们说真话、抒真情、做真人。学生的可塑性很强，接受不良思想与行为的影响也比较快。作为学生成长中的引路人，教师首先要做一个真人，为学生树立榜样。

所以，在讲课文的时候，贾志敏不主张无限拔高，更不主张花言巧语。贾志敏认为，在评价一位语文教师水平高低的时候，真才是第一要素，而同时，他认为写作教学也应这样。贾志敏发现有的小学生在写作文时竟然有不少空话、大话、假话，他担心学生习惯了这种写作方式之后，侵蚀其心灵的假就会相应而生。有人甚至断言，中国人说假话是从小学生作文开始的。此言也许过重，可不能不引起语文教师的警惕。

贾志敏认为，作文就是把自己的所见、所闻、所想、所感如实地写下来。小学生写作文，最好是写自己亲身经历的事情、写自己心里的真实想法，即使开始时内容少且语言也不特别流畅，可只要有了真，也就为语文学习打下了坚实的基础。在这个基础上再引导学生写得充实、写得生动就比较有价值了。《大学》有言："物有本末，事有终始，知所先后，则近道矣。"而真，则是学习语文之本，"本立"才能"道生"。

激发每个学生成长的生命自觉

——黑龙江省黑河市黑河小学小班化教育改革风景览胜

校长介绍

费聿玲，黑龙江省黑河市黑河小学书记、校长，特级教师。作为黑河小学首任校长，她以“打造边疆欠发达地区小学小班化教育特色学校”为办学目标，以“全纳、适宜、精致、优质”为价值追求，践行了“每一颗星星都闪亮”的办学理念，使学校实现了跨越式发展。

近年来，黑龙江省黑河市黑河小学的教育教学水平持续攀升，其知名度、美誉度与信赖度越来越高。那么，地处祖国边陲经济并不发达之地的黑河小学，是以什么方式得以在大浪淘沙中经得起考验、独树一帜且有了如此优质的教育的呢？带着这样的疑问与好奇，我走进了黑河小学，发现其小班化教育的办学特色才是支撑学校成为“东北不败”的秘密。

关注、激励每一个学生进行自主管理

说起学校管理者，人们往往会不假思索地联想到学校领导，会觉得与教师无关，与学生更是风马牛不相及。然而，正如苏联教育家苏霍姆林斯

基所说："没有自我教育就没有真正的教育。"黑河小学的管理者，除了学校领导外还包括教师，学生也同样成了学校的管理者，而且实行自主管理。学生的管理范围之广、权力之大，远远超出了人们的想象。据费聿玲校长讲，他们转变"职能"，实施的是"大队干部—值周班级——人一岗"三级学生自主管理模式，旨在让每一个学生都成为管理者，成为学校的主人，为教育的顺利开展开辟了一条绿色通道。

一、大队干部是学校管理中的一道"防洪大堤"

践行学生干部管理源于苏联克鲁普斯卡娅、马卡连柯等教育家所创立的班级集体理论，他们特别强调班干部与集体的价值。美国教育哲学家约翰·杜威也明确指出，学生管理的核心就是把儿童放在一个重要的位置上，为儿童提供全面而有效的活动，使儿童积极主动地发展。黑河小学的大队干部是学校管理中的一道"防洪大堤"，肩负着学生自主管理和服务全体同学的责任，任务艰巨而光荣。可以说，学校于无形之中为学生的生长、生活与发展提供了这种自主管理的机会和空间。

全校大队干部共有 24 个，是四、五、六年级组通过班级竞选选拔出来的。将他们分为三组，每组 8 人，轮流值周。为了人尽其才、灵活调度，学校根据每个学生的特点和能力进行岗位分配。学校设有卫生监督岗（每天负责检查值周班级分担区卫生的打扫情况）、纪律监督岗（每天负责检查值周班级及学生在教学楼内外的纪律情况）、礼仪监督岗（每天负责检查学生文明礼貌、佩戴红领巾、敬队礼等情况）、眼保健操监督岗（每天负责检查学生做眼保健操的情况）等。执行任务的时候，大队干部胸前佩戴着飘逸的红色绶带，配以金光灿灿的大字，阳光自信中洋溢着一种意气风发、昂扬向上的气象。

同时，他们还分别担任着大队长、副大队长、文艺委员、体育委员、学习委员、旗手等职务。在学校开展常规工作或大型活动时，每位大队干部都能够根据自身特点发挥优势。尽管一人兼多岗，可他们工作起来非但没有感到压力，反而认为这是一种巨大的荣耀。

二、值周班级是学校管理中的一条"排水渠"

如果说学校的第一级管理者即大队干部是一道"防洪大堤"的话，那么第二级管理者即值周班级就是一条“排水渠”。我国学者叶澜教授倡导新基础教育，她提出要把班级还给学生，因为群体的个性不是靠教师塑造的，而是由学生自己用心和行动创造形成的。第二级管理就是将充满成长气息的班级分为纪律值周班级和卫生值周班级。

纪律值周班级担负着学校常规纪律的检查与记录工作，是学校管理的中坚力量。班主任需根据每个学生的能力和特点分配岗位，要求做到教学楼内外每个角落均有值周生。卫生值周班级主要负责打扫教学楼内的卫生，包括教学区、办公区、楼梯、窗台、花盆、玻璃等。这项管理重在做，这既是自我服务，也是自我教育。人本主义心理学家马斯洛认为，人的自我实现是对自身内在本性更充分的把握和认可，是人在不断实现潜能、才能和天赋的过程中，逐渐趋向统一、完整或协同的不间断的倾向。学生在这种整洁的环境中学习与活动，能产生特别的欢乐。

无论是在纪律值周班级还是在卫生值周班级，每天每个学生都会把自己记录的扣分条交给值周班级负责人，值周班级负责人则把扣分条交给大队委，大队委将扣分情况录入中小学教育素质评价平台中。大队辅导员根据汇总情况，每个星期都通过广播为优秀班级颁发奖牌。近代英国教育家洛克在《教育漫话》中说道：“儿童不是用规则教育就可以教育好的……你便应该利用一切时机，给他们一种不可缺少的练习，使它们在他们身上固定下来。这就使他们养成了一种习惯，而且这种习惯一旦养成以后，便不用借助记忆，会很容易地、很自然地发生作用。”的确，当所谓常规化为惯性，无疑会让学生受益终身。

三、一人一岗是班级管理中的一枚“楔子”

一人一岗属于学校管理中的第三级管理，它的作用相当于在木器的接口中砸进一枚楔子，让木器更加结实牢固。它遵循的是人人有事做、事事有人做的原则。德国教育心理学家艾默提出，教师的所有行为与活动皆旨在培养学生课堂活动的参与感与合作感，让每个学生都动起来，明确班级奋斗目标，了解班级工作环节，清楚自己应该承担的义务和责任，成为班级管理的主人。

一人一岗采取的是因人设岗的方式，即根据年级特点和学生的个人差异设置岗位。在以年级为特点的岗位设置中设置服务类岗位（低年级）、管理类岗位（中年级）和行政类岗位（高年级）。在具体岗位设置中，根据各自班级的特点，在低年级设置领发员、抬水员、卫生清洁员、讲台整理员、黑板清洁员、地面管理员、办公用品领取员、课间管理员、桌椅摆放小组长、衣服整理员等；在中年级设置卫生管理员、纪律管理员、一日班长、学科负责人等；在高年级设置班级学监、课间总监、路队总兵等。

在实施过程中，采取的是“师帮徒，徒帮徒”的策略：教师先将服务意识强，做事有条理、有计划、有想法的学生组织起来进行“岗前”培训，让他们成为一人一岗中的“火山”喷发口。再由这些学生去帮助其他学生适应自己的岗位。如有难解决的问题，可请求教师给予搭桥、指导、帮助。

一人一岗调动了全班每个学生参与管理的积极性，这样一来，即使是那些原先被大家认为有各种问题的学生，也因自己成了管理者而摇身一变，成了“大能人”。这些学生从管理他人中获得了新生，产生了自律意识。从他律到自律，是一个连续发展的整体。瑞士心理学家皮亚杰认为要使得儿童实现自律，关键是帮助他们对自己的行为进行反思和评价，从而形成自我约束和自我调节的机制。当其对事物的意义有所理解时，这种理解自然会转化成个人行动的自觉力量。所谓“问题学生”的出现，固然与学生本人的意识与行为有关，也与没能挖掘其积极向上的内在潜力与管理才能有关。当其本然的良知良能被激发出来之后，这些学生就会积极主动地发展自己，展现出令人欣喜的优秀品质，从而让生命焕发出精彩。

一片嫩叶，染绿一个春天；一项措施，成就一群生命。黑河小学的校风“关注每一个，激励每一个，成就每一个”并不只是一个口号，它贯穿了学校管理工作始终。更重要的是，最终达到了学生“人人处在阳光地带会管理、个个追逐亮点有展示”的效果。在学生人人有成就之后，人人积极向上也就不求自得。

调整、更新、深化，建构小班全纳课程体系

小学是夯实基础教育教学的重要阶段，直接影响着学生未来的发展方向。黑河小学“一个支点，两个分支”的全纳课程体系的建构，为满足所有学生的多样化需求和个性化成长提供了有力保障。与此同时，教师的教

育教学观与教学方法、学生的学习观与学习方式，也相应地发生了质变。随之而来的，是教育教学的丰硕成果与学生的幸福成长。

一、一个支点——课程标准

美国学者雅各布斯认为，课程设计需依据学生的特点、学校的环境特征、社区的价值取向及学习内容本身的特点来进行。黑河小学的全纳课程体系，以各学科的课程标准为依据，紧紧围绕课程标准的目标要求，进行课程的统一整合。这种整合的基本前提，就是学生的个性化需求。所以，只有深入了解、研究学情与师资状况后，才能进行有效的整合。

在课程整合过程中，要有“学生第一，课程第二”的意识。只有如此，才能在细化课时分配、课时目标，对教学内容进行优化调整等方面，做到有的放矢、因材施教。

黑河小学在语文学科整合过程中，实现了人教版、教科版教材的统一，对单元主题相同、价值取向相同、训练目标相同的课文进行整合，开展了多种读书活动，实施海量阅读，为小学生插上了翅膀，使他们更好地成长。在体育学科整合过程中则把围棋、国际象棋、跆拳道、武术操、校园足球、悠悠球这些适合学生年龄特点、学生喜欢的项目进行了归纳“收编”，意在培养学生运动技能、增强学生体质的同时，也培养他们的特长。当然，也存在着其他形式的课程整合，如将粘贴画、钻石画等分解到美术课堂；将微课、电子小报、学习空间制作“黏合”到信息课堂；将种植、探究等实践活动“蒸馏”凝聚到科学教学；等等。总之，全纳课程之“纳”在其本质上就是将同质性的知识进行重构，为不同个性、不同年龄、不同知识背景、不同接受能力的学生提供了最佳的学习载体，提升了所有学生持续发展的学习动力。

二、两个分支——分层教学与分步教学

分层教学是基于学生之间学习水平的差异而设立的对接手段。被称为“多元智能理论之父”的美国教育心理学家加德纳，基于多年来对人类潜能的大量实验研究提出：差异生而有之。认可并尊重差异，是让每一名学生都能成长的前提。真正有效的教育必须认识到智力的广泛性和多样性，并使培养和发展学生的各方面能力与提高学生的学习成绩占有同等重要的

地位。黑河小学根据《黑河小学小班化操作规程》，在“学生先学—暴露问题—合作交流—反馈展示”的课堂教学各个环节中，要求教师不但要明了全班学生整体的学习水平，而且要了解各个学生的学习情况；要求教师既要有教学的整体方案，也要有针对不同学生的个别方案；要求教师在课堂上不但要关注学优生回答问题的数量与质量，而且要关注学困生的情绪和回答问题的情况。如此，才能对症下药，才能让一个个学生如同一根根被擦亮的火柴，进入最理想的学习状态和思维开发的最高境界。

所谓分步教学，就是采取“深入学习—分科推进—全面铺开”的方式开展课程实施研究。在深入学习阶段，采用学习汇报、微型讲座、引领读书、教师基本功练习、教师技能比赛等方式开展培训学习，引领教师认识到全纳课程体系的教学价值和深化教育改革的意义。在分科推进阶段，由校长、业务领导亲自带头，组织各学科教师开展教学研究。通过四人一课的“同课异构”和一人四课的“双四”教研方式，研磨出各学科最优质的课堂。在全面铺开阶段，领导通过走课、家常课、教研课、学科开放课等推行各学科课程统整教学。这是全面开花、全员参与，进而推进教育质量提高的有效途径。

只有站在春天里，才能看到片片叶子的灿烂。黑河小学的全纳课程体系是一项系统工程，如习惯养成课程、节日课程、“红色之旅”课程、终身发展课程等。囿于篇幅，我只就“一个支点、两个分支”的课程体系略作述说。不过，希望读者能“窥一斑而知全豹”，去领略其中言犹未尽的丰沛意趣。

全员、全程、全方位的学生综合评价体系

有效的学生评价，不是来自教师一方单一维度的评价，而是更多主体参与的系统工程。被评价的学生同时也可以作为评价者现身评价过程，而且要有积极能动的生命样态。正如日本教育学者田中耕治在其著作《教育评价》中所明确的，评价结果的类比性是客观存在的，它能促使学生根据自己获得的外部经验，学会独立地评价自己的学习效果，激发学习的内部动因，维持教学过程中适度的紧张状态，而这种状态不但会让评价更加真实、全面，还能唤起学生生命成长的自觉性。黑河小学全员、全程、全方

位的学生综合评价体系，如一缕春风，吹拂在学生的心坎上。

一、主体多元的全员评价让每个学生受到关注并更好地成长

1. 教师评价使学生各美其美

心理学研究中的皮格马利翁效应已然昭示了基本教学规律之一，即学生越受教师关注越容易取得成功。黑河小学每班只有 36 名学生，使教师得以有更多时间与空间去关注每一个学生，也使教师比较容易关注到学生不同的爱好、特点和个性。在评价学生的时候，黑河小学的教师不但认可学生之间的差异，而且能从不同的角度评价不同“质地”的学生，激励他们各美其美、各尽所能。事实上，教学过程的基本任务就是实现学生个人的经验世界与社会共有的精神文化世界的沟通与转换，助其逐渐完成个体对社会共同精神的个性化与创生性的内在展开，而这一过程必然基于师生之间的多项互动与动态生成。

2. 同伴互评使学生的学习更高效

在学习过程中，学生可以互相指出优点，给出建议。这样一来，每一个学生既是评价的客体，也是评价的主体。他们评价时会更主动，思维也会更活跃。比如，在晨诵、暮读和小组合作活动中，实施同伴互查互评。实验社会心理学先驱勒温提出“场”论，认为一个“场”就是一种动力的整体，或者说是一种关系和系统，其中任何一部分的变化都不是鼓励作用的结果，而是与周围的事件处在相互影响和相互作用的过程中。同伴群体对于个人来说就是一个心理场，任何个体的变化都离不开其他个体的影响，进而直接影响个体社会化的过程。可以说，同伴的评价与帮助，能让一双眼睛点燃另一双眼睛，会让学生的学习更活泼、更有效，从而在无形中培养了学生合作共赢的意识。

3. 家长评价成为学生成长的助推者

对于孩子，家长不但是养育者，也是教育者。日本学者诧摩武俊曾阐述说：“不管你立足什么理论，在从婴幼儿期到儿童期、青春期的孩子的人格形成（其中特别是社会化）过程中，父母子女之间的关系一定是极其重要的构成因素。”为此，学生刚一入学，黑河小学就为他们建立了成长档案，并把家庭成员照、亲子照、旅游照等也整理存档。学校开展“登上成功岛”活动，针对不同的学段，制订了高、中、低三个养成目标，就孩子在家的读书、作业、锻炼、吃饭、做家务、睡眠等情况，由家长通过涂笑脸的形式进行及时评价。由此，每位家长不但有意识地关注了孩子在家各个方面的表现，还密切了与孩子的关系，成了孩子生命成长的助推者。

二、手段多元的全程评价让每个学生闪现光芒

每一个学生都行走在成长的生命之路上，每一个学生都有自己的优势。黑河小学通过手段多元的全程评价，体现了主体多元化、内容多维化与方法多样化，在更高远的生命视野中留下了学生成长的足迹，也让教师、家长发现了学生的闪光点。

1. 教师的激励评价语走向多样化

捷克教育学家夸美纽斯曾在其《大教学论》开篇即道："教学是一门艺术。"而教学的艺术主要源于教师的语言魅力。"你的回答引发了同学们的思考，这多么有价值啊!""你今天热心帮助同学解决问题，真是老师的得力小助手!""你回答的声音越来越响亮，你更自信了，掌声送给你!"这样的评价语，更加具体，更有针对性，能让学生倍感可亲。

同时，教师应该更加关注对学生的成长性评价，通过纵向评价，让每个学生看到自己的进步，并从中获得成功的喜悦。比如，对那些在某方面有进步的学生，通过奖励做小助手、当"小老师"、拥抱、握手等多样化的激励评价方式，让他们感受到来自教师的尊重和认可，并由此生出继续努力向上的自信心和进取心。

2. 评价信息化让家校沟通更及时、便捷

随着互联网时代的到来，教育评价手段也逐步走向信息化。黑河小学于2014年9月开始运用中小学素质教育信息化管理与评价平台，共有1300余名师生、家长注册。各种评价改革在运行中稳步实施，信息化平台逐步完善。目前，学校的素质教育信息化管理与评价平台有14个管理模块，80多个评价项目。教师、家长可以随时运用电脑、手机APP登陆平台观看学生的表现，以便及时"问诊把脉"。学生在评价中也有了参照、对比，自觉地提升了自身的实力。

同时，每个班级都建立了自己的微信群、QQ群，各位教师和家长都已加入其中，做到了教师和学生、家长心心相连，及时沟通评价。

三、内容多元的全方位评价为每个学生搭建展示平台

黑河小学多元化的评价内容是新奇而有效的，有时会直接触碰到学生的“痛点”，同时为学生提供各种各样展示自己的平台，激发他们不断求变、奋起发展的信心。建构主义学习理论已逐渐为教育界所接受，学习者依靠自己的经验去建构真实世界并以自己的经验解释现实存在，新旧认知结构的交互作用需要通过丰富的活动来实现，这种学习观的转变必然要求教育评价观念的变革。

基于此，学校要求各科教师都要关注学生的书写、交流、发言、合作、听讲、纪律、声音、进步等多种元素，并给予即时的评价。比如，教师对于学生在发言时是不是面向全体学生、声音是否洪亮、吐字是不是清晰、每分钟讲话的字数多少等都进行了指导与评价。至于各科教师又根据各学科不同的特点进行了评价的分解，让评价随课堂教学同步而行，并产生积极的效果。

学校实施三级管理时细化了值日、路队、课间操、小组合作、一人一岗、值周、卫生、文明礼貌、好人好事等要求。比如，每个班级根据自身特点，采取口头表扬、发放“乐学币”、授予荣誉称号等方式，或是以个人评价和团队评价相结合的方式来推进三级管理。

费聿玲校长非常欣慰地说，黑河小学推行学生自主管理、小班全纳课程体系、综合评价体系等，接二连三的教育“变法”可谓一浪高过一浪，如火如荼。如今，学校硕果飘香，蒸蒸日上；教师精神焕发，出手不凡；学生静悄悄地“抽枝”，活泼泼地成长。位于边陲之地的黑河小学正在稳扎稳打、有序推进，进入了新常态。几年的改革结果正在转化为一种才智、一股为教育复兴积聚的力量。

长风破浪会有时

——兰祖军校长的精神突围与生命超越

校长介绍

兰祖军，北京市特级教师，中学高级教师，历任江西省上饶市上饶县村小、乡中心校、县小学校长，海南省海口市英才小学校长，北京市大兴区第二小学校长、国家教育行政学院附属实验学校校长，现任广东省珠海市容闳学校容闳小学校长。兼任中国教育学会小学教育专业委员会常务理事、学术委员，中国人生科学学会中小学教育专业委员会副会长，中国人生科学学会区县教育联盟专业委员会常务副会长，北京市教育学会小学教育研究会常务理事，北京师范大学校长培训学院、国家教育部小学校长培训中心兼职教授。在全国各地开展培训活动300多场，深受欢迎。

几年前，我曾与兰祖军校长在一次会议上相见，他个子不高，不强悍也不雄健，说话的声音细柔而低浅。当时，在我的心里，他只不过一介文弱书生而已。

可在我于全国范围内陆续采访名校长的过程中，经常有人说起他，普遍认为他是一位很有文化品位及教育情怀的名校长，都希望我能去采访他。

于是，我赶到北京[①]，走近了兰祖军。

他的形象在将近一天的采访中渐次展现了出来。他陆续担任过六所学校的校长，横跨三个省市。他经历了很多常人难以想象的波折与磨难，一次又一次的精神突围让他有了一次又一次的生命飞跃。而在生命长河里，他又常常显得不太安分，创新思维与改革实践让他像搏击长空的雄鹰一样振翅翱翔。

这个时候的兰祖军，在我的心里变得强大起来。再进行深层次探寻时，会发现他的内心其实还很柔软。

兰祖军的这两个特点，看似矛盾，实则和谐。

要将其传奇的经历与丰富的精神世界呈现出来，真不是一件容易的事情。事实上，将这些素材写成一篇十几万字的长篇报告文学也未尝不可。而在本文有限的篇幅里，我只能“弱水三千，只取一瓢饮”。

乡村小学突围：“士不可以不弘毅”

古希腊哲学集大成者亚里士多德曾坦言：“卓越不是单一的行为，而是习惯。”自成为一名师者之初，兰祖军即已散发出卓越的光芒，可以说，优秀就是他的习惯。

1988年中等师范学校毕业后，他到铁山乡中心小学任教。他第一次参加全乡的小学语文课堂教学比赛就取得了令人意想不到的成绩——第一名。在一般人看来应当庆贺一番的事，却被他当作了人生中的一个驿站，他认为只有付出更多的努力，才能让自己的生命不断得到飞跃。所谓“立身以立学为先，立学以读书为本”，他以欧阳修所言为信条，工作之余参加全国高等教育自学考试，常废寝忘食地学习。超越常人的努力与付出，逐渐使他拥有了超越常人的学识与能力。不久，他就被提拔为教研组组长、少先队总辅导员和团支部书记。

1991年，年仅22岁的他受命担任村小的校长。那是一所只有200名学生、10位教师的学校，可他的心里，不但有了一份沉甸甸的责任，也有

---

① 接受采访时，兰祖军正任北京市国家教育行政学院附属实验学校校长。

了让学校焕发生机的壮志。这份责任是爱的另一种表达，而教育之大爱亦是学校之责任立足与追求的本真。

正如德国教育学家赫尔巴特所说，教与学永远是教育的核心，而学习的主体永远是学生。所以，兰祖军重视学生的学习，也关注学生综合素养的提升。苏联教育家赞科夫提出，要以最好的教学效果促进学生的个性发展，包括学生的智力、情感、意志、品格等各方面的发展。发展学生的综合素质，就需要拓展学生的活动范域，打通学校与社会、家庭的隐性障碍，形成“校-社-家”全教育场域。所以，兰祖军带领学生参加社会实践活动，到农村表演文艺节目，受到了老百姓的热烈欢迎。

此外，他笃信英国哲学家洛克所说的“健康的精神属于健全的身体”，认为学生的身体健康是其生命之本，必须通过加强锻炼来提高。学校没有操场，他就和学生一起到公路上跑步。当时，大家看到这支奇特的队伍都会放慢脚步，投来惊奇的眼光。冬天寒风凛冽的时候，这支队伍就更成了乡村一道奇特的风景线。他不无骄傲地说：“我们每位学生的身体都是棒棒的!”

1992年，他被调到乡中心小学担任分管教学的副校长，1994年，他成为这所学校的校长，时年25岁。这是整个上饶县位置最偏僻的中心小学，当时在当地30多个中心小学中综合排名为倒数第三，多数教师连火车都不曾见过。我们都知道，教师作为促进学校发展和引领学生成长的无以替代的人文力量，是学校教育与管理中最关键、最活跃、最根本的因素。可以想见，这所乡中心小学的师资与学校情况着实堪忧。

然而，“初生牛犊不怕虎”的兰祖军，大有“士不可以不弘毅”的志向，在充分调研之后为学校建立了一套以教师激励制度为主体的完整的管理制度。一如美国心理学家威廉·詹姆斯所言：“人性中最深切的禀质，是被人赏识的渴望。”可以说，这一教师激励制度的建构，既照顾了全校教师不同层面的需求，又通过奖励先进最大限度地调动了教师的积极性。全体教师在兰祖军的带领与组织下到每位学生的家中进行家访，宣讲教育的重要性和教育子女的方法。结果，当地的老百姓都喜欢上了这位年轻有为的校长。

此外，当时学校里民办教师比较多，教师的知识水平都不太高。兰祖军将他们集中起来，免费为他们提供辅导，还带着他们到杭州等地听名师讲课。有些民办教师从来没有坐过火车，更没有去过大城市，所以他们在如饥似渴学习的同时，也大开了眼界。

苏霍姆林斯基在《给教师的建议》一书中提到："校长对学校的领导首先是教育思想的领导，其次才是行政的领导。"兰祖军作为校长正是在思想上身正为范，在学问上学高为师，才使教师们发自内心地为有这样一位视野开阔与开明开放的校长而欣慰和自豪。与此同时，教师们也有了越来越高的工作积极性，当然学生的学习成绩也就有了持续上升的可能。

1997 年，这所戴了多年落后"帽子"的乡中心小学获得了全县奥林匹克数学竞赛团体一等奖、统考排位第八的好成绩。兰祖军在全县崭露头角，被评为"上饶县首届十大杰出青年"。一路艰辛、一路攀登的他，也有了凯歌奏响的欣喜与愉悦。

县城大校涅槃："动心忍性，曾益其所不能"

1997 年，上饶县城里拥有 2000 多名学生的优质小学旭日镇中心小学（现在的上饶县第一小学）的校长退休，尽管有多位校长跃跃欲试，但教育局还是选择了将兰祖军从偏远的农村学校调来，命其就任这所学校的校长。

这是一所规模大、设施好、师资强、生源优的学校，也是一所人际关系相当复杂的学校。作为一个年轻且缺乏充足工作经验的"乡下人"，兰祖军能不能胜任这份工作呢？对此，质疑声不断。有人甚至断言："兰祖军最多坚持三个月！"

这种断言并非空穴来风。当时该学校的领导班子成员不但年龄大、资历深，还结成了根深蒂固的人脉关系网。让兰祖军这样一个从乡下来的年轻人任校长，他们心中自然不服。

当时兰祖军毕竟涉世未深，远远没有想到问题会如此复杂。

在他就任校长第三个月的一天下午，退休教师都到学校领取福利。他怎么也没有想到，突然有几位老教师将他团团围住，不容不分说地对他大加斥责起来，不但数落他管理上有很多失误，还夹杂着一些污言秽语。兰祖军有口难辩，只好忍气吞声。

兰祖军极力克制着自己，可一到家里，便与妻子抱头痛哭了一场。今天回忆起此事，他仍然唏嘘不已。他说，后来的一个月，每每想起这件事，他都会不由得哭起来。那时，初为人父的他，应当享受天伦之乐的他，体重却急骤下降至 47 千克。

那时候，兰祖军常常不由自主地回想起以前他在乡村小学的那些温馨的时光，怀念那些善良又敦厚的教师。他多么想再回到那里，不说当一个校长，就是当一个普普通通的教师，也比在这所学校里幸福得多啊！

但是，理智告诉他，绝对不能回去！一旦回去，不但辜负了教育局领导的信任，也违背了自己永不言败的本性。他想起了那句话："天将降大任于斯人也，必先苦其心志，劳其筋骨，饿其体肤，空乏其身，行拂乱其所为，所以动心忍性，曾益其所不能。"

于是，他下定决心，告诉自己遇到再大的困难都不能逃离，一定要战胜困难！

在校长应有的诸多职责与对校长的能力要求中，对课程与教学的领导力、实施力是核心。兰祖军首先从课堂教学入手，积极报名参加上饶地区小学思想品德课堂大赛，一路过关斩将，荣获了特等奖，然后又被推举去参加江西省的比赛。

兰祖军知难而进，除了在教育教学上带领教师不断创新外，还努力在学生的学习方式上展开深入变革。他基于学生的认知发展特点，极具前瞻性地将体验式教学加入课堂教学改革当中，在上饶地区率先办起了校园电视台，购买了专业编辑设备，自制学生喜闻乐见的电视节目，使学生在具有视听情境的学习过程中将情感体验融于知识中。在县里召开"两会"期间，校园电视台的小记者们佩戴记者证，肩扛摄像机，采访县委书记、人大代表，成为"两会"一道独特的风景线，也使学生在职业角色的体验过程中将经验寓于意义建构。此外，他克服种种困难，创建了当时还极为鲜见的多媒体教室、教师电子阅览室、校园网站、学生民族乐团等，让全市一个又一个"率先"成为这所学校的"名片"。2001 年，兰祖军获得"上饶市十大道德标兵"称号。

在学校事业蒸蒸日上的同时，兰祖军的人格魅力也逐渐凸显出来。有教师在教学中遇到了问题，兰祖军就主动帮助其释疑解难；有教师家庭中有困难，兰祖军就竭尽所能给予帮助。慢慢地，教师们发现，原来兰祖军是一位非常优秀的校长。

一所学校出现问题，首先是因为领导班子不团结造成的。对于不支持自己工作的班子成员，兰祖军无一丝抱怨。他认为，要想取得这些人的信任，在理解他们的同时，还要真诚地对待他们，信任他们。此外，兰祖军觉得，要化解他们的心结，除了待之以善外，还需要自己主动“出击”。于是，他常常找几位领导班子成员谈心，很谦卑地恳请他们支持与帮助自己。这几位领导班子成员被感动了，随后，就成了兰祖军工作的积极支持者。

海口新校飞跃：“己欲立而立人，己欲达而达人”

2004年2月，兰祖军以笔试、答辩总分第一的成绩，被海口市政府聘为海口市英才小学校长，而且一任就是七年。这七年，兰祖军不但让英才小学发生了翻天覆地的变化，更引领这所小学发掘出了自己的文化品格。

学校是文化的圣地，书籍是文化的重要载体。据此，兰祖军经过深入思考，结合学校的实际情况，将“书能让我们一生快乐”作为学校的校训。

他认为，促成自己生命飞跃的一个重要因素便是阅读。他几十年如一日如饥似渴地阅读，平均每年阅读100多本中外名著，且背诵了《论语》《大学》《中庸》《孙子兵法》等中国古代经典。从春风习习到炎炎夏日，从落叶满地到冬雪漫漫，每一个清晨的6点半到7点40分，他读书的身影从未缺席。兰祖军在那些用诗与童话写就的日子里聆听着大师的教诲，与这些大师进行着心灵对话。

孔子说：“己欲立而立人，己欲达而达人。”兰祖军在提升自身文化水平的同时，也在想方设法为全校师生营造更加浓厚的文化氛围，让他们拥有更加优秀的文化品质。于是，他带领全校师生努力挖掘和发扬中华民族的优秀传统文化，从而建构起学校的组织文化、课程文化、教师文化、学生文化和环境文化。

他大力提倡学生参加读、背、写、画、讲、演等多种方式的经典诵读活动，《弟子规》《三字经》《声律启蒙》及《四书精华》（为学校自主编辑的国学读本）等，成了学生一生远见卓识的源头活水，成为学生健康成长的维生素。

学校还通过举办读书节、童话节等活动，激发师生的阅读兴趣。有了文化的教师，再教学的时候就不会只依着教学参考书照本宣科，而会加入自己的文化诠释；“腹有诗书气自华”的学生，不仅精神状态会发生变化，自我学习的内在动力也会增强。

孔子特别注重乐教，他说：“兴于诗，立于礼，成于乐。”兰祖军深知艺术对于滋养学生生命的重要作用。为此，学校开办了民族乐器、书法、黎族舞蹈、武术、国画等传统文化兴趣班。民乐团拥有近500名小乐手，他们在海口市人民大会堂举办的“金色旋律　诗意童年”迎春音乐会上演奏，让众多观众叹服不已。20多名学生参加了中央电视台少儿频道的演出，向全国甚至国外展示了自己精湛的演奏技艺。40多名学生还到奥地利维也纳金色大厅举办了专场民乐晚会，将其“成于乐”的品质带到了这一世界级的音乐殿堂里。

学校文化还有一个重要元素，那就是制度文化。目前，几乎所有学校都建立了相应的制度，可是，真正文而“化”之且形成制度文化的并不太多。人类学研究曾提出，文化是人创造的意义，但它也可以创造人的意义。如果仅有制度文本，却内化不到教师、学生的心里，那么这些制度必然会形同虚设，毫无规约的内在作用。兰祖军在学校里建立了民主协商的对话制度，让教师参与学校管理和重大事件的决策。学校依据科学化和人文化相结合、原则性和灵活性相结合的原则，制订了《英才小学内部管理制度汇编》，从而使学校管理有章可循。更重要的是，教师在参加制订这些制度的时候，已经将其内化于心了。正如美国学者帕梅拉·博洛廷·约瑟夫所谈及的：“同一种文化存在下的人们分享着共同的意义系统。”当制度作为一种文化而存在时，人们就会表现出以自觉遵守学校制度、敬畏学校制度为荣。正因为如此，兰祖军认为，学校制度一旦形成，对学校里绝大多数问题的处理，都应让制度“说话”，校长只需在制度管不着的地方出面。这样，校长就可以从烦琐的事务中超脱出来，去读一些好书，思考一些大问题。

兰祖军认为，尽可能举办一些有益于教师团队建设的活动，对于和谐教师之间的关系有很大的作用。所以，他积极创建多维平台以鼓励教师展示自己的才艺，从而在浓厚的艺术氛围中使美与善深入人心。英才小学每个月都会安排一次文体活动，而且要求人人参与。一次教师节，学校组织全校教师到贵族游艇会去，在那里开展沙滩拔河、游泳、“背媳妇”比赛，晚上则一边品尝美味一边表演节目。在童话节，各个年级组教师均表演了自己创作、改编的童话剧，充分展示了自己的才艺与创意。元旦节时，六个年级组分别自主采购，做出六大桌菜肴，色、香、味俱全，全校教师吃“流水宴”，评出“美食组”。

兰祖军还把企业常做的团队拓展训练引进来，在教师中开展“过电网”“信任背摔”“齐眉棍”“盲人方阵”“过沼泽地”等拓展活动。每年暑假，学校都组织全校教师参加户外拓展、探险活动：到吊罗山崖降，到棋子湾攀岩，到尖峰岭穿越热带雨林，到五指山大峡谷漂流，等等。在这些活动中，教师们放松自我，回归自然。于是，兰祖军与教师之间、教师与教师之间，友谊加深了，心灵默契了，学校和谐的氛围自然渐成。

如果说上饶县十年校长的经历让兰祖军拥有了相当丰富的管理实践经验；海口市的文化“充值”与学校文化建设则让他在管理时拥有了理论的支撑。美国教育家杜威说过，理性是活动借以具有丰富意义的一切资源。虽然理性绝非单纯的理论所能涵盖，然而亦能体现出理论理性之思对实践所为的审视与指导。可以说，兰祖军自然合成的融智慧与从容于一体的管理之道，成了其学校管理的法宝之一。

随着管理水平的不断提升，兰祖军赢得了上级主管部门的信任与赞赏，被赋予了更大的自主权。结果，仅用七年时间，英才小学的教育教学质量已经跻身海口市前五位，教育厅厅长亲临学校视察，且给予了高度评价。

刚到不惑之年的兰祖军，在全国已经做了几十场报告，其名气也逐渐从海口扩展到全国。一些大城市的教育行政部门在引进人才的时候，自然就注意到了他。

2010 年，兰祖军引起了北京市大兴区教委领导的关注。于是大兴区教委领导与他约谈，并与主管区长亲自到英才小学考察。随后，兰祖军作为稀缺人才被引进到大兴区。

可以说，在海口英才小学任校长的七年成就了兰祖军，而兰祖军也成就了英才小学。他与教师们结下的浓厚友谊，永远地镌刻在了他的心里。离开海口，到北京会有更大的发展空间，也可以做更大的贡献，可海口又是他投注心血最多的地方、收获最大的地方。一想到要离开，不舍之情就不时撞击着他的心扉。

英才小学的教师们也舍不得兰祖军啊！兰祖军是英才小学建校之初的第一位校长，多数教师都是他亲自招聘进来的。多年来，兰祖军清清白白做人、踏踏实实做事的风格，使他在教师们的心目中近乎完人。所以，当兰祖军真要离他们而去的时候，大家都无法抑制不舍之情。

不过，这一天还是到来了。

2011 年 1 月 21 日，兰祖军开了一个与教师们告别的特殊会议。他先播放了自己制作的 16 分钟视频，选了七年中和教师相处的 100 多幅照片，配了四首歌：《感恩的心》《相逢是首歌》《相亲相爱一家人》《从头再来》。视频播放结束后，他做了 20 分钟的告别演说。尽管他极力控制自己的感情，却还是数度无语凝噎，教师们也无不泪落如雨。学校设晚宴为兰祖军送行，教师们给他敬酒，说到动情处，又是泪流满面。

接受我的采访时，提及那一情景，兰祖军眼里还是不由自主地溢满泪水。

“教育须有信仰”是雅斯贝尔斯的著作《什么是教育》中所提及的。正是因为兰祖军怀有一份视教育为信仰的虔诚之心，才使他在教育生活中一刻不停地践履着，思考着，审视着。他的生命品质提升了英才小学整个团队的生命品质，虽然他要离开了，可他留下的崇高品质依然闪烁着光芒。

大兴区第二小学复兴：“天行健，君子以自强不息”

大兴区第二小学（以下简称“二小”）始建于 1960 年，曾经在相当长的一段时期内是大兴区最好的小学之一。近年来，大兴区经济快速发展，不少新建小区的配套学校异军突起，不但具有一流的办学设施，而且绝大多数教师年轻有为。二小的办学设施不再具有优势，教师队伍也日渐老化。为了改变这一现状，让当地学生接受优质的教育，大兴区政府与教委决定面向全国引进优秀校长。

兰祖军，正是承载着大兴区政府与百姓的期待与希望，受命担任这所小学的校长的。《周易》有言："天行健，君子以自强不息。"志在千里的兰祖军，由此拉开了让二小重振雄风与再现辉煌的序幕。

一、"让我们拉拉手吧"内涵丰富

学校文化建设历来是校长进行学校发展规划的根本追求，而作为精神文化核心要素的校训更备受重视。在一般人看来，兰祖军作为儒、释、道三家兼济的校长，一定会从中汲取精神要旨，再融入自己的哲思，从而形成颇有文化厚度的校训。然而，出人意料的是，他最终确立的竟然是"让我们拉拉手吧"这样简单甚至有些稚气的校训。

不过，听完兰祖军的解说，你就会感到其中竟蕴含着那么丰富的人文内涵！

校训实质上是为校中人所立。故而，其一，校训须为学生所能"懂"。如若校训过于高深，必然会使小学生望而生畏，不知所云，又何谈体悟于心呢？而该校训好记、亲切、和谐，会让小学生有一种美妙的感觉。纯净的心灵，在"拉拉手"中融合在一起，合作的意识就于潜移默化中深入学生的心里。

其二，校训须为教师所能"悟"。该校训关照教师间的和谐与合作，强调教师们要"拉拉手"，团结起来，不是"你优秀了我嫉妒"，也不是"你嫉妒我我反击"，而是"成人之美，不成人之恶"。大文豪萧伯纳曾说："你有一个苹果，我有一个苹果，彼此交换之后，每人只有一个苹果。你有一种思想，我有一种思想，彼此交换之后，每个人就有了两种思想。"何止有两种思想，由此形成的精神合力其实更具意义。

其三，校训须为师生所能"同"。该校训注重教师与学生之间的对话与"相长"。就知识与经历来说，教师较学生"闻道在先"。然而基于人性本质而言，师生是完全相同的，在人格意义上无高下之别，是完全平等的。正如奥地利哲学家马丁·布伯所言，正是因为"你""我"之间关系的存在，才有"你-我"的存在。师与生的本质是人与人的关系，是"我"与"你"之间对话的平等关系。教师要主动地与学生"拉拉手"，让学生感到来自教师的平等之爱。只有这样，学生在接受教育与学习的过程中，才能心无芥蒂，才能高效率且高效益地学习并成长起来。

其四，校训须为领导班子所能“合”。兰祖军在几所不同的学校担任校长的经历，让他明白了一个道理，那就是要想让学生发展起来，学校领导班子成员的合作团结是首要条件。作为校长，他不觉得自己高人一等，而是平等地对待所有班子成员，在与他们相处的时候始终保持一颗谦卑之心。《周易》说得好：“二人同心，其利断金；同心之言，其臭如兰。”只有同心才能自觉、自愿地“拉手”，“拉手”又让彼此的意识有了交融，于此交融之中便能生成“断金”之力，散发“如兰”之香。因而，当很多人夸奖兰祖军治校有方的时候，他总是平和地说：“没有班子成员的合作与团结，我纵使有三头六臂，也不可能取得成绩。”

其五，校训须为教师与家长所能“通”。德国教育家福禄贝尔在其著作《人的教育》中曾说：“学校和生活的一致，家庭生活和学校生活的一致，是儿童时期完善教育的首要和不可少的条件。”家长与教师之所以产生摩擦，很多时候是因为没有沟通好。“让我们拉拉手吧”，谈谈心吧，很多不解与抱怨就会烟消云散，因为在教育孩子成人成才方面，家长与教师的目标是一致的。

其六，校训须为学校与社会所能“融”。学校不可能独立于社会之外，美国当代学者迈克尔·富兰认为，学校是作为一个学习型组织在周围的环境中生活，并与环境相互影响。所以，学校要与相关的机关事业单位、科研部门、社区、媒体等“拉拉手”，交流感情，让他们认识、了解学校，支持、帮助学校。

其七，校训须能彰显大家大国之“仁爱”。国家与国家也不应当相互争斗，而应当和平相处，国家领导人也应当“拉拉手”，共建和谐的世界大家庭。中国国力的增强，除了经济与军事实力持续增强的原因之外，与我们国家领导人善于与其他国家领导人沟通不无关系。

当兰祖军谈了他的想法后，学校里的教师心悦诚服地接纳了这个校训，校外的人则感到兰祖军是一位立足当下、面向未来的创新型校长。

二、治校之道三原则彰显正气文化

一个外乡人来到一所位于首都北京的学校，而且是一所有着五十多年历史积淀且人际关系相对复杂的学校，想要管理好谈何容易！

可兰祖军采用正气与智慧和谐而成的治校之道三原则，不但站稳了脚跟，而且只用了不长时间就赢得了教师的认可与欣赏。

1. 公正

长期办学的经验与教训让兰祖军明白一个道理：公平是校长必备的品质，也是治校的真正利器。孔子说："其身正，不令而行；其身不正，虽令不从。"没有公正、公平，就会出现"虽令不从"的尴尬局面。

到二小的第一年，兰祖军就遇到了比较棘手的职称评定问题。以前学校教师的职称认定是由 13 个人组成的评委会决定的，所以每次评职称之前，参评的教师都会想方设法取得评委的支持，个别教师甚至会通过非正当手段赢得评委的认可。结果，职称评完了，矛盾也产生了。心有怨气的教师就会在有意无意中将坏情绪出到学生身上，学校的教育教学质量受到影响也就在所难免了。

兰祖军说，这种情况不只二小有，其他学校也存在。所以，学校领导没有理由抱怨教师未行正途，因为这是学校领导制订的制度出了问题。好的制度会激励表现不佳的教师积极行动，而不合理的制度会导致表现较好的教师不再优秀。美国心理学家约翰·斯塔希·亚当斯就认为，人的受激励程度来源于对自己和参照对象的报酬和投入比例的主观比较感觉。因而，要想破解这个难题，制订一个公正、公平、透明的职称评定政策势在必行。

毛主席曾在《湖南农民运动考察报告》中提出了"一切权力归农民"的口号，那么在职称评定的时候，是不是可以"一切权力归教师"呢？为了公正、公开地评定职称，兰祖军将职称评定的大权交由教师们讨论。教师们讨论得非常热烈，最终确定了职称评定的 13 条规则，然后经由教代会通过。在整个职称评定过程中，兰祖军成了"甩手掌柜"，即使是具体负责这项工作的副校长，也只是带领相关人员根据 13 条规则算分而已。可以说，这样一种职称评定标准放权化、评定规则民主化、评定结果量化的制度，使得每一位教师都心服口服。职称评完了，教师们工作的积极性更高了。以后谁要想评上职称，除了努力工作别无选择。

兰祖军深信老子之言："后其身而身先，外其身而身存；非以其无私邪？故能成其私。"他从来不与教师争荣誉和利益，可越是这样，越能

“成其私”。孔子说：“君子无所争。”老子则说：“夫唯不争，故天下莫能与之争。”兰祖军的诸事不争，反而让他发展到了无人与之相争的境界。

2. 民主

杜威对民主有深刻的见解，认为民主不仅是一种政府的形式，而且首先是一种联合生活的方式，是一种共同交流经验的方式。在兰祖军看来，民主是校长领导行为的基本原则。他强调校长是学校的最高领导，但绝对不是唯我独尊的独裁者。学校里的所有重大决策，必须经过领导班子集体讨论之后，再经教师讨论才能确定下来。若由校长一个人决定，虽然用时短，争议少，可是也为未来埋下了隐患。兰祖军拉长形成政策与制度的时间，让教师都有发言的机会，在各方声音的交流、沟通甚至冲突中，逐渐达到平衡的状态。因为每一个人都是自己利益的最大捍卫者，可是又往往只站在自己的角度思考问题。当大家坐在一起，各自陈说的时候，才会发现别人谈的也有一定的道理。所以，讨论、辩论、争吵的结果，都是在考虑自身利益的同时考虑别人的利益的基础上形成的。而最终形成的“妥协”方案，才是群体最大的“公约数”，如绩效工资制度，就是经过“四上四下”的民主讨论之后，最后教代会的 56 个代表全部举手通过才确定的。

兰祖军认为，越是民主，协定的过程越长，政策与制度内化于教师内心的程度才能越深。人们所说的制度，在这里不只是制度，而成了制度文化。

3. 人文

人文，即重视人的文化。《北齐书·文苑传序》有言：“圣达立信，化成天下，人文也。”与刚性制度相得益彰的是对教师的人文关怀。

其一，弹性管理，人性关怀。

兰祖军认为，教师工作比较紧张，学校要力所能及地为他们减负。

冬天，兰祖军发现教师下午 5 点多才能离校。大多教师离家较远，中午无法回家，到了傍晚时教师不仅工作的效率会降低，也很难安下心来。为此，兰祖军对教师离校时间做了调整：4 点学生放学之后，教师即可离校。

同时，在不影响工作的前提下，兰祖军允许教师每个星期迟到一次，每个月请假半天。而且，除了培训与教研之外，每个月只开一次教师大会，限时一小时，讲话的领导不能读讲话稿，也不能讲空话、说大话，而要讲教师们最关注的事。

就是这样一种于点滴细微之处的用心，于日复一日之中润泽了人与人的感情。

其二，修身养性，体健为先。

职业病在教师群体中普遍存在，许多教师对此已经不以为意，可兰祖军不这么想。他认为，没有健康的身体，就不可能有快乐的心境，也不可能有幸福的人生。于是，他鼓励大家参加各种各样的体育活动，以图让教师的身体健康起来。因此，操场上常有教师在踢毽子、打太极。

高明的管理就是管理人心，得人心者得天下。兰祖军善于激发教师的内驱力，如为退休教师举办主题为“丹心育桃李，最美夕阳红”的欢送会；为马月兰老师召开了专题教育思想研讨会“马兰花开满天涯”；开展“感动二小十大人物评选”活动。这些活动让教师体会到了尊严和幸福。

其实，教师的辛苦程度与其工作强度有关，也与其心灵是否愉悦有关，更与同事关系是否和谐有关。美国教育心理学家盖伊·莱弗朗索瓦兹在《教学的艺术》一书中明确指出，信念指导思想和行动，教师的教学信念与幸福感必然会影响其教育工作的思想和行动。兰祖军对此深有体会：二小教师工作认真努力，不能说不累，可是由于心情愉快，他们往往是累并快乐着。在这种状态下工作，也就有了高效率和高效益。

德国哲学家叔本华说：“健康的乞丐比有病的国王更幸福。”所以，要想让教师幸福，首先就要让他们健康起来。身体健康了，才会增加心理健康的砝码；心理愉悦了，教师间的关系才能真正和谐。

三、在语文课程改革上大动“干戈”

近几年，二小的课程改革搞得风生水起，由艺术与审美、科学与创新、数学与思维、体质与健康、人文与经典、自我与社会、国际与交往七大板块的课程体系合成的一个系统工程，已经取得了成效。受篇幅限制，我仅选取语文课程改革这一个维度，做扫描式的呈示。我想读者仍然可以从中感受到兰祖军强烈的课程意识、大胆的探索精神与超人的智慧。

兰祖军到二小不长时间，就连续听了 100 多节语文课。他发现，绝大多数教师讲授一篇简单的白话文，竟然需要两三节课，甚至每节课都让学生听得昏昏欲睡。至于小组合作学习，学生会学、善学与乐学，更是无从谈起。

作为小学语文教师中的佼佼者，兰祖军深知学生语文学习水平的提升，更多的不是靠教师的讲，而是以大量阅读为基础，不然就形不成优质的语言系统，更遑论产生很大的学习热情了。至于让学生提前识字、海量阅读与学会写作，更是任重而道远。

兰祖军既是一个不怕困难的人，也是一个有着很强的责任感的人。他认为，若令学生在儿童时期学不到应当学到的东西，不但是失职，也是犯罪。因为世界上最大的浪费不是物质的浪费，而是教育的浪费。

他认为，心有学生的校长一旦选定了前行的目标，就要矢志不渝、一往无前。为此，他亲自设计语文改革方案，组织全校语文教研组的教师从识字、阅读和作文三个方面大动“干戈”。

1. 提前识字

要提高语文学习水平，阅读是必要条件。要想让学生早阅读、爱上阅读，首先就要突破识字关。中国汉字不同于西方的拉丁文，其显著特征就是方块形与形象性。但就学生学习的心理过程而言，皮亚杰提出，这一年龄段的儿童在认知过程中，往往表现出直观、具体且以生理感官刺激为基础的形象思维特点，所以在识字过程中，儿童对图像的认知与感受必然有着特殊的敏感性与超越成年人的识记能力。基于此精心设计教学方法与组织形式，不是只到六年级才能让学生认识 2500 个字，而是一年级就能实现；而升入六年级时，学生的识字量达到 3000 多个，也并非难事。

语文新课标也指出，要努力建设开放而有活力的语文课程，开发利用好课程资源；要求学生学会多种阅读方法，能初步理解、鉴赏文学作品，受到高尚情操与趣味的熏陶，发展个性，丰富自己的精神世界；九年课外阅读总量需达到 400 万字以上，其中第三学段的课外阅读总量不少于 100 万字。为此，二小坚持“识字优先，先识后写，识写分离”的原则，一年级每周安排两节自主识字课，通过使用识字卡片，让学生快速集中认字。在自主识字、读写分离和集中识字的过程中，学生只需认读，初步了解字词的意思，不需要写，这让其图像记忆的优势得到了充分发挥。再加上归类识字、集中识字，以及闯关与升级等识字方略，到一年级结束时，大部分学生的识字量就超过了2500字，不用借助拼音即可阅读少儿读物及其他书籍。

有了一定的识字量积累，学生阅读文本的时候，没有了文字障碍，就产生了浓厚的兴趣。而在大量阅读的过程中，又促进了学生的识字。当然，这时候的识字是无意识的。可是，愈是无意识，往往记得愈牢。识字愈多，阅读起来也就愈轻松，愈有趣。

小学生识字提前了，识字量增加了，非但没有增加学生的负担，反而让他们在乐此不疲的学习中感受到了成功的喜悦。

2. 海量阅读

所谓海量阅读，就是打破阅读内容和阅读结果的单一性和唯一性的阅读，充分尊重学生的爱好和兴趣的阅读，并通过阅读带给学生精神上的享受。

学生阅读量的持续增加，自然就加速了课堂教学的改革。课堂上没有了教师的“满堂灌”，代之而来的是以“讲讲问问”为主线的教学流程和教学方法。于是，不但有了“其言也，约尔达，微而臧，罕譬而喻”的教师少而精之讲，还出现了“导而弗牵则和，强而弗抑则易，开而弗达则思”的“善喻”景象。

同时，学校建构“一主两辅”的教材体系，实现了阅读的主题性。即把北京版教材进行了重组，按照单元主题收集阅读材料，编选了与北京版教材相配套的两套读本——《主题阅读》《经典诵读》。《主题阅读》主要是从人教版、北师大版、鲁教版、景山版等不同版本教材中选编现代美文，每册包括8个主题单元，每个单元由8篇同一个主题的文章组成；《经典诵读》选编的内容以古今中外的经典韵文和脍炙人口的诗词歌赋为主，从而实现了选编教材的经典性、时代性和人文性相结合。

于是，语文课文不再是一篇一篇地教，而是形成了“主题大单元”的教法体系，将阅读教学以单元主题为核心来构思教学过程，展开教学流程。即一个主题统领3套教材并列的3个单元，形成了由24篇文章组成的一个同主题大单元。在同一主题下，学生的阅读由课内引向课外，由文本延伸到文化。

美国一位教育家曾说：“语文学习的外延与生活的外延相等。”单元主题教学就体现了这种外延性。对于教师来说，不是在“教教材”，而是在“扩展教材”“生成教材”；对于学生来说，不是在“读教材”，而是在“感悟教材”与学文化；对于师生共同体来说，则是在这种“教—生成—读—感悟”的过程中，实现语文素养的提高和文化内涵的积淀。

兰祖军认为，这种以主题引领的建构性阅读，对学生来说不仅是阅读兴趣的激发、阅读习惯的养成，更是一种文化的自主建构，以及人文素养的提升。

他还认为，阅读是一个开放的系统，不应当囿于课堂教学这单一的向度，还应当向课外延伸。正是基于这种思考，学校将图书馆的书搬进了教室。每间教室都有一二百本书，其中有国学经典，也有科普类、童话类书籍。书在身边，不仅随手可取，方便了学生的阅读，也激发了学生的阅读兴趣。

可是，如果教室的书读完了怎么办？那么，就让图书“漂流”起来。经常是一个年级八到十个班的图书在“漂流”，甚至整个学校的书都在“漂流”。有了读不完的书，学生也就有了越读越想读的欲望。

目前，全校已经拥有2500多本书，此后每年还要再添两三千本。兰祖军说，他希望学生将这些书读破、读烂，将书中的内容存储到心里。至于多花几万元钱是区区小事，学生阅读水平的提升才是一项大工程。

兰祖军认为，学生在小学阶段有了几百本好书的海量阅读，就等于点亮了生命的前程。因为好书中不但有优质的语言，也不只摇曳着智慧，还流淌着真、善、美。英国诗人、政治家弥尔顿说：“好书是伟大心灵的富贵血脉。”有了伟大心灵的滋养，也就为学生的人格形成奠定了良好的基础。

兰祖军还认为，海量阅读不只是对学生来说的，更是对校长而言的，校长应该是一个职业读书人。他常常问自己：身为校长，你自己读书了吗？你在教师眼中是文质彬彬、满腹经纶的人吗？在他看来，校长唯有“学而不厌，诲人不倦”，才能“修己以安人”，从而带领师生共同学习。他不但进行海量阅读，还“取法乎上”地阅读。在与他交谈的时候，我很惊诧于他对儒、释、道三家文化的研究。他不但可以信手拈来地背诵经典名句，还可以诠释其中的内涵。更重要的是，他能将中国优秀传统文化中的核心价值内化于心，外化到行动上，进而让更多的教师在海量阅读的时候，也喜欢上中国优秀传统文化。

兰祖军在学校教职工大会上常讲一句话：“一个不读好书、不多读书的老师，不可能成为名师，也不可能成为有思想与文化品格的人。”他还要求教师在读书的时候，既能“进去”，又能“出来”，把学问融进自己的人生、生活、教育之中。渐渐地，教师们都爱上了读书，也提升了自己的人生境界。

3. 作文寻法

作文究其本质是一种表达。而作文教学是语文教学的一个“老、大、难”问题，不少小学生学了六年语文，竟然写不出一篇语意连贯、条理清晰、内容具体的作文。其实，写作有法，又无法。基于这种思考，兰祖军在作文教学上进行了改革。

一是写简快作文。先说“有法”，小学生写作文有创意自然很好，可是要先入门，即先知道如何写出属于作文的内容来。一般来说，教师要引导学生学会常用的“总—分—总”写法，即先开门见山，写出一个具有“总”的特征的开头；然后用若干段“分”写具体的内容；最后再用不太多的语言进行“总”的梳理。只要掌握了这种“总—分—总”的模式，一般写作就不至于跑题或离题太远，而是有章可循，写得也比较快，简快作文就可以写出来了。

需要说明的是，这并不是说不让学生在写作文的时候进行创新，恰恰相反，有了这种模式，在实践一段时间后，学生才能突破这个模式，使作文既让读者感到顺理成章，又有新的写法与新的内容。

二是写真情作文。这里说的是写作的“无法”之法。之所以提出这个问题，是有感于当下学生作文不真实而发的。兰祖军说，小学生作文中的大话、空话与套话现象，不是个案，而是非常普遍。本来天真而自然的孩子，所写的内容却“假、大、空”，久而久之，不但写不出有真情实感的作文，还由此学会了说谎。

南朝文学理论家刘勰说：“夫缀文者，情动而辞发。”正是因为有了情，才能发出“辞”来，文章才能有感人的力量。这不一定需要什么方法，却是写好作文的关键所在。学生之所以常写出少情甚至无情的作文，与作文要求离学生生活太远有关，也与教师的指导不力有关。写作并不排斥虚构，可那一定是在生活与感情真实之上的虚构，它超越生活，却又有生活之真在里面。很多优秀的小说都具备这个特点。小学生不但生活阅历浅，写作水平也不太高，所以，教师在教学的时候，要尽可能让他们写真事，说真话，抒真情。当他们能够写得比较好的时候，教师再鼓励他们进行虚构与创造，从而扩展其思维、丰富其想象。

根据不同的教学内容和训练专题，学校还开发了观察发现式、活动体验式、调动积累式、童话想象式、网络整合式等作文指导课型，以及综合讲评、对比讲评、典型讲评、专题讲评等作文讲评课型，并且总结了五步教学法、四大利器教学法等操作性很强的作文教学方法。学校不拘泥于记叙文与教材规定的几种应用文，将广告词、儿童诗、童话、寓言、笑话、课本剧、小说等都引入学生的作文训练之中。

二小的作文教学，正是因为既重视有法之简快作文的写作，又关注无法之真情作文的写作，才使学生的作文水平有了持续的提升。

以上内容，只是二小语文教学改革的一个掠影，如果读者想领略其更加丰厚的内涵，尤其是想探知其七大课程体系的奥妙，还需要走进学校，走近兰祖军，走近教师，那样你就会在大开眼界的时候，惊叹于兰祖军的思想与智慧，以及教师们的文化品格与创新精神。

国家教育行政学院附属实验学校：拉开走向辉煌的序幕

2015 年 7 月，兰祖军开始了教育生命中的又一个传奇，他就任了国家教育行政学院附属实验学校的校长。短短几个月的时间，他就让学校的干部与教师感受到了他那博大的教育情怀、丰厚的文化底蕴，以及超越常人的智慧。而这所刚刚诞生的学校，恰如呱呱坠地的婴儿，第一声啼哭便给人间带来走向未来的希冀。有教师这样说：“在兰祖军校长的带领下，我们已经拉开了走向辉煌的序幕。”

一、气魄智慧让干部们折服

学校是社会生活的一种形式、一个社会组织，而学校的领导团队是促进学校组织变革与发展的引领性力量。

兰祖军每每谈起学校的领导班子，都很得意。他说，他们人品好，工作好，有水平，而且心往一处想，劲往一处使。所以，尽管工作非常多，有时候还非常难，可有了这些干部，任何困难都可以克服，并能取得一个又一个成功。

与此相呼应的是，我在采访部分领导班子成员的时候，他们说，兰祖军校长有情怀，有气魄，有智慧，让他们真正折服，跟着他干，学校一定会持续不断地向前行进，并取得很大的成就。从中可以听出，他们对兰祖军敬仰有加，并以学校有这样一位带头人而自豪。毋庸讳言，学校从真正意义上来说就是一个实践共同体，迈克·富兰在其代表作《变革的力量——透视教育改革》一书中明确提出，学校改革的动力是学校内校长、教师以及学校外相关力量的协调和联合，而校长是一个学校的灵魂。

分管教学的副校长王俊英说，兰祖军校长的博学与谦恭，特别是对国学的研究之深让她感到惊诧。他只有 40 多岁，何以会有如此渊博的学问，又何以会有如此深刻的见解与思考？

王俊英副校长已经到了知天命之年，丰富的阅历让她对很多事情都保持着一种波澜不惊的心态。可当她听到兰祖军校长描绘学校的前景时，那一刻，她觉得自己生命的火花被点燃了，全身的细胞都在沸腾，突然间又滋生出一种阻遏不住的生命动力。50 岁，不应当是人生走下坡路的节点，而应当是人生另一个辉煌的起点，自己完全有资格、有能力，跟随兰祖军校长，去开创一番前所未有的事业。

对兰祖军，工会主席陈建莲有着更多的了解，还在二小的时候，她就领略到了他的气魄与智慧。来到国家教育行政学院附属实验学校，她知道这所新的学校将有很多急需解决的问题及意想不到的事情会随时压到兰祖军的身上。因而开始的时候，她很为他担忧。为此，她努力工作，力争最大限度地为兰祖军分忧。有一些校内甚至校外棘手的问题，只要是她能够解决的，就尽量不让兰祖军操心，甚至不让他知道。她说，自己为兰祖军校长的人格精神所感动。

陈建莲说，兰祖军校长有仰望星空的豪迈，也有脚踏实地的厚重，是可望而不可即的；即使努力一辈子，自己也达不到他所在境界的高度与所拥有学识的深度。所以，对他是欣赏，是仰慕。不过，跟着这样一位校长工作，自己才知道什么是“高山仰止，景行行之”，自己才更加努力。同时，只要是兰祖军校长交给自己的任务，特别是后勤工作，都会竭尽全力将其做好，不让他分心。她说，她不但会把自己的力量使出来，还要将自己各个方面的资源全部调动起来，将工作做得更好、更快。

整个暑假，陈建莲一直在忙。不只是她，很多人都在忙，如王辉副校长，原本不是他负责的很多后勤工作，陈建莲一声“召唤”，他便立即赶到，且不怕苦、不怕累地干好。陈建莲说，当更多的人不计较个人得失、千方百计地做好工作的时候，学校的发展也就有了希望。她很欣慰地说，不但整个领导班子，全校教师都在齐心合力地建设学校。所以，她对学校的未来充满了信心。

今年刚刚硕士毕业的唐超超老师，年轻、漂亮，写得一手美文。可她说，在大学里就开始舞文弄墨且被称为“才女”的她，面对兰祖军校长，常常不由自主地产生自愧不如的感觉。开学典礼上，兰祖军即兴发言，思路之清晰、文辞之优美，特别是他的视野之开阔、情怀之高尚，让她有一种须仰视才见的美丽。

荀子说：“学不可以已。”在这样一位校长的领导下，想停止学习都是不可能的。因为他的文气，不是压倒你，而是引领你，让你非进行文化升值不可。可以说，校长的领导力在本质上就是一种影响力，这种影响力发乎心、动乎情，细腻无声又深入人心。

现任校长助理的唐超超老师，总担心力不胜任，辜负兰祖军的期望，所以开始的时候，常有一种如履薄冰之感。兰祖军则鼓励她说：“有畏惧感，说明有责任感。我相信你能干好。大胆去干，出了问题，我来承担。”唐超超老师经验不足，有的时候难免出现顾此失彼的情况。可每逢此时，兰祖军总是能包容她，并帮她分析出现问题的原因，寻找解决问题的方法。

唐超超老师说，直到今天，在某些方面，她还是不能得心应手。不过，有了兰祖军校长的鼓励与指导，她多了一分欣慰、一分自信。

加德纳在《智力的结构》一书中明确提出，人类存在多种不同的思维方式，具有完整的智能“光谱”。据此，兰祖军认为，每一个人都拥有巨大的潜能，关键是要为其提供一个发挥潜能的平台。

二、人文情怀温暖教师的心

人以文为本，文以人为根。人文所及即对人的生命与尊严、意义与价值的理解。它既是一种价值追求，也是一种生活思考与人生智慧。

兰祖军的人文情怀是一道温情的风景，自然而美好。

初一语文教师冯倩在谈到自己第一次面试的情况时，感动仍在。

前一天她在大学里答辩，接着便坐了整整一夜的火车，一大早才赶到国家教育行政学院附属学校。填表之后，她便去见校长。

儒雅、温和，这是她第一次见到兰祖军的印象。

兰祖军微笑着问道："下午试讲，有什么问题吗?"她告诉他自己坐了一夜火车。

兰祖军关切地说："那就先休息一下，中午会有人去叫你吃饭。"然后将她送到门外，告诉她注意身体。

冯倩感到，自己遇到了一位极有人文情怀的校长，如果面试成功，将会由此开启她幸福人生的大门。她下决心，试讲时一定要好好表现。

功夫不负有心人，冯倩成功了。

冯倩虽然来到学校只有两个多月，可是兰祖军给她留下的记忆已经相当丰富了。比如，中秋节晚上，兰祖军携夫人带着酒与水果来到学校，陪没能回家过节的青年教师共度佳节。那天尽管没有皓月当空，可是，那种温馨感与幸福感比月亮还美。

冯倩说，每天早晨，兰祖军校长都在 7 点之前就来到学校，把温暖的目光投向他所爱着的每一位师生。

尽管太阳每天从东方升起，从西方落下，可冯倩感到每天都有新的精彩在演绎。兰祖军校长的人性光辉，让她充满了信心与希望。她觉得自己不是在工作，而是在享受生命。

刘玉婷，硕士毕业，到国家教育行政学校附属学校应聘时，她第一次到兰祖军的办公室里，就充分感受到了人文情怀的光照。在刘玉婷说话的时候，兰祖军温文尔雅地笑着，静静地耐心地听着。开始，刘玉婷是忐忑不安的，可慢慢地，她便不紧张了，她觉得自己面对的是一位有文化、有情怀的校长。他虽然轻声细语，身上却不时地闪出智者与仁师的光芒。从那一刻起，她就在想，如果能跟着这样的校长工作，该是多么幸福。

事实上，从那一刻起，幸福就已降落到刘玉婷的身上了。兰祖军对她很满意，她成了国家教育行政学院附属学校的老师。刘玉婷掩不住内心的喜悦："我真幸运!"

其实，兰祖军第一次听刘玉婷上课的时候，她的课讲得并不理想。但他微笑着鼓励她，说她有很大的发展潜力，未来一定是一位优秀的教师。那一刻，她感动得几乎要流出泪来。正因为校长这般厚望中的殷殷期待，她更加努力，教学水平便有了持续的提升。她说："因为有这样一位关心我、支持我的校长，我才能不懈地努力，让自己变得优秀起来。"

教师的教育力量源自心灵。为了这份期待与厚望，刘玉婷自觉地加班备课，有时晚上也会挑灯夜战。可是，她发现，很多教师，甚至是有着丰富教学经验的教师，也与她一样，有时备课到午夜，依然不知疲倦，更没有半点怨言。

刘玉婷认为，每一个人都有缺点，可是，通过这几个月的观察，她找不出兰祖军校长的任何缺点，她甚至说，他是一个十全十美的人。

兰祖军的人文情怀，在言语中，在行动中，给人一种天人合一的感觉，此所谓"诚于中，形于外"。正因如此，教师们才如此欣赏他，敬重他。

三、创设民主自由的议事氛围

体育教师程金鹏不但高大英俊，而且很有文化品位。这个刚毕业的硕士生，为找工作面试了三所学校均获成功。最终，他选择了国家教育行政学院附属实验学校。他说，不是那两所学校不好，而是自己为兰祖军校长的人格魅力所折服才来的。

他很感慨地说，兰祖军校长特别有文化，很多经典名句，他都是信手拈来，而且用得恰到好处。可是，他不张扬，总是那么谦和、从容。跟着这样的校长工作，你会产生一种幸福感，也会从他的身上学到很多在书本上学不到的东西。

程金鹏说，兰祖军校长如此有学问、有思想，可他并不自以为是，更不独断专行，而是虚心听取教师们的意见。在兰祖军提出问题要大家商讨的时候，其实他已经心中有数，可是他仍然要求所有教师都参与讨论，甚至进行多次讨论。他看重的是这个过程，因为校长的想法如果没有得到教师的认可，是很难使教师自觉自愿去行动的。有时候，有的教师也会提出兰祖军意料之外的想法，但只要比他的想法更有创意、更有价值，他便兴奋不已，从善如流。如校徽的设计，兰祖军对此有自己的构想，而且很有特色；可是，大家认为，两位年轻的美术教师设计出来的校徽更胜一筹。兰祖军随即认同了这一设计方案，并对两人进行了表扬。

否定自己的想法不仅需要勇气，还需要胸襟。一个敢于否定自己、肯定他人的校长，闪现出来的一定是他人格的光辉，同时由此创设出心理安全的环境，形成了民主自由的氛围。美国印第安纳大学教授罗伯特·欧文斯在《教育组织行为学》中阐述说，一所优质的学校存在着一种组织文化和组织气候，它包含了与教师文化相同的基本因素，如价值观、思维方式、行为模式和人工环境等。可以说，兰祖军所创设的这种民主自由的议事氛围已在无形中对教师产生了潜移默化的影响力，形成了一种学校组织的文化渗透，意义深远。

正因如此，教师们才能畅所欲言，将自己的创造性充分发挥出来。而且，大家还感到，这就是自己的学校，所有的“议政议事”不但是为了学校，也是为了自己。于是，主人翁意识也就自然而然地定格在他们的心里了。

四、建构学生生命成长的七大课程

课程建设不但是彰显学校特色的重要载体，也是满足学生不同需求的有效选择。教育的机会寓于课程之中，课程的品质决定了教育机会的价值。在某种程度上说，有什么样的课程，就有什么样的教育；要培养什么样的人，就要有什么样的学校课程。

从开学的第一天到现在，兰祖军几乎没有中断过对学校课程开发的思考，尽管尚未完善，但雏形已成，那就是建构学生生命成长的七大课程。

一是价值教育课程。英国哲学家怀特海曾坦言，发展的根本动力是对价值的鉴赏，是对重要性的认识。所以，学习知识固然重要，但如果价值取向错位，所学的知识就起不到应有的作用，甚至有可能产生负作用。那么，学生需要什么样的价值教育呢？需要的如仁爱，这是孔子早在2500年前就提出的，迄今依然闪烁着光辉。再如至善，儒家经典《大学》中就有

"止于至善"的名言，还有"道善则得之，不善则失之"之说。还有感恩、公平、民主等。兰祖军认为，有效的价值教育必须有相应的课程做支撑。当然，这里的课程也不只是文本性的，还有实践性的。只有知行合一，才能让价值教育落地生根。

二是经典诵读课程。经典文化是经过大浪淘沙、时光流逝仍然定格在有思想、有文化品格的人心里的精神产品，它可以改变人的话语方式、思维走向、生命状态和幸福指数。可是，中国古代经典文化的文字之"古"，为现代人的理解设置了障碍。为此，就要让学生不求甚解，"素读"经典。在儿童记忆的黄金时段，让学生先将经典背诵下来，随着年龄的增长，再慢慢消化。这犹如先行在学生的心里种下一颗种子，到了一定的生命节点上，这颗种子就有可能长成参天大树。正是基于这样一种思考，兰祖军组织教师编辑了12本经典文化读本作为学生诵读的教材，从而为学生的生命成长打下文化底色。

三是海量速读课程。21世纪是信息时代，要在短时间内让学生吸取更多的信息，快速阅读是绕不过去的坎。美国学生一周可以读几本书，中国学生也完全可以做到。事实上，这不但需要阅读的速度，还需要从中提取核心元素的能力。阅读，旨在意义的建构、情感的熏陶与思想的萌发，所以即便是海量阅读也绝不仅止于知识与文本信息本身。遗憾的是，目前这样的课程尚不多见。兰祖军认为，不多见不等于不重要，为了使学生适应未来社会的发展，必须开辟一条新路，即使困难重重，也要勇于探索。

四是以色列的思维训练课程。以色列的人口只有800多万，却培养出了多位诺贝尔奖获得者。原因当然非止一端，其先进的思维方式功不可没。既然如此，何不"拿来"作为学校课程呢？如果从小学一年级开始培养，到三年级时学生就可以画出思维导图，而且这种思维方式可能迁移到其他方面，让学生的思维更敏捷、学习更有效。目前，兰祖军已在思考开设课程时如何成立思维训练小组等问题。他断言，这将是学校一个极大的生长点；而对于学生来说，更大的生长点也许在未来。

五是科学探究课程。"教育即生活，教育即生长，教育即经验的不断重组与改造"，这是杜威关于教育本质的三句箴言，据此力倡"在做中学"的教学观，强调操作性经验的习得过程。可以说，这种操作性学习就是学生喜欢科学课的重要原因之一。从深层次来分析，就是儿童对世界充满着好奇，并希冀去探索其内在的奥秘。开发科学探究课程，尽管未必能培养出科学家，可一定会激起学生科学探究的兴趣。兴趣不但是最好的老师，而且会让学习更有效率，甚至让人生有更丰富的色彩。同时，探究也是一种挑战，美国课程论专家施瓦布基于多年研究提出探究式教学方法，认为科学本身就不是固定不变的，而是随着探究方式的不断更新而不断修正的过程。兰祖军重视这种学习过程，也就是重视培养学生不盲从不迷信权威，而敢于批判反思的创新精神。

六是戏剧课程。戏剧融合了音乐、美术、舞蹈、文学等多门学科的元素，具有形象思维的特点，是学生最爱的形式之一。而且，小学生具有极强的模仿力和创造力，戏剧则为他们提供了最佳的载体。学生心灵愉悦地投入其中，不但有益于当下的成长，还有可能在未来的生命进程中拥有健康心理，具有审美情趣。

七是体育课程。兰祖军认为，学生至少要有一至两项自己擅长的体育运动项目，这样就会投身其中，增强体质，甚至延伸到未来的生命时空里，终生拥有健康的体魄。身体健康了，人生的幸福指数才会增加。教育的最终目的，就是让人更加幸福。

除核心课程之外，兰祖军还思考了如何让学生在一到九年级里，每年开展 9 个主题活动，九年下来共 81 个。这 81 个主题活动依照“家庭、班级、学校、社区、大兴、北京、中国、世界、宇宙”从小到大的空间逐步展开，它与七大课程相得益彰，将成为学生生命成长的必修课。美国教育家古德莱德所说：“学生各不相同，其不同的程度远远超过了我们至今所能认识到的……学生是很难把握的。他们不会同样地成长起来。”正因为如此，学校团队所创设与开展的系列主题活动，致力于为学生的独特个性和生活提供发展的最大空间与可能性。

五、教育生命的最后归宿

写到此处，本该停笔了。可是，连续“跳级”的兰祖军，还会不会再次跳上一级？这是我的疑问，也是不少读者的疑问。

兰祖军笑了：“在教育之路上不断行走、不断追求，是每一个教育人教育生命的最后归宿。”

他说，国家教育行政学校附属学校是自己挥洒生命活力的一个理想的舞台。其实，人是渺小的，没有这个舞台，纵使你有万千智慧，也可能一事无成。所以，他万分珍惜这一机遇。他很严肃地对我说，要对得起自己的良知，对得起全体师生家长，不能辜负领导的信任，也不能辜负老百姓的期望。我不由得思及明代学者薛宣之语："唯宽可以容人，唯厚可以载物。"兰祖军正是以他这种为人、为学之范，携手学校实践共同体，去努力建构一个理想的精神家园，在为所有学生营造童年幸福氛围的同时，也点亮自己未来更加美好的生命前程。

提升师生素养的必由之路

——山东省淄博市晏婴小学的课程整合

校长介绍

孙镜峰，中学高级教师，现为山东省淄博市晏婴小学校长。创造性地提出了“为每名学生提供最适合的课程”的办学理念，以课程建设为突破口，拉动学校实现了跨越式发展。其课程建设的经验做法在全国产生了较大影响，先后有200余所学校的校长、教师到该校考察课程建设工作，先后五次受国家教育行政学院的邀请，为全国中小学校长高级研修班举办课程建设专场报告会，百余次受邀到浙江、广西、广东、宁夏等地举办课程建设报告会。撰写的20余篇专业论文被《人民教育》《中国教育报》《基础教育课程》《山东教育》《山东教育报》等多家权威报刊登载。出版《为智慧而教育——晏子智慧与智慧教育的研究与实践》等著作，《为智慧而教育——晏子智慧与智慧教育的研究与实践》获得淄博市优秀社科成果评选一等奖、山东省教育科学研究优秀成果评选二等奖。被评为“全国创新型校长”“齐鲁名校长建设工程人选”“山东省十佳科技校长”等。2016年10月，被国家教育行政学院特聘为中国中西部校长培训专家。2016年11月，被齐鲁师范学院特聘为教授。

小时候，我就对春秋时期齐国贤相晏婴崇拜有加。可在一个月前，我还对地处齐国故都临淄的晏婴小学从未听闻。不过，近日，我的文友——山东省教育科学研究院研究员张斌博士对我说，在这所小学中，有一群执着地进行着课程整合的人，而且取得了特别令人满意的成果。

于是，我走进了这所学校，采访了孙镜峰校长以及部分参与课程整合的教师。

晏婴小学是由一所农村小学与一所城郊小学合并而成的新学校，教师年龄偏大，整体素质一般，还有几位教师患有心脏病与腰椎病。有人说，老、弱、病是晏婴小学教师的主要特点。

孙镜峰校长却说，这些教师真诚纯朴，人人都有一种深厚的教育情怀，如果充分发掘他们内在的潜能，晏婴小学一定会有一个质的飞跃。

从哪里起飞？如何起飞？孙镜峰校长上下求索，寻寻觅觅……

课程整合，教育发展的必然选择

2001 年国家开始实施课程改革至今，尽管也取得了不小的成果，可是具体到某所小学，也出现了一些难题。

小学每天 6 节课，上级主管部门则要求每周至少开 33 节课，课程的门类越来越多，地方课程也在不断增加，学校还要开发校本课程，学校该怎么办呢？

孙镜峰校长说，不同学科、不同版本教材的内容，由于在编写时“各自为政”，出现了不少重复交叉的内容，让教师在教学中无所适从，加之学科内容缺乏横向联系，学生接受的知识往往是碎片式的、零散的，缺少统整，难以形成结构，与学生的既有经验不能有效地衔接。这就有可能导致学生孤立地、割裂地看问题，甚至造成学生思维的僵化、创新精神和实践能力的缺失，学习的兴趣也容易减弱。

有人说：“一流教师做课程，二流教师搞活动，三流教师忙不停。”孙镜锋校长说，要想让教师成为一流的教育者，让学生受到优质的教育，课程整合是一种别无选择的选择。

成功与否往往取决于人的综合素养。英国前首相丘吉尔不但是一位政治家，还是军事家、文学家（曾获诺贝尔文学奖）、画家、社会活动家；

达·芬奇不仅是画家，还是雕塑家、发明家、哲学家、音乐家、医学家、生物学家、地理学家、建筑工程师和军事工程师；毛泽东是集政治家、思想家、军事家、哲学家、文学家于一身的多才领袖人物。

学校要想培养一流的综合型人才，课程整合势在必行！

《基础教育课程改革纲要（试行）》指出，改变课程结构过于强调学科本位、科目过多和缺乏整合的现状，整体设置九年一贯的课程门类和课时比例，并设置综合课程，以适应不同地区和学生发展的需求，体现课程结构的均衡性、综合性和选择性。

看来，课程整合是国家赋予学校的责任与权利。

孙镜峰校长认识到，这也许正是提升教师生命价值的一个节点。

一个偶然的机会，他与张斌博士不期而遇，而且一拍即合，彼此都有一种相见恨晚之感。

张斌博士说，中国太大了，很难有一套能够完全适合各个地方与不同学校的课程。所以，课程整合就成了国家赋予学校的责任和权利，也成了有使命感与责任心的校长与教师改革的必由之路。所以，抓课程整合就是抓根本，“本立而道生”。

听了张斌博士的这席话，孙镜峰校长振奋不已。他早就听说张斌博士在课程整合方面极有建树，何不请他作为学校的专家顾问，带领教师走进这一变革之中呢？

张斌博士答应了孙镜峰校长的邀请，因为他也希望与像孙镜峰这样热衷于课程整合的校长一起，带领教师走出一条新的教育教学改革之路。

聚焦校长，提升课程领导力

张斌博士认为，课程整合对任何学校来讲，都是一项战略性工程，单靠行政命令就能成功的概率几乎为零。所以，如果将课程整合视为一般性工作，交由分管校长去做，必然会半途而废。

他坚定地对孙镜峰校长说：“你必须既是指挥员，又是战斗员！否则，课程整合不可能成功！”

张斌博士的话斩钉截铁，敲打到孙镜峰校长的心上，使他有一种沉重感，同时也有一种“舍我其谁”的使命感。

是的，课程整合是一项系统工程，需要校长既要有强烈的课程意识，又要有课程实施的智慧与方略，也就是说校长要有课程领导力。

一所学校要想深入推进课程整合，突出顶层设计、优化实施方案至关重要。要想策划一个好的课程整合方案，就要对背景现状、整体思路、具体步骤、时间安排、预期成果这些元素进行整体把握与科学分析。尽管其他学校也有课程整合的成功经验，可是，若全然“拿来”，就有可能出现“甲之蜜糖，乙之砒霜”的结局。所以，学习他人经验时，绝对不能脱离本校的实际，也不能没有校长思想的流动。

张斌博士作为学校课程整合的专家，对课程整合的策划实施方案进行了高位指导，孙镜峰校长则与教师们一道设计出了适合学校实际的课程整合实施方案。

有了课程整合的实施方案，还需要有一支积极参与课程整合的教师队伍。那么，是不是应该强行要求所有教师都参与其中呢？孙镜峰校长的回答是否定的。教师这个群体中的每一个个体都有其不同的情况，有些教师由于能力、身体、家庭等原因，不参加也是完全可以理解的。

为此，学校采取了“上车体验，自愿选择”的工作策略。所谓“上车体验”，就是全体任课教师首先进行为期一个月的体验式培训，通过专家报告、学习研讨等方式，体验什么是课程整合，明白为什么要进行课程整合，以及如何进行课程整合，从而对课程整合有一个初步认识。所谓“自愿选择”，就是在体验结束以后，采取自愿报名的方式，成立各学科的整合团队。不过，在这个过程中，校长并非全然地听之任之，而是适时地点燃有能力、有条件的教师对课程整合的兴趣之火，引导并欢迎他们“上车”。这个时候，有的教师会主动“上车”，有的教师被引导“上车”，有的教师则犹豫不决，甚至不想“上车”。孙镜峰校长说，对于“上车”者，举双手欢迎；对于还没有“上车”者，则不急不躁，静待花开。“革命不分先后”，对待后来参加课程整合的教师，依然欢迎，并努力帮助他们迎头赶上。

推行课程整合这一新生事物，需要教师心灵的舒展。为了让他们在这个新的平台上一展风姿，校长就要想方设法打开束缚教师的“镣铐”，让他们身体轻松、心理愉悦地走进“舞场”。

孙镜峰校长发现，原来学校制订的《教学常规管理办法》中的有些规定束缚了教师进行课程整合的手脚，甚至成为教师工作前行的障碍。因此，结合课程整合的实际情况，在广泛征求教师意见的基础上，学校重新制订出台了《课程整合教师教学管理办法》，让教师有了更人文化、更开放的发展环境。比如，对课程整合教师的教学常规实行全部免检，将教学检查由传统的检查教师的备课、作业转变为依据教师制订的学期课程纲要的目标来考核学生的学科素养，等等。

束缚教师的“镣铐”打开了，教师心理上的负担也大大减轻了，从而为课程整合修筑了一条畅通无阻的“高速路”。于是，驰骋于课程整合疆场上的教师，也就有了神采飞扬、尽情展示才华的生命动力。

孙镜峰校长认为，课程整合是一项系统工程，它要研究的不仅是课程整合本身的问题，还会涉及诸如资金、活动场地、人员整体调配等一系列问题。如果不是“一把手”工程，很多问题就有可能遭遇阻碍。还有，当课程整合进入深水区、困难重重的时候，校长的身先士卒与永不言弃的精神，不但可以起到稳定军心的作用，还能够让教师产生“成功就在前方”的信心。

理论强基，提升教师素养

课程整合不是内容的简单整合，也不是课程门类的简单减少；不是先有课程，后有学生，而是先有学生，后有课程，课程因学生而存在。课程资源俯拾即是，它既是课程标准、各个版本的教材，也是学生、家长、教师、学校、社会上的一切。有了课程意识，处处皆资源，无处不课程。从某种意义上说，有什么样的课程，就有什么样的学生。

孙镜峰校长认为，课程整合不但要研究课程标准、目标、内容、实施、评价等问题，更要研究如何才能更加有效地进行。正是基于这种思考，晏婴小学在课程整合方面走出了一条属于自己的路。

孙镜峰校长说，要想进行课程整合，首先要研究本学科的课程理论，进而研究其他学科的课程理论，以及国外相关课程的理论表述，这样才不至于在课程整合过程中出现方向性的错误。

而张斌博士在课程整合理论与实践方面极有造诣，又是学校的专家顾问，孙镜峰校长请他为教师来做有关课程整合理论的学术报告，再合适不过了。

张斌博士说，要想很好地进行课程整合，就要认真研究课程标准，不然就有可能出现南辕北辙的尴尬场面。为此，他以具体案例为载体，对课程标准进行了解读。他强调，课程包含目标、内容、实施、评价四个方面，要把目标作为教学的起点和归宿，要以评价促进教和学，让教学与评价和谐地融合到一起。同时，他又从理论与实践相结合的层面，对课程整合的意义、方法、思路、步骤等进行了讲解。

英语教师边春霞说，以前学习课程整合理论，如雾里看花，不知其中的妙处，经张斌博士一讲，突然产生了一种茅塞顿开、豁然开朗的感觉。比如，课程标准的设置并不是让教学标准化、模式化，而是非标准化、非量化，目的是让教师根据课程标准的要求去研究教学，培养教师对教育教学的研究力，让教师像专家一样站在课程的角度去思考和审视教学问题，思考自己该让学生学会哪些知识、掌握哪些能力，进而去研究课程的性质、基本理念、设计思路。有了这种认识与思考，再进行课程整合的时候，教师就会放开手脚，深入思考。

孙镜峰校长说，张斌博士一次又一次的学术报告与现场指导，让教师们坚定了课程整合的信心，明确了课程整合的目标，消除了对课程整合的误解，理顺了课程整合的思路，激发了课程整合的动力。

根据张斌博士的要求，教师们都对课程标准进行了非常认真的研读，不仅能做到了如指掌、如数家珍，更关键的是有了自己的见解与体悟。

数学教师于新波说："我们努力学习了好多遍课程标准，对每个词都进行了深入的解读。可以说，对课程标准我们已经烂熟于心了。然后，不断地研究基于课程标准的教学设计，不断在课堂中实践。这些努力都为我们的课程整合工作奠定了坚实的基础。"

音乐教师齐玉芝说自己是这样达成对音乐课程核心目标的理解的：将课程标准读熟且内化于心后，再将其中的论述"掰碎"，进行重新梳理和整合，才形成了音乐课程核心目标的五个基础目标——基础知识、基本技能、情感态度、学习策略和文化意识，于是有了新的认识——音乐教学不是只教学生会唱几首歌曲，也不只是让学生学会某种乐器，更重要的是培养学生的审美、感知、发现、表现、创造的能力，再使学生在生活中应用这些能力，从而获取音乐带给他们的力量和荣耀。

英语教师边春霞不但研究甚至背诵了英语课程标准，而且将中国与美国及其他国家的基础教育阶段的英语课程标准进行了比较研究，之后她发现，中国的英语课程标准尽管已经比从前大有改进，可若将其放在国际大环境下，与其他国家的课程标准进行比较，还有不少需要完善的地方。她认为，应当确保课程标准的设计能够体现其提倡的课程理念，进一步界定英语语言能力，清楚地描述语言学习者的行为目标，确认英语语言能力水平等级的理论支撑。有了这些理论研究，边春霞老师进行英语课程整合的时候，就可以站在更高的视点上来思考，来建构属于自己的英语材料系统。而且在实施课程时，不但不觉得困难，甚至有了如鱼得水的感觉。

分步推进，确保整合有效落实

课程整合不仅需要理论支持，更需要在实践中去体悟、去提升。晏婴小学的课程整合从基于课程标准的教学设计入手，逐步实现了学科内整合、多学科整合、跨学科整合和超学科整合。

一、学科内整合

晏婴小学的学科内整合应用的是增、删、换、合、立五字策略。

1. 增

所谓增，就是增加内容，如补充材料、主题活动、实验操作等。

例如，崔爱霞老师在教学课文《日月潭》时，就补充了短文《阿里山》。日月潭和阿里山都是台湾具有代表性的风景，补充进来，便形成一节新的阅读课“‘一山一水’游台湾”。

《日月潭》依次介绍了日月潭的位置环境、名字由来及其清晨、中午、晴天、雨天的美丽景色。《阿里山》则依次写出了阿里山的位置、名字由来和日出、落霞的美丽景色。

这两篇短文不但结构相似，而且均语言优美，诗意沛然。在教学过程中，崔爱霞老师通过有层次的、多种形式的朗读，不但让学生理解了字词的意思与文章的内容，同时激发了他们的阅读审美情趣。

崔爱霞老师兴奋地说，这节课让她过了一把“高屋建瓴”的瘾。自己从事语文教学很多年了，一直都是拿着教材设计教案，从来没有从学生在这个学段应该达到的知识、能力水平的角度去考虑，于是造成了学生在每个学段学到的知识或能力可能会出现断层的现象。在课程整合理念的引领下，自己有了课程意识，才有了增补教材、对比分析及从学生视角进行教学改革的尝试。

2. 删

所谓删，就是删除重复的、不必要的、不符合课程标准的内容。

例如，五年级下学期美术教材中的设计课主要有“多彩的民族传统纹样”“提袋的设计”“我的书包”“自制小相框”，其中“多彩的民族传统纹样”是对形式原理的学习，为必学内容，剩下三课解决的问题基本一致。美术教师房爱翠认为，假若教师机械地带领学生一一学习，不但重复，也会让教者与学者没有新鲜感，所以房爱翠老师只对“多彩的民族传统纹样”一课进行了教学，其他三课让学生自学，却依然完全达成了目标。

3. 换

所谓换，即更换不合适、不合理的内容。

晏婴小学目前使用的是山东科学技术出版社的英语教材，到三年级下册才出现对26个字母名称音的学习，而且内容单薄、凌乱、无序。有些教师只依据教材顺序，不加改造地带领学生跟读一遍便结束了教学任务，结果教师教得别扭，学生学无所得。边春霞老师结合学生的实际情况和所使用教材的特点，首先对课程标准二级语音目标进行分解，明确了相应的教学内容和评价建议，制订了《小学英语二级语音教学目标及评价内容分级表》，从26个字母的名称音、拼读音、字母组合音、因素拆分等角度入手，设定了具体、详细的语音教学目标。结果，更换后的教学目标更加合理，学生也能很好地达成。

在更换目标与内容的同时，边春霞老师也在更换教法和学法。目前小学英语学习过程中，很多学生采取的是鹦鹉学舌式的学习方式：教师教一个单词，学生就机械地记住，再遇到新单词就束手无策了，更不能举一反三。为此，边春霞老师开发了自然拼读校本教材，并替换了原教材中无序的训练。自然拼读法依据学生的认知特点，根据字母或字母组合的读音规律，建立字母和语音之间的对应关系，使学生一看到字母或字母组合就能读出相应的发音，从而培养学生见词能读、听音能写的能力。

4. 合

所谓合，即整合不同知识点或不同学科内容。

例如，青岛版五四制小学数学四年级下册教材第二单元的重点是多边形的面积计算公式的推导，第六单元要求学生通过学习进一步认识轴对称图形，能在方格纸上画出所给图像的另一半，从而进一步认识平面图形的平移与旋转，并能在方格纸上将简单图形平移（连续平移 2 次或 2 次以上）或旋转。其实，学生在“小数的乘除法”中已经接触过转化思想。为了更好地在多边形面积计算公式推导的教学过程中激活学生的转化思想，使学生初步掌握利用转化的思想研究多边形的面积计算方法，数学教师路红艳把对第六单元知识的学习提前，并将其与第二单元知识的学习整合在一起。具体做法：在进一步认识平面图形的平移与旋转中，采用直观手段，将静态的画面动态化；充分利用平面图形学具和带有小方格的纸板，让学生在平移或旋转的过程中观察图形运动轨迹；通过对平面图形的观察、操作，认识到两个完全一样的三角形或梯形可以拼成一个平行四边形，这为研究三角形和梯形面积计算的推导公式“平行四边形的面积÷2”奠定了基础；在“图形大变身”中学习平行四边形的特征，认识到平行四边形的高就是长方形的宽、平行四边形的底就是长方形的长，由此推导出平行四边形的面积计算公式；最后总结平行四边形的面积计算方法是把平行四边形转化成长方形来研究。

两个单元教学之“合”，便将图形的运动与图形的面积结合在了一起，打破了教材内容呈现的顺序，不但有效地整合了不同的知识点，顺应了学生的认知特点，还训练了学生从解决问题的需要出发的思维方式。“操作、观察、思考”三位一体，不仅增加了活动的趣味性，也提高了活动的有效性；既让学生在活动中加深了对图形的对称、平移及旋转方式的理解，又在学生解决问题的过程中渗透了数学转化思想。

5. 立

所谓立，即打破原有学科内容的呈现顺序，建立全新的框架结构。

语文教学中的人文性与工具性之争由来已久，迄今依然莫衷一是。不过，二者的融合则是一种趋势。晏婴小学的语文课程整合便打破了原来的人文性单元框架，根据学生的能力和课程标准的要求，建构了全新的、目标逐级提升的主题文体单元，实现了工具性和人文性的统一。

在美术教学中，艺术的生命在于感情，散乱的美术技巧并没有多少价值。但凡好的作品，更多不是技巧的展示，而是气韵带来的生命气象。因此，房爱翠老师按照造型表现领域、设计应用领域、综合探索领域，建构了单元学习结构。同时，美术创作中如果没有作者的感情流动，就不可能产生精美绝伦的作品，所以在单元学习中，房爱翠老师特别关注了“情”这种特殊的创作材料。

二、多学科整合

目前中国小学教育采用的是分科教学，各科教师都以本学科为中心，学生学到的是缺乏内在联系的、局部的、片面的知识，联想空间容易受到限制，并减少了本可以通过联想扩大知识运用范围的机会。为此，晏婴小学进行了多学科整合，即在各门学科教学的过程中合理融入其他学科的内容，取得了良好的教学效果。

贾来东老师的“定向越野跑”主题课程设计，便是多学科整合的一个很好的案例。它至少涉及四门学科：一是体育学科，如运动技能、健身方式等；二是数学，如图形与位置、简单数据统计等；三是语文，如口语、写作等；四是英语，如语言知识、语言技能等。

在课程整合过程中，贾来东老师对体育、数学、语文、英语的课程标准进行了横向对比和纵向浏览，将原本片面的知识立体化，形成一个有活力的、融多门学科为一体的网状认知结构与实践系统，让学生走进了一个新的学习时空，使学生在感到新鲜有趣的同时，也接受了很好的思维扩张训练。

三、跨学科整合

跨学科整合是将有内在联系的不同学科、不同领域的内容或问题统整成一门新的学科，只要是具有培养和发展学生综合能力、态度和情感的教育内容就是综合课程的内容。它不仅比学科内部的整合复杂，而且对教师的要求更高，使学生产生的能量更大。它是课程整合的高级阶段，也是课程整合能否走向成功的关键所在。

在采访刘玉圣老师的时候，我不但被他对跨学科整合的实践精神所感动，也对其在理论探索中所取得的成果而感到钦佩。如果不是下了一番大功夫，且有一定的文化教育功底者，是不可能有如此巨大的生命能量的。

比如，他围绕“近视”和“习惯”这两个聚合概念，确定了“小学生近视与习惯”这一跨学科单元研究主题。其中，“近视”为本单元研究的主要问题，再加上“习惯”这一概念，构成了概念性主题。另外，考虑到学生的实际水平和研究能力，又加上了限定词“小学生”，将研究对象确定，便于课程的实施。

同时，他确立了数学、科学、体育与健康、安全教育、品德与社会五个相关学科，并对各学科的课程标准进行了认真的研究，然后按照“发现问题—提出问题—分析问题—解决问题”这一完整过程，确立了“现状”“成因”“预防”三个次概念，将整个课程单元分为三个模块，将课程标准进行了重组，建构了新的教学内容。

在实施这一跨学科整合的过程中，刘玉圣老师摒弃了传统意义上的“主题—行为”课程设计模式，采取了美国当代课程研究者艾利克森在20世纪90年代中期开始倡导并实施的“概念—过程”课程设计模式。在该模式中，“概念”指构成学科的基本原则、原理和关键性内容，“过程”指学生需发展出的连续性和复杂性的行为。

在运用“概念—过程”课程设计模式的过程中，刘玉圣老师让学生围绕生活中的实际问题进行实践、探究和总结，亲身经历解决问题的全过程，提高利用所学知识解决实际问题的能力。

四、超学科整合

超学科整合更多呈现的是一种社会形态。它是基于现实生活的主题式研究，目的是培养学生举一反三、旁征博引的核心素养，让学生通过实践体验，增强社会责任感，提高探究能力和创新意识，在经历中学会知识技能，学会动手动脑，学会生存生活，学会做人做事。这样的整合有一定的难度，可对学生未来的发展起着很好的促进作用。

王金红老师设计与实施的“最炫齐地风”主题课程，就是一个超学科整合的很好的样本。

说起这个课程开发的缘起，王金红老师说，临淄是国家历史文化名城，故城内外、地上地下，文物浩繁，历史遗迹遍布，因此有“地下博物馆”的美誉。

她认为，生长在临淄的学生应该熟知这些景观和历史文化。为此，她让学生综合运用语文、品德与社会等学科中的知识、技能，写一篇结构为“总—分—总”、采用排比方法进行描写的游记，借助“最炫齐地风”金牌讲解员评选活动，培养学生自主、合作、探究的综合素养。依着赏祖国山水（方法学习）、游古齐临淄（体验探究）和展讲解风采（金牌讲解）的顺序进行实施，同时设计了终结性的评估方案——

旅游旺季来临，旅行团推出了“最炫齐地风”主题旅行项目。你要带领一个旅行团参观临淄的景点，你讲解的内容和形式将直接影响到你们旅行社的形象。你有以下三项责任：

1. 展览“最炫齐地风”档案册，按照小组的探究方向整理，内容要图文并茂，为所有资料建立目录，保持档案的整洁。

2. 参与全班的“最炫齐地风”习作的评选活动。

3. 与你的小组同伴一起选择一个旅游点进行介绍，内容要丰富多样（包含风光、历史文化、人文风貌等内容的介绍），要有一个讲解员进行讲解。届时将会有老师、家长和其他小组的代表参观你们的展点，你必须能够回答出参观者提出的问题。

这种超学科整合的主题研究体系的建构和实施，培养了学生的综合素养，为真正实现综合型人才的教育培养目标奠定了坚实的基础。

课程整合，引发师生裂变

几乎每一位教师都有着巨大的发展潜能，可是，当下的教学往往导致教师的潜能处于被压抑的状态。本来可以成为优秀教师，甚至全省、全国名师，却平庸一生，甚至倦怠一生。而课程整合，能让处于沉睡之中的教师觉醒，尤其是那些在课程整合中积极努力、大胆实践者，生命就有可能发生裂变。在晏婴小学，教师的教育教学观念发生了很大变化，课程意识大大增强，由教教材变为教课程，教师本身成了最重要的课程资源，具有了课程开发能力，大批教师立足当下学生的成长需要，开发出独具特色的班本课程、主题课程和综合课程。晏婴小学因此成为全省中小学课程整合实验学校，其课程整合的经验、做法在全省乃至全国产生了很大的影响。近年来，先后有来自省内外的近百所学校的校长、教师到晏婴小学参观考察课程整合工作。

与教师们交流一下，你就会发现，他们已经不是一般意义上的教师，而是有了强烈课程意识的教育者，甚至已经有了一种质的飞跃。在采访边春霞老师的时候，她说："鸡蛋，从外打破是食物，从内打破是生命；人生，从外打破是压力，从内打破是成长。只有教师自身真正成长起来，才能带动学生的成长。我的行为深深地影响了我的学生，不论是已毕业的，还是在校的，学生都亲切地喊我为小边老师，他们说：'在我们心目中，小边老师是个大小孩。见了她，我们就兴奋，上她的课有种上不够的感觉。'"

德国思想家雅斯贝尔斯指出，教育需要信仰，没有信仰就不成其教育，而只是一种教学技术而已。边春霞老师有高超的教学艺术，这让她不仅在课堂教学中游刃有余，而且进入了一种审美的境界。而教育信仰，是其形成教学艺术的精神力量，那就是一个钟情教育者的气象与格局，它作为人的精神力量，在照亮学生的同时，也让本人熠熠闪光。在课程整合过程中，边春霞老师迅速成长，开发出了更适合中国学生学习的阶梯英语课程，让学英语成为快乐的事。她先后在《中小学外语教学》《中国教师报》等专业报刊上发表理论文章 11 篇，正式出版了个人专著《小学英语自然拼读》。

课程整合大大促进了教师的成长。近年来，晏婴小学教师中有 16 人次在全国、省、市优质课评选中获奖，6 名教师被评为省市教学能手、学科带头人，1 名教师被评为淄博市特级教师，23 名教师被评为区级教学能手、学科带头人。

玩是孩子的天性，可是如何让孩子玩出花样，玩出智慧，是大有学问的。课程整合后，除了让学生在教室内学习之外，学校还开辟了很多让学生玩的第二课堂。近年来，学校投资 150 余万元建设了与课程相配套的航模室、车模室、科技探究室、动漫工作室、机器人研究室、电子百拼室等 42 个专用活动室。还投资 20 万元建立了淄博市首家壁挂式科技馆，先后购置了 4100 余件科技模型、实验器材，这些都成了学生爱不释手的"玩具”。在这些课堂上，更多的不是教师讲，而是学生自己做，甚至是自己去创造与发明。于是，这里成了他们玩的天堂，成了他们展示才华的舞台。

在采访学生的时候，说起这些课，他们一个个眉飞色舞，说不尽自己的快乐。其实，这不正是他们生命成长的必需课吗？让他们拥有快乐的心境，能够大胆地创造，这种收获不是更大吗？

随着教师教学观念的改变和课程开发能力的增强，学生的学科素养和综合能力也显著提升。近年来，晏婴小学的学生有 716 人次在各级各类科技比赛中获奖，9 名学生的发明获得国家知识产权实用新型专利证书。2015 年，《人民教育》杂志以《晏婴小学有个“课程集市”》为题，介绍了晏婴小学立足学生成长需要，推进课程整合，开发系列课程，1840 名学生实行选课走读的典型经验。

孙镜峰校长说，对一所学校而言，最宝贵的不是漂亮的教学楼和现代化的设施，而是拥有什么样的课程。课程，是学校最宝贵的资源，也是学校的核心竞争力。校长，应该是以提供满足学生发展需要、充分落实学生培养目标的课程为使命的教育者。

晏婴小学课程整合的历史并不太长，却结出了丰硕的成果。近年来，学校先后获得中国创新型学校、中国创新教育实验基地、全国青少年电子制作活动示范学校、山东省规范化学校、山东省科普教育示范学校、山东省中小学课程整合实验学校、淄博市首批科普教育示范学校、淄博市艺术教育特色学校、淄博市数字化校园等荣誉称号。2012 年 4 月，孙镜峰校长被省教育厅、省科学技术协会联合表彰为“山东省十佳科技校长”；2014 年 9 月，被市政府表彰为“淄博市优秀校长”。

艰苦创业志不渝，回报社会终无悔

——河北省保定市唐县六一小学董事长王建刚访谈录

校长介绍

王建刚，现任河北诺亚建筑工程有限公司、河北启明房地产开发有限公司董事长，唐县六一小学、启明中学、唐县电视台广告传媒中心董事长。曾获得唐县首届创业十大杰出青年、河北省农村致富带头人、河北省外出务工致富能手、河北省劳动模范等荣誉。他铁骨柔肠，热心公益，为家乡修路2300米，安装路灯60余个，为汶川灾区和唐县洪涝灾区捐款，还长期资助贫困学生和困难家庭，累计出资100多万元。

唐县位于河北省中部，太行山东麓，属于国家级贫困县。可当走进全日制民办寄宿制学校唐县六一小学的时候，你会眼前一亮，因为这里不但“发达”，而且“相当发达”。校园内绿树成荫、百花竞放、小桥流水、白鸽飞翔，已达到现代园林式学校标准；长达百米的校园文化墙上工整地书写着《弟子规》及中华经典古诗文，设计精美，图文并茂；随处可见的文化石、雕刻、造型都彰显着学校的育人理念，迸发着学校开放、包容、求精、向上的活力；2万平方米的标准运动场内建有全塑胶跑道、硅PU篮球场、人造草坪足球场和能容纳4000人的大型看台；所有教室、餐厅与学生公寓都设有中央空调，冬暖夏凉，环境舒适；教室全部安装交互式液晶触控一体机并连接互联网，实现了现代信息技术与学科教学的整合。总之，即使与发达地区的城市公办学校相比，六一小学也毫不逊色。

事实上，西方环境美学研究者阿诺德·柏林特早已指出，我们每个人都生活在景观中，人的内在与外在、意识与物质世界是同一事物的不同方面。可以说，教育界已将学校自然环境的规划提升至教育美学影响力的高度。然而，在有限的条件下，六一小学是如何使这里的学生享有如此美好的教育环境的呢?

为了破译其中的奥妙，我与王建刚董事长进行了一番深入的交流。

“以义为利”让学校持续发展

不满40岁的王建刚董事长，刚毅憨厚，英气勃发。一问及建校的缘由，他感慨万千，表情顿时凝重起来。

他说，六一小学始建于2002年，当年，校舍是租赁的旧厂房，占地面积小，校舍简陋，设施不足，规模很小，发展空间极其有限。

出于对教育的关注，当时已是河北诺亚建筑有限公司董事长的王建刚，于2009年11月本着投身公益、回报社会的原则，全面接手六一小学，2010年10月，又接手了启明中学。他开始谋划怎样打造好唐县的基础教育，以弥补县城优质教育资源的不足，满足广大家长对教育的多样化需求。

第一次到学校，王建刚董事长终生难忘。1名校长、1名主任、27名老师、500多名学生生活在校舍面积不足3000平方米、生活条件极其艰苦的地方。他查看了教室、宿舍、食堂、教师办公室，如此简陋是他没想到的。他看到，小小的孩子在寒冷的冬天竟用凉水洗脚。此情此景，他看在眼里，急在心里。他受到了强烈的震撼!

回到家里，他彻夜未眠，思绪万千，并下定决心：改善办学条件，一刻也不能等！新建学校，搬出旧厂房，是时不我待的头等大事!

为此，他日夜不停地奔波，而且效率之高让人惊诧——短短几天，就办好各种手续。

2010年1月22日，六一小学新校区建设项目即被列入保定市重点建设项目，随后工程开建。他决定，先建教学楼与学生公寓，而且质量要高，速度要快。

2011 年 8 月，六一小学喜迁新址。有人说，这绝对是光速！可是谁又知道，这速度里耗费了王建刚董事长多少心血与财力？

他说，当师生们欢呼雀跃地搬入新校后，他仍在谋划学校后续发展的大事。

他认为，学校不仅要有楼房、有师生，更要有绿色、有文化。为此，他提出了学校要实施“四百”工程：百墙（百块以宣传经典名著、诗词典故为内容的墙壁画）、百梯（百层楼梯诗及名言警句）、百树（育百种树木）、百花（种百种花草），从而让自然景观与人文景观共同构筑新的学校文化。

我到学校采访的时候，这个目标已经基本实现。

可王建刚董事长说，学校的美化、绿化与文“化”，永远没有休止符。我国学者费孝通先生曾言，文化是人为的，更是为人的。研究校园文化，是为了创造一个美好的人文世界，不仅要物质丰富，而且能使人精神愉悦，可以让师生更幸福地生活。

所以，王建刚董事长说，不管花多少钱，费多大力，只要是为了办好学校，为了教师的幸福，为了学生的发展，都值了！

当初接手这两所学校时，王建刚董事长在全体教师大会上做过这样三个承诺：一是五年内教师工资翻两番，二是尽快为教师解决养老保险问题，三是要打造一流教学质量。然而说归说，又有多少人相信呢？当时，包括学校领导在内的许多人都认为这三个目标是根本不可能实现的。事实证明，短短五年，王建刚董事长实现了他的承诺。教师工资从他接手时的 900 多元逐年提高，到现在已经达到 4000 多元了，是当地一般公办学校工资的近两倍；免费为教师提供食宿，为双职工教师提供住房，为教师解决了养老、医疗、工伤、生育保险；六一小学、启明中学的教学成绩已位居全县前列，其中，启明中学连续五年获“中考优胜单位”荣誉称号，2013 年、2014 年中考成绩稳居全县之首。

六一小学的张鸿昌校长非常感慨地对我说：“为了让师生有更好的工作与学习环境，我们董事长在经济投入上从来就没有停止过。”

面对这位董事长，我却觉得他本人太过寒酸：一年没有买过一件新衣服，所穿的一件白衬衣也是普通得不能再普通了，我甚至怀疑那是一件廉价的甩卖品。而他在吃上更是简单，走到哪个食堂吃到哪个食堂，在学生餐厅、工地食堂时时见到他与师生、工人边吃边聊的场景。

当我提出我的想法后，他却只是笑笑，说："其实，吃得好、穿得好与吃得一般、穿得不好没有多少差别；可是，当能为300多位老师与几千个孩子提供更好的条件时，我心里就美起来了。"

他还说，现在看到孩子们能洗上热水澡，一天只用10元就可以吃上可口的饭菜，他心里那种快乐，比赚上一大笔钱不知要多多少倍。

据六一小学的副校长田安英讲，为了学校的建设和发展，王建刚董事长投入了巨额资金。新校启用后，六年来后续工程建设就一直未停止过，已经累计投入1.5亿多元。不断完善的硬件建设，使六一小学的办学实力大大增强，生源充足，现已达到3000多名。面对这可喜的局面，王建刚董事长却异常冷静。他认为，学校的发展需要速度，更需要质量。他有更远的目标、更大的梦想，他要全力打造六一小学这个品牌，在让学校成为"四个一流"（环境一流、师资一流、管理一流、质量一流）的名校上去做更大的"文章"。

这让我想起《大学》里的一句话："国不以利为利，以义为利也。"王建刚董事长，不正是"以义为利"吗？有人说，他一直在不求回报地投资，与一般企业家太不一样了。不过，他得到了师生的拥戴，得到了老百姓的认可，这也许是最大的回报吧！这种"以义为利"的精神，不正是六一小学持续优质发展的内在密码吗？

无处不在的德育形成一道精神风景

2500年前，孔子将学在官府移至学在私学，办起了中国第一所民办学校，不但有了"弟子三千"的规模，还有了"贤者七十有二"的良好教学效果。而且，这位伟大的教育家迄今仍被中国乃至全世界的教育者所敬仰。

那么，孔子何以能有如此深远的影响呢？原因当然很多，其中之一就是其"做人第一，学问第二"的教学原则，这也是办好学校必须遵守的原则。王建刚董事长认为，办现代学校也应当遵守这个原则，尤其是民办学校，更应当以德为先，不然就不可能有持续发展的生命动力。可以说，这种人文精神是教育的灵魂，人文精神的核心是尊重人之为人的价值，而教育的根本使命就是要实现人之为人的价值。

教育，特别是课堂教学，不应当只是传授知识的地方，还应当成为涵养精神的道场。教师的教学，不能只是就知识教知识，而应当将德育有机地融入教学之中。因为只有自觉而良好的德育，才可以培养心清目远、情感丰富、身心健康、富有责任感的人。

这是王建刚董事长的观点，这一观点也得到了教师们的高度认同及积极主动的身体力行。结果，使学生在从课堂上学知成智的同时，也学到了做人的道理。

我在六一小学听李老师教《乌鸦喝水》一课，这位刚刚走上工作岗位的年轻教师，在巧妙地引领学生感悟乌鸦会动脑筋的优点之后，又出示了一段小乌鸦觅食反哺老乌鸦的短片，让学生知道了乌鸦还是懂得感恩与孝敬自己妈妈的“好孩子”。这种“随风潜入夜，润物细无声”的德育，就无声无息地融进了学生的心里。

美国德育学家托马斯·里考纳认为，各科教学对德育来说是一个“沉睡的巨人”，潜力极大。日本教育学家岩桥文吉认为，德育如果不关心隐蔽课程，期望得到满意效果是不可能的。基于此，王建刚董事长认为，德育不但在课堂上，也在日常生活中。比如，六一小学的安全与卫生管理，就是以学生为主体进行的。每到课间，处处可以看到值班教师身披红色绶带、值勤学生头戴小红帽巡视的身影，他们检查学校有无安全问题，纠正学生的不当行为，弯腰捡起地上的垃圾……形成了六一小学一道亮丽的风景线。

王建刚董事长认为，德育无处不在，而且要让学生通过自己的说与做，实现德育的目标。于是，就有了别具一格的“国旗下的讲话”。每逢周一升国旗的时候，都安排学生讲话，让他们讲自己应当做的事，讲自己不应当做的事，讲自己做得好的事，讲自己做得不好的事。所以，每周一的升国旗仪式，就成了学生期待的时刻，也成了他们接受教育的良好契机。

王建刚董事长说，当今中小学生的感恩意识有日趋淡化的倾向，甚至对自己的父母也渐失感恩之心了。可是，正所谓“修身”才能“齐家治国”以“平天下”，一个不会感恩的人，未来怎么可能融入社会，更好地服务于社会呢?

正是基于这种思考，学校专门从北京请来讲师团，针对如何孝敬父母与感恩教师举行了大型报告会。学生听后很受感动，有的回家后对父母深情地说起了从来不说的“我爱您”，有的则主动承担起一定的家务。

感恩教育还走进了课外作业中。比如，学校要求学生给父母写一封信，给老人洗一次脚，为父母策划一次有意义的生日聚会……不少家长说，孩子进入六一小学后变得懂事了，知道孝敬老人、友爱邻里了。

王建刚董事长还特别鼓励学生参加社会实践活动。他认为，只有贴近社会、积极实践，才能发挥德育的真正作用。正如美国儿童发展心理学家科尔伯格所指出的：“美德需要通过说教、给予实践的机会、对行为予以奖赏，从而教给儿童。”学生只有体验到“美德即知识”的力量，才会产生教育共鸣。

为此，学校将白求恩纪念馆、柯棣华纪念馆作为德育基地，每年组织学生前去参观。白求恩与柯棣华毫不利己、专门利人的精神，能让学生产生一种高山仰止的感觉，进而又生成一种“择其善者而从之”的心理期待。

学校附近的两个养老院，也成了学生德育的实践基地。学校定期组织学生到养老院里去为老人捶捶背，陪老人聊聊天，帮老人整理内务。当学生在小学阶段有了“老吾老以及人之老”的精神品质后，就有可能将这种品质延伸到未来的社会生活中。

王建刚董事长对我说：“我们学校的硬件建设是一流的，可是我更看重的是我们学生的品质。其实，事好做，人难做。人做好了，事做好也就在情理中了。”

六一小学致力于提倡和践行崇德、诚信、正直、同情他人、乐于助人、尊重他人等个人品德方面的人格教育，使校园浸染在传统德育文化的氛围里，使学生在感受、体悟与表达美好情感的过程中实现了个性自由、人格发展、自我完善的教育价值追求。

快乐课堂为学生留住幸福童年

精神分析学派创始人弗洛伊德说过，童年的生活影响人的一生。童年应该是美好、快乐的，可是目前一些小学生并没有感到幸福，其中一个重要原因就是他们不喜欢传统意义上教师“满堂灌”的课堂。当学习处于被动状态的时候，学习就成了一场苦役。法国当代思想大师皮埃尔·布尔迪厄提出的“生存心态”即主要在童年时期形成，通过家庭及学校的影响来把一系列的物质条件加以内化，形成儿童自己的品位建构，它是生成、衍化和非复制性的。

因此，王建刚董事长认为，把幸福还给儿童，让课堂快乐起来，是一个教育者本然的良知与应尽的义务，因为这关涉着儿童当下与未来的人生，且永不可复制。

为此，学校分批组织教师到全国课堂教学改革的典型学校学习，回来后结合本校实际，进行课堂教学改革。他们制订了教学改革方案，提出了“打造快乐课堂”的教学口号，开展了“快乐课堂”的课题研究。

王建刚董事长认为，要想让学生学得快乐，首先要让他们成为学习的主人，而不是学习的奴隶。为此，就要让教师之言“约而达，微而臧，罕譬而喻”，鼓励学生质疑问难。同时进行小组合作学习，让更多的学生拥有发言与交流的机会。苏联儿童心理学家维果斯基曾提出儿童心理发展机制的一般规律和享誉学界的社会建构理论，强调儿童心理的发展只能在交往与合作中实现。

王建刚董事长认为，快乐课堂还有一个重要的指标，那就是课程的丰富性与多样化。应试教育的一个弊端就是只要与考试内容无关的课程就不再开设，即使是教育部规定的课程也搁置起来。于是，音乐、体育、美术等学科就成了可有可无的摆设。美国教育学家斯宾塞曾强调，长期以来的教育误区就是，把教育仅仅看作在严肃教室中进行的苦行僧的生活，而忽视了对学生来说更有意义的自然教育和自助教育。课堂上没有了歌声与乐曲，没有了美术与书法，没有了体育运动，学生成长必需的课程及本应享受的快乐，都在应试教育的逼迫下销声匿迹了。

王建刚董事长说：“我们的快乐课堂，就是要让孩子唱起来，跳起来，美起来。”这是孩子的天性，《中庸》说得好：“天命之谓性，率性之谓道，修道之谓教。”看来，不顺应孩子天性而实施的教育，是不可能让孩子健康成长的。

为此，学校严格执行上级课程设置方案，开足开齐国家、地方、校本三级课程。音乐、体育、美术、信息技术均有专职教师上课，特长生从小就能得到专业教师的指导。学校开设了书法、舞蹈、器乐等课程，组建了篮球队、剑术队、鼓乐队、乒乓球队等课外活动小组，使艺体特色教育全面开花并结出了丰硕的果实。近年来，在省、市、县组织的各类竞赛中，学生连连获奖，充分展现了学校素质教育的成果。

在学校的艺体特色教学展示中，学生吹口风琴、葫芦丝、竖笛，表演集体舞，陶醉在美妙乐曲、动感舞曲里，我也有了“不图为乐之至于斯也”的美妙感受。

据刘红宁副校长介绍，学校还改革了评价方式，增加了过程性评价的分值。除了考试成绩外，还将课堂表现、朗读、书写、速算、英语口语表达等纳入评价内容。评价方式的改变，极大地激发了学生学习的积极性和主动性。同时，学校制订了课堂教学评价标准，从教师活动、学生活动、教学效果三大项，课时目标、教材处理、学生参与、课堂达标等十二小项，对教师的课堂教学进行综合评价。所以，在课堂上，教师不只要让自己讲得好，更要研究如何让学生学得好、学得积极踊跃、学得快乐。

改革之后的课堂发生了很大的变化，教师让位于学生，学生主动地走到学习的前台。以往教师指名让学生发言，学生却欲说还休的情况一去不复返了，代之而来的是这个学生还没有讲完，其他学生早已跃跃欲试。他们侃侃而谈，兴趣盎然，成了课堂教学的一种常态。显而易见，学生的学习已由被动的机械学习发展到主动的掌握学习，而这正符合美国当代教育心理学家、课程论专家布卢姆所提出的学校课堂学习理论。他认为在“所有学生都能学好”的思想指导下，只要给予足够的时间和适当的教学，为学生提供他们所需的个别化帮助，几乎所有的学生对几乎所有的内容都可以达到掌握的程度。由此，学生不再讨厌课堂，而是盼着上课，因为上课已成为一种精神享受。

王建刚董事长认为，学校，尤其是小学，应当为学生留下终生的美好记忆，为此，就要适应学生的需要，让每一个学生都有一个幸福的童年，让每一个学生都快乐、健康地成长。他说："我们已经初步获得了探索的成果，相信以后会越走越好。"

并未结束的采访

调研结束的时候，启明中学的霍双朝校长与教导处副主任李劝又匆匆赶来。由于我有事必须尽快返回，所以与他们的交谈时间只能压缩到半个小时之内。可是，我感到这所学校与六一小学一样，犹如一轮喷薄欲出的朝阳，让人充满希望与期待。此次时间紧迫，我不想浮光掠影地将两所学校的探索历程与取得的成绩做寥寥数语的记录，只好与他们相约在冬季，再做深入的交流。过几个月后，我还要更好地去领略两所学校教育改革的美好风景，所以，将欲离开，就已有了再次前来的期待。

为生命的精彩奠基

——山东省济南市胜利大街小学“宽基教育”解读

校长介绍

王念强，济南市胜利大街小学校长兼书记，济南市专业技术拔尖人才，济南市优秀工作者，山东省创新教育先进个人，齐鲁名校长建设工程人选，全国科研创新校长。主导研究并实施“宽基教育”，取得理想效果并产生了比较广泛的影响。“宽基语文理论与实践的研究”“‘宽基教育’的探究性研究”等获山东省教育学会优秀成果一等奖。出版《宽基教育探索之路》《宽基教育：呈现学校价值力》等专著。

近年来，山东省济南市胜利大街小学声名鹊起，而体现其学校特色之一的“宽基教育”，就自然成了人们广泛关注的一个亮点。

那么，什么是“宽基教育”呢？简而言之，就是培养学生品行佳、习惯好、基础牢和远其志、阔其心、博其识的教育。它既关注学生当下的生存状态，也着眼于学生未来的生命发展。

“基”让生命有根

“基”者，根基也。从这个意义上说，“基”是生命的魂之所系，是一个人能否持久精彩甚至一生幸福的动力支撑。古今中外的圣贤智者大都是在生命的原初阶段就打下了牢牢的生命根基。

一、优秀品质：在生活德育中养成

当应试教育风行一时的时候，学生的人格生成渐渐地被边缘化了，不但出现了“高分低能”，“高分少德”也成了并非新闻的新闻。“德育第一”成了悬在天空的一道彩虹，拼命“应试”则演化为短兵相接的肉搏。结果，有的学生进入重点学校、走向社会之后，由于优良人格品质的缺失，所学的知识一步步物化为追求名利的“有用”之“器”，甚至膨胀为走向犯罪的一笔“资本”。看来，若品行不佳，知识掌握得越多，对社会的危害就越大。

所以，王念强校长说，如果不在品行上为学生的生命奠基，不但不能完成教育任务，甚至有失一个教育者的起码良知。

有的学校的德育工作看起来轰轰烈烈，可是因其大而空，结果收效甚微。德育如果与生活脱节，就会成为水上浮萍，随波逐流。胜利大街小学的生活德育，则让德育有根，且有了枝繁叶茂的景观。

1. 在感恩中体验幸福

孝敬父母被儒家先师称为“人之本”，而且会由此“本立而道生”。可是，又有多少子女知道感恩父母呢？孩子对父母没有感恩之心的话，就很难感恩社会、自然与他人。为此，胜利大街小学要求学生在家里从学会扫地、拖地做起，从帮助妈妈洗碗做起，去体验感恩父母的美好。当孩子初做家务的时候，父母大都激动不已。他们怎么也没有想到，以前在家衣来伸手、饭来张口的“小皇帝”“小公主”，走进胜利大街小学之后会有如此大的变化。

雏鹰假日小队“六个一”实践作业，则让感恩父母有了别样的载体——与父母深入谈一次心（嘘寒问暖）；在家中承包一项家务（体会艰辛）；给父母写一封家书（畅谈理想）；向父母赠送一份礼物（聊表孝心）；在学业上给父母一点惊喜（恪尽职守）；向社区孤寡老人或其他需要帮助的人贡献一份爱心（延伸孝道）。王念强校长对我说：“我们之所以要‘延伸孝道’，目的是让学生从小有一种‘老吾老以及人之老’的良好道德意识，从而在更大的范围内学会感恩、生成爱心。”

学校还进行了感恩学校的教育。据教导处主任汤丽萍讲，学校专门成立了学生导游社团，开展了形式多样的教育活动。各位班主任也以导游活动为载体，让学生在“看校园—说校园—写校园—画校园”的系列活动中，更深刻地认识校园、热爱校园。同时以导游活动为载体，进行感恩学校的教育。感恩学校是让学生以爱护学校为荣，从为学校做一件好事做起，从讲究卫生、主动捡起地上的废纸、爱护学校的花草树木等做起。感恩学校以关心集体为荣，为集体增光；感恩学校以关爱他人为荣，从做一件互相帮助的事做起。

王曦娜、菅营、刘佳等教师对我说，为了更好地培养学生对家庭、社会、祖国、人类的责任感，学校开设了“生活与责任”课程，重点对学生进行感恩教育，特别是感恩父母、感恩学校、感恩社会的教育。

2. 在生活中彰显文明

德育就在生活中，生活之中有德育。王欣怡、王青、胡玉等教师告诉我，胜利大街小学以“学会生活”为德育目标，专门设立了六个专题，即“生活与礼仪”“生活与安全”“生活与健康”“生活与审美”“生活与科学”“生活与责任”，对学生进行系统而科学的教育。例如，在“生活与礼仪”的课程开发中，“三礼”教育成为礼仪教育的主旋律，“三礼”即校园礼仪、家庭礼仪、社会礼仪。家庭礼仪包括接听电话的礼仪、餐桌礼节、做客礼仪、接待礼仪、亲子礼仪等；生活礼仪教育使每一个学生都成了家中最悦耳的音符，奏响了文明家庭的协奏曲；社会礼仪包括乘车礼仪、购物礼仪、邻里礼仪、社会公德等。

大凡到过胜利大街小学的人，都会为学生的文明礼貌所感动。他们几乎个个慢步轻声，右行礼让，微笑问好。三年级（6）班每天放学前，学生都有一个例行动作，就是看看座位底下有没有废纸，如果有就捡起来让教室不留一片纸屑；六年级（2）班每天放学前，学生自觉地把凳子放到桌子上，为值日生提供方便。

“不积跬步，无以至千里；不积小流，无以成江海。”人格的锻造，源于基础道德品质的形成，而胜利大街小学从学生身边的小事抓起，从“做好最简单的事”抓起，将现实生活与德育有机地融合在一起，学生良好的品行也就自然形成了。

二、良好习惯：在日积月累中形成

哲人说："行为决定习惯，习惯决定性格，性格决定命运。"看来，一个人习惯的好坏，将决定他的生命走向。所以，为了学生一生的幸福，必须培养学生的良好习惯。

在胜利大街小学采访期间，我深深地感到学生的道德资本在不断地增值。不过，这种增值并非"得来全不费工夫"，而是融进了各位班主任的爱心与智慧。

1. 班主任出奇制胜

小吴同学有个不爱惜课本的不良习惯，书面总是脏、乱、差。班主任王妍老师对他多次教育，依然不见改善。于是，王老师想出一个良策——她拿出自己干干净净、平平整整的课本对小吴说："我有个提议，咱们俩换书用，期末再换回来，好不好？"小吴疑惑地看着老师，王老师又说："不过，你要爱惜我的书；当然，我也会很爱惜你的书。你能不能保证，期末还我一本干干净净的书？"小吴冲着王老师点点头。在后来的日子里，小吴不仅将王老师的那本书保管得完好无损，也特别爱惜自己其他的书本，一年下来，本本书都整整洁洁。

铂洋同学是一个缺乏自制力的孩子，精力旺盛，总是状况不断，有的时候甚至会动手打人。班主任杨迪老师对他进行了一次又一次的教育，他都置若罔闻。杨老师并没有灰心，通过与其家长商量，建立了家长联系册。杨老师将他每天在学校里的表现写在上面，回家后交由家长写上意见和处理方法，第二天反馈给自己。就这样，从 2007 年 4 月 17 日开始，杨老师每天坚持记录着，至我采访时已用了三个本子。渐渐地，铂洋改掉了动手打人的不良行为，尽管这期间也有多次反复，可是次数越来越少。同时，杨老师利用铂洋嗓门大、力气足的优势，让他担任体育班长，由此督促他约束自己。可时间长了，他的霸气又显露出来，于是，杨老师又用"下岗"来刺激、激励他。就这样，铂洋在担当班级不同职务的过程中慢慢地改掉了不良行为。

2. 课堂之上讲规则

秋季开学之初，我专门赶到胜利大街小学听课，感到课堂上教师对学生良好习惯的培养特别关注。

吕娜老师教的是一年级。她不但教知识，激兴趣，而且特别注意规范学生的写字姿势，多次强调写字时胸、口、眼的具体位置。绝大多数新生在到校两周的时间内，已经基本上掌握了写字的要领。

我在观摩孙晓青老师执教的一年级体育课“立定跳远”时，感到他特别懂得学生的心理，整个课堂几乎都是在游戏中完成的，学生兴高采烈、欢呼雀跃。可是，孙老师并没有因此忽略游戏的规则，谁先跳、谁后跳、如何跳等，都在游戏中让学生掌握了。

3. 习惯培养有课程

为了让学生在学校生活中自觉践行规范、树立规则意识，以达到养成良好行为习惯的目的，学校将《小学生日常行为规范》改编成符合学生实际的一日常规课程。形成课程，一方面可以让规范与其他课程一样登堂入室，引起学生的重视；另一方面，可以培养学生对规范的敬畏感。

与一日常规课程相映成趣的是学会生活课程。它为学生开启了一扇生活的大门。学校要求教师根据学生的需求，结合自身的特长，人人都要有课程。这些琳琅满目的课程为具有各种各样特长的学生提供了选课走班的去处。在每周一次专门开设的学会生活课程中，学生个个乘兴而去，尽兴而归。兴趣是最好的老师，学生在兴味盎然中，既学到了知识，又学会了生活，可谓一箭双雕。

叶圣陶先生说：“教育是什么，简单说，只有一句话，就是养成良好的习惯。”是的，良好的习惯一旦养成，就会受益终身；如果形成不好的习惯，就会贻害无穷。可以说，好习惯，一辈子享受不尽它的利息；坏习惯，一辈子偿还不完它的债务。胜利大街小学的当下所为，正是为学生一天天积累着生命成长的“利息”啊！

三、基础知识技能：在平时的教学中夯实

“双基”，即基础知识与基本技能，近年来有被忽视的趋向，即使如写字这种基本技能，一些小学生也往往不能牢牢掌握，导致跨进中学、大学之门后，写起字来龙飞凤舞，走向社会后，竟然写不出一篇像样的文章。这些无疑与小学阶段“双基”的缺失有关。而胜利大街小学，则让“双基”有基，有根，从而奠定了使学生“更上一层楼”的基础。

1.“八证书”：保证“八会”技能的达标

“八证书”，是胜利大街小学“宽基教育”之“基”的一项重要内容，也是为学生打下坚实技能基础的一项非常有效的工程。

据俞健、刘爱青等教师介绍，“八证书”是实施学生综合素质“八会”技能达标考核的简称，就是让学生根据自身特长，从会写一手好字、会说日常英语、会读说写算、会制作科技作品、会操作计算机、会一项美术技能、会一项音乐技能、会一项健身技能八项中自主选择达标项目和目标，再由学生推选出各项技能小评委，与教师一起为同学评定等级；设立十种“胜利星”，有全面发展的“胜利之星”，有单项突出的“学习星”“劳动星”“健康星”“艺术星”“文明星”“自立星”等，为更多的学生提供发展的机会，让每个学生都能展现自己的才能与智慧，从而获得成功的体验。

为了保证“八会”技能的达标，学校还采取了必要的措施。比如，为了让学生写一手好字，每天下午有专门的10分钟硬笔书法练习时间，由专业教师指导，让学生认识到只有“一笔一画写好字”，才能“一生一世做真人”。

2.“三字一画”：见习教师夯实基础

要想让学生具有扎实的基础知识与基本技能，教师就必须比学生更胜一筹。一些全国著名的特级教师，不仅对课堂教学游刃有余，其异常扎实的知识技能也会让我们敬仰不已。老子说：“天下大事，必作于细。”其实，高楼大厦之所以能拔地而起，就因为它有坚实的地基；教师走向成功亦然。正是基于这样一种思考，胜利大街小学从见习教师抓起，从基础抓起，在见习教师中开展了“三字一画”功夫的展评活动。

唐忠亮副校长告诉我，在见习教师见习的一年间，学校要求他们必须练好“三字一画”的基本功。一年后对他们进行考核的时候，“三字一画”是重点考核内容。因为基础知识与基本技能，只靠突击训练是远远不够的，只有把功夫用在平时，把基本功练扎实，才能将“双基”夯实。为此，学校规定，每周一，所有见习教师都要进行“三字一画”的展示，在连廊中展评。分管教学的校长亲自评价，并且写出寄语。在这样的训练和展示中，见习教师的“三字一画”基本功周周有进步。我在采访李爱珍、王琰、孙颖、王悦等教师的时候，他们都对学校在锤炼教师基本功方面所做的努力称道不已，认为正是这种基础功才使他们有了更好的发展。

王念强校长认为，评价是保证掌握基础知识与基本技能“落地生根”的关键所在。为此，学校打破传统考试只重结果和分数的做法，注重考“双基”、考技能、考创新、考书法（书写姿势）、考速度和质量、考质疑精神、考诚实七个方面，从而建构起了全面、发展、激励的学生质量评价机制。

“宽基教育”之中的“基”奠定好了，就等于生命有了根。在生命的行程中，如果再加上充足的“水分”与“肥料”，学生就可以长成参天大树，成就大才了。

“宽”让生命更精彩

如果说人之有“基”，就不会误入歧途的话；那么，人之有“宽”，则会使生命精彩起来。因为“宽基教育”之“宽”，可以让师生胸怀宽、思维活与阅读博，从而让自身产生生命的飞跃。

一、胸怀宽

一个人心胸的宽窄，往往决定了其生命质量和生命状态，还会影响到与其相关的人。心胸宽广者，大都光明磊落，心地坦荡，不但可以容人、容物、容事，而且能够“成人之美，不成人之恶”。一个单位、一个小团队中，若这样的人占了绝对优势，就会生成一种正能量，就会相互传递积极情绪，就会生成无限的力量。古今中外一切成大事者，都拥有广博的胸怀。而心胸博大的教师，不但自己的心情更好，也会将这种情绪传递给学生，让他们从小就有宽广的胸怀。

一所学校的美誉度与信赖度，与其名师的多少有着直接的关系。这些年来，胜利大街小学名师辈出，是其名声远播的一个重要因素。那么，这里的教师为什么能有如此快的发展速度呢？我想，与宽松的人文环境和群体积极的心态是分不开的。王念强校长认为，校长的心胸有多大，教师的发展舞台就有多大。他希望每一个教师都能快速成长，即使是那些在一般人看来未必优秀的教师，他们身上照样有着很多值得别人学习的优秀品质。王念强校长认为，不要盯住短处不放，而应放大优点，让大家“择其善者而从之”。

从某种意义上说，校长心胸的大小，直接影响着教师的情绪。校长包容教师，教师也会包容校长。任何人都不是圣贤，都会存在这样那样的问题，都会犯这样那样的错误。可是，如果持发展的观点，就会感到这些问题和错误都是成长之中必然经历的。于是，就会坦然接受，不多指责。

校长的这种包容之心，还会在教师之中形成一种宽容的氛围，使教师彼此之间不是妒贤嫉能，而是以欣赏的眼光看待他人的成功。成功者则以“已欲立而立人，已欲达而达人”的心态去帮助别人。这种群体向上的发展场，让每位教师都看到了成功的希望，让每位教师都感到心情舒畅。有了这种心态，工作虽累却很快乐，教学效果也会越来越好。

而且，教师的这种良性情绪，不但在课堂之上会生成有效的机制，还会在课下影响学生，从而让学生也学会包容他人，心胸宽广，若从小就有这种心态，长大成人之后就可以干一番大事业。

师生的心胸宽容之场一旦形成，良好的校风也就形成了。而有了良好的校风，即使有些个别问题也会自然消失。

心胸宽窄，与思想品德高低有关，也与心理健康与否有关。即使是平时心理比较健康的教师，有时候也会因为处理不好与家长、同事等的关系而心生焦躁，甚至会迁怒于学生。于海萍副校长对我说，正是基于这样的思考，自 2002 年起，学校就开始进行“课内外结合，培养学生健康心理”实验课题的研究，坚持开设团体心理健康辅导活动课，从最初的班队会活动到团体辅导，到现在纳入学校课程的“心语”课程，已经形成了一个心理健康教育系统。这门课程以“心语”课程和“心灵小屋”咨询活动为载体，并自编了体现学校特色的心理辅导教材。据心理育人的创始人臧晓霞老师讲，他们已经探索形成了“创设情境—心灵感受—自助体验—互助提高—生活实践”的团体心理辅导的基本模式。其中，既有团体辅导，又有谈心式交流；既有心理自助，又有同事之间的互助；既有心理小游戏，又有健康心灵辩论会。即使有些心结的教师，也会在这些活动中变得阳光起来。

据董晓、孙桂清、王馥洁、甄业芳、王静等教师讲，学校工会还开展了“参加一次心理健康调查，阅读一篇心灵鸡汤美文，进行一次心理知识辅导，写一篇健康心得”等宣传教育活动，让“每天微笑十分钟，健康工作四十年，幸福生活一辈子”的理念深入每一位教师的心中。学校还投资6万多元建起了“心灵小屋”，请心理咨询师为教师、学生、家长进行心理咨询。

健康的心态外化出来，就是阳光灿烂的笑脸。而这种灿烂，会照亮全体学生的心，使他们的心里也亮堂起来，从而实现学习的高效。因为没有情感的高效，就不可能有学习的高效。如果教师怒气冲天或悲痛忧郁，整间教室中就会弥漫着恐惧与忧愁的气息。这个时候，不管用什么高明的方法与技巧，学生的学习都将是低效的。看来，教师非常需要一个宽广的心胸，特别是能容忍学生的缺点与错误、欣赏同事的卓越与优秀的心胸。

教师不但自己要有宽容之心，还要教学生学会宽容与欣赏。据李爱珍老师介绍，学生经常会因为一些鸡毛蒜皮的事向自己告状，每次遇到这样的问题，她都会问一句：“那你是怎么做的?”学生被她一问，往往意识到了自己的问题，便自觉不自觉地宽容了他人。她经常教学生多进行换位思考，并告诉他们：学会宽容是一种品质，学会欣赏更显得可贵。慢慢地，学生之间的矛盾少了，彼此的欣赏多了。

在采访徐磊、张钦美、袁雪莲、田静、刘文婷、曹晶、张雪莹、张艳等教师的时候，他们都认为，从小培养学生宽容他人的品质，学生长大成人之后，这种品质就会外化成一种高雅的素养。而当一个人大气地宽容别人的时候，也自然会得到别人的宽容，这样就会在无意中为自己创设一种优质的生存场，进而营造持久幸福的成长环境。

二、思维活

有的课堂非常热闹，可是如果没有思维含量，这种热闹就不会抵达高效的境界。当然，思维活跃的时候，学生的表现也必然是积极的，甚至还会出现精神亢奋的状态。这个时候，学生的思维是开放的、活跃的、积极的、有张力的，于是，其思维深处的潜能就会被充分激发出来，呈示出奇迹频现的景观。

我连续听了六位教师的课，感到有一个共同的特点，那就是教师的思维是开放的。他们不是限制学生思维，而是充分开发学生的思维空间。于是，学生的思维变得活跃起来，从而生成了让教师始料不及的教学景观。

师生之间的对话、生生之间的交流，不是在浅层次的平面游移，而是在深层次中一次又一次地突进。而且，在思维活跃的同时，学生的兴趣也越来越浓。于是，感情高效与思维高效合而为一，构筑了一个学习高效的高层境界。

1. 学生在口算、测算中步步深入

杨庆苹老师在教学四年级“归一应用题”时，就体现了思维开放的特点。她是这样导入的：“如果现在要求很快测出全班同学在1分钟内大约一共能口算多少道题，应该怎么测算呢?”

一石激起千层浪，原本循规蹈矩的学生顿时七嘴八舌地讨论起来，随后便竞相举手回答。有的说：“先统计全班每位同学1分钟内口算的题数，再把它们加起来。”这个同学的话音刚落，就遭到了另一位同学的反驳：“这样太麻烦了，我觉得只要测出一位同学1分钟内口算的题数，再乘全班的人数就可以了。”孰是孰非，大家都在深思，全班学生的思维都被激活了。很快，又有一个学生提出了反对意见：“这个办法也不行，如果选的这个同学算得很快，最后的结果就太大了；如果选的这个同学算得很慢，算出的结果就太小了。”大家听后频频点头，杨老师因势利导：“看来只选一个同学作为代表是不行的，那怎么办呢？大家继续讨论!”不一会儿，一位学生兴奋地说：“我们已经学过平均数了，可以先测出几位同学算的题数，计算出平均数后再乘全班的人数。”同学们都觉得这个办法好。于是，全班一起选出有代表性的五位同学进行口算测试，统计1分钟内他们共口算60道题，然后得出例题：“1分钟内，五位同学共口算60道题。照这样计算，全班63位同学1分钟内共口算多少道题?”

在这样的教学过程中，教学内容与教师的思维是开放的，全体学生的注意力全都集聚于这个问题之上，大家的思维经历了一个由浅入深的过程。看似枯燥的数学题，就这样一次又一次地激发了全班学生的探索兴趣。

2. 阿凡提故事中的智慧含量

为了激发学生的学习兴趣，还可以将故事引入课堂，让思维蕴含于故事之中。薛毅老师在教学“反比例”时，就别出心裁地引入了阿凡提的故事。

复习完正比例后，薛老师请学生设想：“反比例会是怎样的?”接着播放故事：聪明且具正义感的阿凡提开了一家成衣铺，贪心的财主来做衣服。他拿来做一套衣服的布料，等阿凡提给他量好尺寸后，试探着问：“做成两套行吧？我可以给两套的加工费！”阿凡提想一想说：“行啊！”财主以为有便宜可占，便得寸进尺地要做成三套。阿凡提笑一笑说：“也行啊！”财主大喜过望改口说：“那我做四套吧！”阿凡提望着他说：“你想好了？”财主激动地说：“五套，五套，我想好了，我给五套的加工费。”阿凡提毫不犹豫地答应了，只是要求先交钱后取货。当财主来取衣服时，鼻子都被气歪了。同学们，你能猜出阿凡提是怎样对付财主的吗？

学生迫不及待地说：“阿凡提运用了反比例的知识，使贪心的财主吃了亏。”

薛老师问：“谁能说出最后的结果？”

旋即，思维被激活了的学生说出了一个又一个有趣而合理的答案——

“因为总布料不变，做的衣服件数越多，每件衣服用的布料就越少。”

“因为他不加布，只加做的件数，所以件数越多衣服越小。”

“财主真傻，竟会想不到做那么多，白交了手工费，小小的衣服一件都不能穿。”

“他越贪心，吃的亏就越大。”

……

反比例的本质要义，就在学生的积极思考与发言中，自然而然地形成了。

“这里面有三种量，你能找出来吗？哪一种量是不变的？哪两种量是变化的？”薛老师趁热打铁，以使学生向思维的深处挺进。

“布的数量是不变的，无论你做几件都是用这些布。”

“每件衣服用的布料和做的件数是可变的。”

教学继续进行，课堂上学生的思维越来越活跃。

就在这个有趣的故事之中，学生轻松自如地找出了两种变化的量和一种不变的量。这样教学，数学不但易学，而且好玩。

甚至两天之后，在正比例、反比例的综合练习课上，有学生汇报自己的思考时说出：阿凡提的智慧和财主的贪心成正比例；财主的贪心和他的损失成正比例；阿凡提的聪明和他的财富成正比例；财主的贪心和他的金钱多少成反比例……

王念强校长对我说，这样的课堂，不但使学生的思维活跃起来了，而且使传统的讲堂变成了现代的学堂，从而使学生自主学习的生命意识觉醒了。从这个意义上说，学生思维之宽与生命走向之宽，已经水乳交融地合而为一，并对其整个生命成长起着推动作用。

三、阅读博

优质的阅读不但可以提高学生的读写水平，还会在潜移默化中提升学生的思想品位。因为优秀的作品中，不但摇曳着智慧的光华，也流泻着思想的要义。

1. 内容开放的扩读课

一本语文课本只有二三十篇课文，如果不进行拓展阅读，学好语文是绝无可能的。所以，大凡优秀的语文教师，几乎都在阅读上进行了延伸，有的还提出了“海量阅读”的口号，并进行了卓有成效的探索。

扩读课是胜利大街小学为满足“宽基教育”的要求而设置的一个新课型。它是指在教学某一篇课文时，再给学生扩读与之有着内在联系的文章或著作，从而开阔学生的阅读视野。

扩读课按扩大内容的不同可分为以下四类。

一是针对训练重点进行的扩读。如《理想的风筝》是一篇学习以典型事例突出人物品质的写法的好文章，于是，就补充魏巍、贾平凹、海伦·凯勒的《我的老师》等文章，从而给学生展示人物品质的不同呈现方式。

二是学习节选，扩读全文。学习了法布尔的《蟋蟀的住宅》，为学生补充《昆虫记》；学习了《赤壁之战》《草船借箭》，为学生补充《三国演义》。学生饶有兴趣地阅读原著，上网收集资料，还自编了《昆虫王国》《走进三国》等图文并茂的书。于是，学习由点及面、由浅入深，激发了学生阅读经典的兴趣。

三是学习短文，扩读集子。如学习了《从百草园到三味书屋》，扩读《朝花夕拾》，要求学生从中自选一两篇典范作品进行精读，其余篇目根据自己的兴趣进行课外自读。

四是扩读用来做比较的作品。如学习了老舍的《小麻雀》就扩读屠格涅夫的《麻雀》，学习了郑振铎的《海燕》就扩读高尔基的《海燕》，以对比不同作家在不同社会背景下创作的不同形象。

叶圣陶先生说："教材无非是个例子。"可是，当下的不少教师将教材当成了教学内容的全部，结果大大缩小了学生的学习范围，限制了学生的发展。胜利大街小学的扩读课，则还"例子"以本来面目，并由此拓展开来，让学生的学习有了"横看成岭侧成峰"的奇异景观。

2. 丰富多彩的课外阅读

阅读仅靠课内是远远不够的，即使有意扩展也因受到时空的限制而不能称之为"海量"。而没有量的积累，就不可能发生质的飞跃。大量优质的阅读，是一个人走向成功的文化资本。

宋本玉老师告诉我，胜利大街小学学生所读的课外书很多，有《中华上下五千年》《成语故事》《寓言故事》等。而且他们每天都要背诵两句《三字经》《弟子规》或《千句文》中的内容，每周都要背诵两首古诗词，还要定期召开读书交流会、书籍义卖会、读书推荐会、经典诗文展示会等。

美术教师常凯舒说，学校在促进教师专业化成长方面提出了"四读"，即读名篇、读名师、读自己、读学生。教师一定要广泛读书，不断涉猎各种精神食粮，使自己成为源源不断的长流水。

据唐芳盼、陈艳、滕世芸、刘佳等教师讲，学校在"亲情读书""师生同读"等活动中，教师和学生同读一本书，让父母和孩子同读一本书，不但建构了书香校园，也创建了书香家庭。同时，学校举行了各种形式的读书交流活动，如"四会""四文"活动，即举行古诗诵读会、故事会、辩论会、读书报告会，再通过语林采英、读书文摘、读书小报、名著研究四种文字形式展示读书成果。

3. 前伸后延的实践作业

古人主张"读万卷书，行万里路"，可是，应试教育不但让学生读书没有"万卷"之多，更没有"行万里路"的生活实践。若没有生活实践，所学的很多书本知识就会成为水上浮萍，缺少生命的活力。胜利大街小学前伸后延的实践作业，则让生活实践走入学生的生命之中，成了学生成长的源头活水。

据张耀超、魏建斌、杨静静等教师说，前伸后延的实践作业是以课文内容为引子、为话题，课前引导学生自己动手动脑，通过多种途径收集资料，并先行整合、处理，或在生活中先行体验，以获得与课内学习相关的经验，为课堂学习奠定基础，沟通书本世界和生活世界的联系；学完课文后，引导学生将课内外联系起来，进行方法迁移，拓展课外阅读，进行对比阅读，在读写实践中提高语文能力。

例如，在教学《放风筝》一课时，教师考虑到学生缺少扎风筝、放风筝的生活体验，就在课前组织学生自己做风筝、放风筝。在这样的实践活动中，学生既获得了直接经验，又把已获得的知识和经验应用于课堂学习中，自然而然地体验到文中小伙伴们做风筝时的憧憬和向往，体验到风筝高飞时的喜悦和坠落时的懊丧。

又如，在教学《日出》一课时，教师先带领学生去观赏日出、日落的美景。尽管每天都有日出日落，可是，学生之前大都对其熟视无睹，并无特殊感受。而在教师的引导和指点下专门观察、欣赏，就有了别样的体会。然后，教师又让学生收集有关日出、日落的诗歌和美文，经过对比，再学习课文。课后再让学生编写小报来描绘日出，写自己的感受，抒发自己的情怀，就有了学生自己创造的美。

读书，不但要读有字之书，还要读无字之书，即读生活这本大书。所以，有人将有字之书称为固化文本，将无字之书称为生活文本，两种文本的相加与和谐，才是真正意义上的阅读，才能抵达读书的高层境界。

结　语

写到这里，“宽基教育”的内容似乎已经介绍得差不多了。其实，以上只是一些基本的内容。对于“宽基教育”更多的介绍，囿于篇幅，只好割爱。不过，读者可以从这有限的叙写中去思考“宽基教育”更加丰富的内涵。

需要说明的一点是，“宽基教育”之中的“宽”与“基”并不是截然分开的，更不是相互对立的。有时候，“宽”中有“基”；有时候，“基”中有“宽”。关键是，“宽”与“基”是辩证统一的，可谓“宽”中落实“基”，“基”中体现“宽”。没有“宽”，只谈“基”，就会走向僵化、枯燥，难显生命的张力；没有“基”，只谈“宽”，就会走向玄虚、浮华，难见学生真实的成长。只有两者水乳交融，才能使生命真正精彩起来。

学校发生质变的内在动力

——金孜红校长的文化执行力

校长介绍

金孜红，1977年参加教育工作，先后担任过教研组组长、教导处主任、教科室主任、副校长、党支部书记。30年来，他一直扎扎实实地实践着自己的目标和追求。自1999年任浙江省义乌市实验小学校长以来，他团结并带领全体教职工同心协力实现学校“创全国名校，建世界一流”的办学目标，与班子成员制订了“抓基础，强规范，重内涵，创示范，扬人文，促发展”的工作思路，学校一年一个新台阶，发生着日新月异的变化。

浙江省义乌市实验小学是一所既古老又年轻的学校。

说它古老，是因为它始创于1912年，积淀了深厚的文化底蕴。说它年轻，是因为2000年学校一分为二，原校改称绣湖小学，义乌市实验小学则搬迁至新址，重新开始，且迅速崛起，成为当代一流的名校。

金孜红校长说，文化系学校发展之魂。义乌市实验小学正因为以文化经营学校，才能迅速腾飞。

他提出，文化建设容载四个层面的内容——物质、行为、制度和精神。其中，物质是基础，行为是表征，制度是保障，精神铸品牌。四者各有不同，又不可分离，从而形成了一个和谐的整体。

物质文化：从无到有，从有到精

物质文化虽系外在形态，却能昭示出一种文化品位。义乌市实验小学从建筑物造型到墙壁装饰，从塑胶跑道到花草树木，都给人一种赏心悦目的美感。校长如果没有审美品位，没有文化追求，是不可能达到这种境界的。

义乌市实验小学校园奠基之日只有一块牌子、一支队伍、一片土地，校园建设、寄宿管理、师资队伍三大难题同时横亘在金孜红校长与教师们的面前。

第一阶段：从无到有

校园全面开工建设之时，市政府只下发了一份抄告单，经费迟迟没能到位，几次面临停工的困境。

金孜红校长知难而进，先将目标锁定在教学有房、房中有物和活动有场地的“三有”层面上。为此，他千方百计地筹措资金。为了加快建设进度，他有时不分昼夜地与建筑工人在一起。

一年的时间过去了，金孜红校长的期待变成了现实。人们惊讶地发现，一所全新、大气的学校拔地而起。

第二阶段：从有到精

用“爱校如家”这四个字来形容金孜红校长，并不夸张。对于学校建设，他几乎关注到了每一个细节，而且尽可能地做到尽善尽美。他认为，学校应当为师生提供一个舒适、美丽的环境。于是，他精心地对学校进行绿化、洁化与美化。他倡导哈佛大学崇尚自然的理念，在绿化方面，加大资金投入，植树，种草，栽花，做到春天草木吐绿，鲜花绽放；夏天绿树成荫，青草覆地；秋天果实累累，满园飘香；冬天花草犹在，鸟鸣其间。学校成了一座美丽的大花园。

为了找一块校训石，金孜红校长及有关人员几乎走遍了整个浙江省；为了布置好走廊，金孜红校长研究了几十个方案；为了让师生有一种审美快感，建筑施工时并未考虑建设高楼大厦，而是让绿树与低层楼房相映成趣。这些真正实现了“走进实小园，走进大观园”的审美目标。

金孜红校长说，物质文化必须是精品，这样才能与学校的整个文化氛围相得益彰，从而昭示出一种文化品位。精心、精致、精品，成为义乌市实验小学物质文化建设的特点；美丽如画、富有品位，则自然地显示出这所现代化学校的审美品格。

行为文化：从被动到主动

现代企业的发展与文化建设休戚相关。行为文化是指企业员工在生产经营、学习娱乐中产生的活动文化，它是一种动态的活动文化，是企业物质文化、制度文化和精神文化的直接塑造者。

金孜红校长认为，学校行为文化与企业行为文化类似。作为学校文化的一个方面，它是一所学校的历史文化在现阶段的显露。而作为学校文化的动态部分，它又是需要维护和可以塑造的。学校理念，只有被学校成员普遍认同，成为群体的价值观，才能内化为个体的思想而显现为群体的行为，才能逐渐成为学校的行为文化。义乌市实验小学的行为文化建设，经历了由被动到主动两个阶段。

第一阶段：被动

义乌市实验小学新校园尚未建好时，恰逢一所寄宿制学校——商城实验学校停办，政府要求义乌市实验小学无条件地接收这所学校的学生，于是，寄宿部提前创办。此时，义乌市实验小学校舍不定，多次搬家，困难重重。而且学校对寄宿部的管理缺乏经验，一切都得从头做起，需要在摸索与尝试中行走。况且，寄宿部的教师晚间要带班，工作时间长，比较辛苦。所以，当时学校流传着这样一个顺口溜：“苦不苦，看看我们寄宿部；累不累，回到家里就想睡；穷不穷，摸摸口袋两空空。”自然，这些教师工作情绪低落，给寄宿部管理带来了更大的困难。

为了扭转被动的局面，金孜红校长首先引导教师建立共同愿景，让大家认识到，创业虽然是艰辛的，但也是幸福的。它的幸福不在现在，而在将来。金孜红校长常常用学校的办学目标激励教师——用若干年时间把学校建设成浙江省全面推进素质教育的典范、名师成长的沃土、教育科研的基地、优秀学生的摇篮、教育现代化的窗口、特色鲜明的国际化学校。他还经常拿着学校建设图纸到各个办公室里让教师们观看，跟教师们讲新校园建设的进度，与教师们共同展望未来美好的前景，激励教师们踏实干好现在的工作。

事实证明，这种建立教师共同愿景的做法是有效的。教师们看到了美好的前景，也就充满了希望，便以饱满的热情投入紧张的工作中。

金孜红校长还在全校范围内开展“爱事业、爱学校、爱学生”的教育活动，号召广大教师向德高望重的特级教师马逸芳学习，弘扬“马逸芳精神”，提出“老年教师当模范，中年教师做示范，青年教师合规范”的要求。

俗话说，喊破嗓子不如做出样子。金孜红校长的工资、奖金低于骨干教师，只是全校教师的平均数。他说：“我可以操劳得最多，但不能享受得最多。”慢慢地，教师们相互攀比的话语少了，谈论学校发展的话语多了；抱怨的话语少了，追求上进的话语多了。

第二阶段：主动

金孜红校长认为，只有从“要我发展”到“我要发展”，学校才能真正发展。而“我要发展”的关键是要有激励发展的措施与机制。为此，金孜红校长为不同层次的教师制订了相应的培养目标，卓有成效地开展了骨干教师、青年教师和班主任队伍的建设。

一是以“首席教师”评选为载体，加强骨干教师队伍建设。三年一次评选，每年一次考核，从师德修养、文化底蕴、教学能力、科研水平、教学成效等几个方面对学校的骨干教师进行考核评定。一旦评上“首席教师”，则可享受四项权利：每月享受40个课时的补贴；获得学校发放的一台手提电脑；在开展教育科学研究方面获得学校的支持，优先出版专著，优先科研立项，优先参加业务进修；优先职务晋升和聘任。当然，“首席教师”在享受权利的同时，也要履行四项义务：每年至少要看两本教育教学专著；在省级以上报刊上至少发表一篇水平较高的科研论文；每学年至少上一次高质量的公开课或开一场高质量的讲座；培养本学科的青年教师，带好两个徒弟。骨干教师队伍的建设，为学校实施“名师成就名校”的战略打下了基础。

二是以“新星杯”优质课评比为载体，加强青年教师队伍建设。建立和实施一年一次的评选制度，要求全体青年教师每年参加一次课堂教学技能比赛，先后通过教育教学理论书面考试、说课和课堂教学比赛，让20%的青年教师脱颖而出。这种比赛，不但使青年教师的业务水平得以提高，也给他们提供了展示才华的平台，促进更多的青年教师更快地成长，为学校实施“一年入门，三年合格，五年成熟”的“青蓝工程”奠定了基础。

三是以“十佳班主任”评选为载体，加强班主任队伍建设。学校建立和实施两年一次的“十佳班主任”评选制度，由学生、家长与校领导共同组成评委组进行评选，当选者要向全校的班主任介绍经验。这一活动提升了班主任队伍的整体实力，使之成为学校管理规范化、制度化、特色化任务的主要承担者。

据金孜红校长讲，三支队伍的建设工作成效都非常显著：青年教师在成长，课堂教学变成熟，办学质量在提升。

一位企业家说：“一个企业的成败，是由20%的精英分子决定的。”学校亦然。金孜红校长在学校倡导的就是“让有为的人有地位，让有地位的人更有为”，做到人尽其才，物尽其用，充分调动精英分子的积极性。为此，待遇向骨干教师倾斜，即使学校领导也不能超越其上。

在抓好三支队伍建设的同时，金孜红还要求每一位教师都要主动地发展。学校每年为每位教师征订500元的报刊，每学期向每位教师发放1～2本教育名著，定期开展读书交流活动。鼓励教师自主科研，确定课题，总结成果。还要求每位教师制订个人发展三年规划和年度发展计划，学校根据教师自己制订的发展计划对教师进行考核，关注教师的发展过程。另外，学校还帮助每位教师建立了教师专业发展档案，记录自己的成长历程，体现个人的进步与提高。

金孜红校长说，精英分子并不是固定不变的，“长江后浪推前浪”，新人辈出是一个自然规律。只有这样，学校才会有活力与生机。

制度文化：从整合到超越

全球化时代对于中国社会来说，就是一个建立规范，由无序走向有序、由人治走向法治的时代。在这样一个时代里，所有社会成员都必须确立一种规范意识。学校管理必须有规可循、有法可依，所以，出台相应的规章制度，且在教师中形成一种心理认同，就成了开展学校文化建设的一项重要内容。

第一阶段：整合期

如今，老百姓对优质教育的呼声越来越高，这就需要更多优质教育的核心力量——优秀教师团队。可是，两校分设时，义乌市实验小学的师资队伍是一个新的组合，有原学校的40余位骨干教师，有从商城实验学校接收的教师，以及刚刚毕业的大学生和从外地引进的骨干教师，人员复杂，文化意识形态多元。即使批改同一份作业，每位教师都有自己的改法。

于是，规范学校管理就成了当务之急。一是强化学校办学规范，抓好学校内部管理，做到“有制度按制度办，没有制度按程序办”；二是强化教学工作规范，强化教学纪律，抓好教学常规；三是强化学生行为规范，落实一日常规，加大养成教育的力度。

同时，建立教师行为规范。针对个别教师体罚学生的现象，学校开展了“教育质量是生命线，服务质量是生命线，安全质量是生命线；体罚学生是高压线，超度带生[①]（超过两个者）是高压线”的“五线”教育。

金孜红校长认为，在制度的实施中应遵循“热炉法则”的三个原则：一是警告性原则，二是即时性原则，三是公平性原则。他经常提醒大家：学校规章制度如热炉，大家不要去碰它，如果碰到它，马上就会被灼伤，教师、学生、校长都不例外。

第二阶段：超越期

文化建设需要制度，但又要超越制度。努力建设人文化的校园，是实现这一超越的关键所在。

人文化的校园需要人文化的管理，人文化的管理需要人性化的校长。领导眼中有人，才能体现民主；教师眼中有人，才能关爱学生；学生眼中有人，才能感恩父母和回报社会。

在人文化管理中，金孜红校长提出了“以教师发展为本”的理念。只有以教师发展为本，促进学生发展才能落到实处，才能在更大的范围里实现人文化的管理。在这种理念的指导下，学校要真真正正地关爱教师。教

---

① 所谓带生，就是带着自己班的学生去参加辅导班。

师在哪里遇到困难，校长就应当将关爱送到哪里。每逢教师生日，学校工会总会将蛋糕与鲜花送到教师的手上。午饭之后，食堂师傅总是将水果送到教师桌前。教师节的时候，学生手捧鲜花，恭恭敬敬地送到教师的手里。在一声声真诚的话语中，教师激动不已，热泪盈眶。他们说，身在义乌市实验小学，真的很幸福！

于是，受到关爱的教师便有了一种自主努力工作的心理需求，250 多位教师，上下班不点名、不签到，却个个按时上下班。学校没有为他们设定最高目标，但他们不断追求着“不是最好，但要更好”的目标。

精神文化：从继承到创新

学校精神是学校在长期的办学过程中积淀、整合、提炼的反映学校广大师生的理想目标、精神信念、文化传统、学识风范和行为准则的价值观念体系和群体意识。学校精神是赋予学校以生命、活力并反映学校历史传统、特征面貌的一种校园精神文化形态，它活跃于校园内部并归属于校园文化的范畴。学校精神一经形成，就具有相对的稳定性、较强的融合性和渗透性，是学校发展的底蕴所在。

金孜红校长在精神文化建设方面经历了一个由继承到开拓再到创新的过程。

第一阶段：继承

义乌市实验小学的历史是一段成功史，也是一段奋斗史。正是在一代又一代师生员工的不懈努力下，义乌市实验小学才铸就了今天的辉煌。这是一笔文化资产，非但不能抛弃，还要认真研究与继承。金孜红校长认为，在学校的文化建设中，历史的传承不可或缺；学校文化如果没有历史的传承，就没有深厚的底蕴。在金孜红校长的带领下，教师们对有关学校精神的传统文化进行了认真研究，汲取了很多先行者宝贵的精神财富，并使之成为现代义乌市实验小学发展的文化资本。

第二阶段：开拓

继承传统虽然重要，但是如果没有今后的延续，原有的学校精神也将不复存在。学校文化不是重构，而是继承与开拓并举。只有大胆开拓，才能使学校永远焕发出生命的活力。

义乌是一座现代化、国际化商贸名城，世界上很多国家的人士都纷纷来到义乌，义乌市实验小学也汇聚了几十个国家的孩子。金孜红校长说，黄皮肤、白皮肤和黑皮肤的孩子共同生活在一个校园里，多元文化的碰撞与融合已经形成，所以，在学校文化建设中必须突出文化的开放性和包容性。为此，他们重新确定了学校的校训——“求真创新”，重新定位了学校的文化追求——“开放、自主、人文”。

第三阶段：创新

金孜红校长认为，几年来，尽管学校通过高标准建设、高质量管理，已初步建成生态化校园、数字化校园，但离人文化校园还有一定的距离，所以必须通过创新走向更加灿烂的未来。

为此，学校确定了“走进实小园，走进大花园；走进实小园，走进快乐园；走进实小园，走进成功园”的办学思想；提出了“教孩子六年，想孩子今后的六十年，对孩子的一生负责”的教育理念；喊出了“创全国名校，建世界一流”的办学口号；设计了教师形象“八字”要求——“外雅、内秀、乐学、进取”，并要求教师有“五心”——以“爱心”对待学生，以“热心”对待家长，以“诚心”对待同事，以“尽心”对待事业，把“信心”留给自己。

金孜红校长说，学校文化建设还要特别重视校本化理念。为了引领教师们走向校本研训之路，学校创造性地实行了“艺友制”。“艺友制”源于陶行知先生的教育思想。“艺”就是教学艺术，“友”就是朋友，用朋友之道探讨教学艺术便是“艺友制”的核心内容。

在实施“艺友制”的过程中，学校采取了导师艺友、同伴艺友、师生艺友三种方式。导师艺友，即引导教师择良师、结良友，建立导师结对制度；同伴艺友，是同学科或不同学科的教师之间结成艺友的一种形式；师生艺友，即倡导教师“蹲下身子和学生说话，仰起头来与学生交流”，教师在培养学生的同时也要发展自我、成就自我。

据金孜红校长介绍，目前学校的磨合期已经过去，教师的制度意识已经形成，“要做就做最好的”已经成为教师的自觉行动，“态度决定未来，成功需要拼搏”已成为教师的行动指南，争先创优、积极向上的团队精神已经形成。因此，学校又提出了“打造开放、自主、人文的现代学校管理制度”的新理念，以此为标志，学校的管理进入了第二个阶段——“人文管理”。人文管理就是以教师的自主管理为学校管理的常规手段，为教师创设一种开放、自主、人文的文化氛围。金孜红校长预计，在一段时期以后，他所设想的管理模式“无为管理”将会应运而生。他认为，这是管理的最高境界。在“无为管理”中，管理将彻底摆脱其强制性质，这时候，学校的一切管理将由学校文化力的无声熏陶来实现。

为了教师的心理和谐与生命成长

——侯溪萍校长管理上的人文关怀

校长介绍

侯溪萍，山东省威海市文登区实验小学校长，中学高级教师，兼任中国语文教育研究会会员、山东省青年教师语文教学研究会理事、威海市小学语文教学研究会理事长。在省级以上报刊发表论文 40 多篇。先后上过 50 多节公开课，两次获得全国语文优质课比赛一等奖。自 1999 年以来，先后被评为山东省教学能手、山东省优秀教师、全国师德标兵、山东省特级教师、齐鲁名师建设工程人选、全国科研型校长、山东省 2005 年度教育创新人物等。

“山东省 2005 年度教育创新人物”侯溪萍是一位人性味十足的校长，也是一位颇具思想文化品位的女性。文登区实验小学教导处主任邢毅丽称，自己就是被侯溪萍校长的人格魅力所征服的。邢毅丽主任说，这不仅因为侯溪萍校长的专业水平高，更重要的是她既抓住了人性中最柔软的部分，即人的内心中最渴望得到关注、肯定、欣赏和鼓励的情感需求，又抓住了人性中最强的部分，即希望实现自身价值、快速发展提升。

短信、贺卡拨动了教师的心弦

老子说："天下难事，必作于易；天下大事，必作于细。"侯溪萍校长深谙老子之"道"。她认为，要成就一番大的事业，就必须从细枝末节的教育小事上做文章，而且要做得恰到好处、了无痕迹。大队辅导员董文哲说，侯溪萍校长是在每一个教育细节上都追求完美的人。通过短信与贺卡为教师送去特有的祝福与问候，解决教师的困难与问题，就是其追求细节美的一种成功尝试。

一、短信：打通与教师心灵沟通的心理屏障

在手机走进千家万户的当今，短信成了一种沟通情感、密切联系的方式。于是，"善假于物"的侯溪萍校长就充分利用手机短信这种载体，打通了与教师心灵沟通的心理屏障。

无论是节假日还是工作日，无论是外出开会还是休息在家，侯溪萍校长牵挂的总是与她亲同兄弟姐妹的教师们：哪一位有了解不开的心结？哪一位遇到了特殊的困难？哪一位授课需要指点迷津？……"搜索"的目标一旦确定，她就会快速地在手机的屏幕上点击起来，于是，短信就穿越时空，第一时间抵达最需要心灵抚慰的教师那里。

2006年春节期间，她给全校所有老教师、各团队队长、科研小组成员等逐一打电话拜年，此外又发了百余条短信；在到济南开颁奖会的4天时间里，她利用空闲时间与教师互发短信30多条。发短信需要时间，更需要真情。侯溪萍校长说，那是无声的心语，承载着她无限的牵挂与爱。

英语教师刘嘉洁说起自己去北京学习时侯溪萍校长所发的短信，迄今仍然感动不已。她说，她当时在学习上遇到了一些困难，正当苦恼彷徨的时候，收到了侯溪萍校长发来的一条短信："姐姐相信你，你一定能行！"虽然只是一句鼓励的话语，却让她激动地哭了出来，因为她深深地感受到了来自学校领导的那份信任与支持。同屋的外地教师还以为校长在短信中批评了她，正想为她打抱不平，这时候，她动情地说出了事情的原委。她们也被感动了，都由衷地说："有这样的校长，你真幸福！"

侯溪萍校长的短信之多有时甚至"扰乱"了她正常的家庭生活，丈夫

在“嫉妒”之时不免发点牢骚：“你的短信全是发给老师的，什么时候你的脑子里也留一点空间给我和孩子?”是的，她的脑子里整天想的是学校发展和教师、学生，对于丈夫与孩子，侯溪萍校长确实关心得少了些。2006年3月，侯溪萍去上海开会，不能与家人一同为父亲庆贺生日，就给丈夫发去一条温馨的感谢短信：“感谢你为我付出的一切，请代我祝老人家生日快乐!”没想到侯溪萍校长返家后，丈夫满面春风地对她说：“谢谢你在上海还记挂着我!”虽然只是一个简短的问候与祝福，可让被问候与祝福的人的心里有了一种特别温馨的感觉。所以，丈夫由此也理解了自己的妻子，他对妻子说：“你不光属于我们的家，还属于文登区实验小学。我和孩子离不开你，老师们也离不开你。你还是多给他们发些短信吧!”这番话说得侯溪萍校长热泪盈眶，她激动地说：“我有世界上最好的家人，也有世界上最好的老师，我真是世界上最幸福的人!”

二、贺卡：送去对教师的温馨祝福

2004年春节前夕，当一些校长只关注教师的物质福利的时候，侯溪萍校长却从教师的心理需求出发，去拨动教师那根最为敏感也最为动情的心弦。她用了一个多月的时间，甚至不惜加班熬夜，为全校100多位教师每人写了一张饱含关爱与真情的贺卡。贺卡上不是千篇一律的祝福之语，而是因人而异的个性述说。

说起自己收到的那张贺卡，教师们迄今依然感动不已。董文哲老师还能清晰而完整地复述上面的那段话——“有您的支持，小妹感到真难得!您不仅点子多、能力强，更可贵的是始终保持着一颗年轻、快乐的心。在我们这个亲情家园中，您是一位大功臣！您那发自内心的灿烂笑容和一声声‘孩子们好’的亲切问候，为全校教师树立起了‘快乐生命’的路标。谢谢您，好姐姐！衷心祝愿您青春永驻，美丽永远!”董老师说，这是侯溪萍校长肺腑之言，是真正的“情动而辞发”。所以，贺卡成了教师们春节期间收到的最为珍贵的礼物。董老师说，她将把这张贺卡终生珍藏，因为它成了自己努力工作的情感支持。这使她想起了和侯溪萍校长在一起的温馨画面，那是一种亲密无间的姐妹之情。董老师说：“我称她为好妹妹，她叫我为老姐姐。老姐姐忘记了‘老之将至’，虽然内退，却仍然干劲冲天；好妹妹初出茅庐，但心怀天下。”

李大杰副校长说，有的教师将贺卡当作心爱之物珍藏；邢毅丽主任说，教师们做出的点点滴滴的成绩，全都被校长写进了贺卡里；毕华敏老师说，教师们不必到校长那里去说什么，因为校长是眼明心亮的；孙凤老师说，她把贺卡与校长的信任一起收藏在了自己的心里。如此等等，真是令人感动。听着教师们动情的话语，我感到侯溪萍校长真的走进了教师们的心里，而且走得那么从容与幸福。侯溪萍校长说："我为老师们写贺卡的时候付出了很多精力与时间，可我换来的是100多位教师的真情回报。我换来的幸福、得到的回报比付出的要多得多。"

书信成为校长听取意见、建议的载体

书信是古已有之的传递感情与信息的文化载体，即使在信息技术高度发达的今天，它依然是一道心理沟通的文化风景。教师们给侯溪萍校长所写的一封封书信，便是这一风景中朵朵香气四溢的小花。

一、建议日趋增多

据教师们讲，侯溪萍校长让他们所写的"给校长的信"的主体内容是建议与意见。之所以没用"意见箱""建议箱"之类的形式"纳谏"，是因为在侯溪萍看来，信是写给知心人看的，应该直抒胸臆。而且这样可以给任何一位提意见与建议的教师保守秘密，由此拉近校长与教师们的感情距离。

但当侯溪萍校长于2002年10月第一次提出要教师们写信的时候，回应并不热烈。看着区区十几封信，她甚至感到有些委屈。不过很快，她从自己身上找到了原因，那就是自己的真情还没有赢得教师们的心理认可。她坚信自己的真诚一定会感动大家，因为教师们和她一样，都希望学校能够快速地发展。于是，她对每一封信进行认真分析，逐条解释，一一落实。有的教师感慨地说："我们开始认为侯校长不过是走走形式而已，没想到她是如此诚心和认真。"侯溪萍校长再要求教师们写信的时候，建议一下子增至百余条。

在采访教师们的时候，他们几乎都谈到了对"给校长的信"的接纳过程。体育教师王振强坦言，开始自己对此并不以为意。他说，自己以前是一位极不乐意给校长写信提建议的教师，因为在他看来，这种行为往往是走形式，没有实际效用。所以一开始，侯溪萍校长提出要教师们写信提建议的时候，他只字未写。后来，侯溪萍校长再次恳请教师们积极写信的时候，他出于应付，只就体育训练的问题简单地提了一条："田径训练更需要合作，这不是单纯用分数就能衡量的。"出乎他意料的是，侯溪萍校长在教师大会上对他提的问题进行了解释，并及时找他了解情况，进而接纳了他的建议。他由此感到，侯溪萍校长不是他所认为的喜欢走形式的校长，她是认真的、坦诚的，她通过书信来广泛地了解教师的心声，并由此将切实可行的建议付诸实施。

因此，当侯溪萍校长又一次要求教师们写信提建议的时候，王振强老师做好了充分的准备。很快，《致校长的一封信》就随着他沸腾的热情，递送到了侯溪萍校长的手里。侯溪萍校长为他的热情所感动，更为他所提建议的合理与及时而兴奋。她不但在大会上表扬了他，还将他评为"最佳建议人"。他又写了长达5000多字的《小思与抒怀》和《令我感动的细节》，而后又相继给侯溪萍校长发去《关于读书的计划》等文字材料。在采访中，王振强老师开心地说，他的生命已经融入了学校的发展之中，写信已成了他为学校献计献策的有效途径。

侯溪萍校长认为，教师们的建议、意见逐渐增多，是对校长信任度提升的体现，更是对学校关注、关心的表现。她无时无刻不为教师们所感动。

二、感情越来越浓

一封封给校长的信，是来自教师们心底的话语。无怪乎侯溪萍校长说每天都被教师们感动着。尽管侯溪萍校长一再强调不许写赞美之类的"废话"，但依然不乏违令而行者。他们说，他们只是想把自己内心的真实感受写出来。下面就从教师们的信中撷取几段内容，奉献给读者——

邹积华：这次你从北京回来后在会上说的一席话，几次令我鼻子发酸，眼圈发红……会后，我们开玩笑说你特别能"煽情"。笑话归笑话，但是你对人的真心、真情、真意，是大家实实在在体会到的。我们经常在私下里说，现在可真正是工作着并快乐着、轻松着，因为在你的感染下，我们已不再把工作当成负担，我们的心情每天都非常舒畅。

从文华：听着你发自肺腑的讲演，我常被感动，感动于你心胸的宽阔，感动于你对事业和人生的理解。你让人与人之间的心灵得到沟通，心与心之间的距离拉近；让老师们觉得名利等都不重要，重要的是教师的责任、做人的良心、对生活心存感激。这才是我们应追求的最高的人生境界。

在采访王燕毅、张英丽、崔秀花等教师的时候，她们的感动一直流动于言谈之中。而感动的同时，是校长与教师之间的相互信任；信任体系自然构建的同时，是领导与教师之间形成的一种和谐美丽的人文环境。

每天都为教师所感动着

当教师们为自己身处和谐的人文环境而深感幸福的时候，侯溪萍校长却说自己每天更为教师们所感动着。她在采访中动情地讲述了一个又一个感人的故事，有时还会不由得掉下泪来。

一、推迟手术的教师感动全校师生

田明叶老师患有严重的腰椎间盘突出症，几年来，由于工作太忙而一再推迟手术的时间。2005 年秋天，她才联系好医院决定进行手术治疗。可当时学校教师紧缺，还有一个班的数学课无法安排。侯溪萍校长犹豫再三，最后还是给田老师打去电话，诚恳地说明原因，希望她能再教一个学期的数学课，以解燃眉之急。没想到，田老师一口答应下来："这个忙我一定帮！况且我这个病现在做手术可以，以后做也可以。"侯溪萍校长对她说："学生的作业不必全部批改，您一定要多多保重。"当时，田老师答应了，可实际上学生的作业她都认认真真地批改了。因腰椎疼痛，她只好歪着身子改。学生看在眼里，感动在心里，就都开始努力学习了，期末，这个班学生的成绩遥遥领先。

在周一学校例会"讲述我们自己的故事"中，徐海燕老师动情地讲述了田老师的事迹，教师们都感动得哭了。在田老师去医院治疗的前夕，班里的学生还为她举行了一个小型的祝福仪式。当她走进教室的时候，看到鲜花满屋，学生齐刷刷地站起来向她敬礼，她怎么也抑制不住激动之情，泪水夺眶而出。学生也一拥而上，抱着她哭了起来。后来，田老师对侯溪萍校长说，自己在家里躺着腰疼，坐着也腰疼，只有到了学校里，看到孩子们，才能忘了疼。

师生之间的感情就如此水乳交融，爱则是其中最为关键的感情维系，因为它让师生一同沐浴在幸福的氛围里。

二、为了“淋巴癌女孩”的幸福

1998年秋天，候溪萍校长将一个叫萌萌的女孩送到刘红梅老师的班上。她瘦弱的身子瑟缩着，头发几乎掉光了，那张苍白的小脸上，两只大大的眼睛里面没有丝毫的快乐与幸福，写满的全是哀怨与胆怯。候溪萍校长低声告诉刘老师，这个小女孩患了淋巴癌，恐怕在世上只有几个月的时间了。

从此，刘老师的手里就多了一只小手，甚至可以说她又多了一个女儿。她小心地看护着萌萌，用更多的温暖无声地滋润着萌萌的心灵。刘老师认为，仅有老师的爱是不够的，萌萌还应当得到更多的呵护与关心，让她在有限的生命中享受到更多的快乐与幸福。可学生年龄还小，还不懂事，他们像发现了新玩具一样对萌萌指指点点。于是，刘老师一次又一次地告诉学生同情与爱怜是一种美德，还讲起生命的诞生与消亡就如同花儿的开放与凋谢一样，说到建立在别人痛苦之上的快乐不是真正的快乐，只有爱那需要帮助的人才是最大的幸福，等等。于是，爱便如春草般在学生的心里生根发芽。慢慢地，学生不但不再对萌萌指指点点，还主动和萌萌交上了朋友，他们一起歌唱，一起玩乐。萌萌似乎也忘记了自己的病痛，渐渐变得开朗活泼了。学校要开运动会了，萌萌也想当运动员。看着萌萌渴望的眼神和日渐红润的脸庞，刘老师征求了萌萌父母的意见，决定满足她的心愿。没想到，她竟然取得了跳远第一名的好成绩。

刘老师感到，萌萌的身体好像在康复，就督促她的父母带她到医院复查，结果表明竟然是误诊！刘老师和全班学生都高兴得哭了起来。

三、鲜花拥满病房

谈起因右臂肘关节粉碎性骨折而住院时的情景，刘爱芳老师就感慨万千。她说，那是自己一生都不会忘却的，学校所有领导、教师与学生对她的爱，足以让她幸福一辈子。

2005年11月12日住进医院，痛苦一下子笼罩了刘老师的整个身心。第二天同事们得知这个消息后，探望者就再也没有中断过。整个病区的医生、护士、病友及家属都惊诧地望着一批又一批手捧鲜花来看望刘老师的人。病房的窗台上、桌子上甚至沙发上都摆满了鲜花，芳香四溢。教师们并不是抱着怜悯之心来安慰她的，而是愉快地跟她开玩笑、斗嘴，惹得病房里笑声一片。大家想用这种方式暗示她：骨折是暂时的，痊愈是必然的，幸福是一生的。周六、周日，病房里则挤满了前来看望她的学生和家长。学生一进门就叽叽喳喳地给她讲笑话，谈班上发生的趣事，问这问那；有的学生周末不能来，放学后就冒着寒风、大雪跑来；有的学生则托教师和同学捎来贺卡与书信。

刘老师说，在那个本该最为伤痛的时候，自己却天天沐浴在无限的幸福之中。

批评的艺术与自责的意识

和谐是一种高层次的文化，它不是和稀泥似的“你好，我好，他也好”，而是在坚持原则下的人与人之间友好相处的文化状态。文登区实验小学形成的和谐氛围，能让你感到那是一种批评与表扬同在、制度与宽容并存的文化。

一、关门批评，不予外扬

总务主任于东认为，侯溪萍校长在创设和谐校园环境的时候，对于学校制度的建设同样高度关注；在对教师们温情关照的时候，也会进行批评，但这批评是有艺术性的，更包含着她自我承担责任的精神。

据李大杰副校长讲，每周一，学校都要召开教职工大会。侯溪萍校长会对教师们做出的成绩和突出的表现大加表扬，也会对不好的现象和存在的问题不留情面地给予批评。但她是关起门来批评，只在学校中讲，只对事不对人。侯溪萍校长说，整个学校就是一个大家庭，违背“家规”，就要受到处罚，包括校长在内，制度高于校长。在她看来，学校的制度就是学校的“法”。只有执法如山，才能是非分明、公正公平。也正是因为这样，受到批评的教师才会心服口服，甚至会感激校长。

相比于结果，侯溪萍校长更看重的是教师的思想内核与实际行动。据徐海燕老师讲，2004 年学校参加市中小学乒乓球比赛的成绩不太理想，师生们回来之后，侯溪萍校长不但没有批评他们，反而宽慰他们说："你们的训练过程我全部看在眼里，你们尽了最大的努力。'胜负乃兵家常事'，成败会受到各种因素的影响。只要一如既往地训练下去，以后一定可以取得更好的成绩。"师生们在感动之余，训练得更加认真、刻苦了。2005 年再次参加比赛，终于取得了全市第一名的好成绩。乒乓球教练曲敬忠感慨地说："校长的宽容大度令我感受到的是信任与鞭策，所以就拼命地训练，因为我知道了一个基本的道理：奉献是神圣的。"

在采访中，姜国英、宋鹏燕、潘燕燕等教师非常高兴地说："我们是心中有阳光、脸上有笑容、口中有歌声的幸福者。"

二、校长承担主要责任

诸葛亮一生谨慎，仍有大意失街亭的过失；侯溪萍校长虽然时刻关注细节，但也不可能不存在失误。

2005 年学校举行"争当学校新三好"活动颁奖仪式的时候，专门邀请了教育局领导及社区教育监督员莅临指导。没想到颁发"新三好"证书的时候，证书还放在教导处，主席台上出现了冷场。尽管负责该项工作的教师很快便从教导处将证书取来，可还是给这次会议留下了遗憾。会后，大家一致认为，这位教师肯定会挨批评。侯溪萍校长却说："这次失误虽然有这位教师的责任，但更多的责任在领导，最主要的责任更在我自己，是我考虑不周造成的，最应当受到批评的是我！"尽管侯溪萍校长将责任揽到自己身上，可这位教师仍深深地自责，以后工作更加认真与努力了。

这正是侯溪萍校长的高明之处——她为教师们营造了一个心理安全场。工作有得有失：得时，受到校长表扬；失时，校长承担责任。于是教师们对校长产生了特殊的信任与感激。彼此心理的和谐，使领导与教师之间始终有一股真情在流淌。而且真情还会凝聚成一种精神，那就是为了学校的发展，心往一处想，劲往一处使。因为他们相信，校长的真情在流动，学校的明天会更美好，自己的未来会更幸福。

为教师的专业成长搭建平台

文登区实验小学形成了和谐的文化环境的同时，教师们的专业水平也在快速地提高。作为从教学一线一路走来的优秀教师，侯溪萍校长着力为教师们的文化升值搭建了一个个平台。

一、在教师培养上“一掷千金”

据教导处副主任孙凤讲，教师们去北京师范大学学习，每人需要2000多元的培训费，侯溪萍校长签字的时候没有犹豫，她一边挥笔签字，一边快乐地笑着。那种发自内心的支持与鼓励，令教师们在感动的同时，也产生了努力学习的责任感。

李大杰副校长说，侯溪萍校长在教师培养方面一直都是“一掷千金”，特别慷慨大方。近几年在威海举行了几次课堂教学研讨会，她都想方设法让更多的教师参加。她说，不能错过良机，能多去一个是一个。为此，学校常年包租一辆面包车，一去就是十几个、几十个。当时，李大杰副校长就问她：“开会要交费，一下子去这么多人，你就舍得?”她说：“到外地学习，交通和住宿要花很多钱，我们都支持；现在教育专家来到了家门口，既少花了钱，又少耽搁了时间，为什么不去?”

不过，侯溪萍校长的经济支出是需要精神回报的。教师们是奉命而行，有任务在身，学习之后，必须写出自己的体会、感受。周四下午，与会者要在学校教师大会上将自己学到的主要内容讲给全校教师听，让未去的教师分享专家的理念和会议的精神，而且为之设立档案，作为学校与教师一种永久的精神收藏。

侯溪萍校长还特别提倡教师写反思文章，认为这既是教师对教育教学工作认识的深化，也是培养其良好写作习惯的方法。看到教师们不会写或写不好，她就联系有关专家，专门对教师进行培训。同时，要求教师每月将自己所写的反思文章送到阅览室，再由学校择优向有关报刊社推荐。现在，不少教师学会了反思，也学会了写作，发表在报刊上的文章也越来越多，仅2005年，学校教师们在各级报刊上发表的论文就达139篇。特别是吕洪芹老师，每年都在报刊上发表文章20多篇。

侯溪萍校长认为，校长的重要使命之一就是为每一位教师的文化升值搭建平台。因为没有教师的文化升值，就不可能有学生的发展，也不可能为学校的持续发展输入不竭的动力。

二、教师的教育教学水平迅速攀升

侯溪萍校长认为，学校应当通过经常性的专业培训、名师观摩、学术沙龙等活动，帮助青年教师零距离接触最先进的理念，使他们茁壮成长。所以，当一部分教师走向全省乃至全国的时候，一大批颇具发展潜力的教师也在蓄势待发。

1. 教学管理上凸显特色

据邢毅丽主任讲，侯溪萍校长和学校全体领导班子成员一起，对教学管理进行了多次研究，并广泛征求了教师们的意见，从而形成了具有学校特色的管理机制。

一是成立科研小组。科研小组由 6 名骨干教师组成，他们被定位为新理念的实践者、先行者和指导者，参与到课题研究及青年教师的培养工程中，全方位发挥着龙头带动作用。

二是重用教研组组长。教研组组长是各个学科的教学精英，是教学工作的中坚力量。让他们参与到日常教学活动与检查评比中，给他们施展才能的机会，可以最大限度地凝聚团队合力，激发团队活力。

三是分层管理教师。要求各个年龄段的教师都要调整好心态，把握住自己的航向：老年教师要放下包袱，轻装上阵，全力主攻上课与辅导；中年教师要均衡发展，在课堂教学、课题研究或经验积累等方面选准突破口，干出成绩，凸显特色；青年教师要注重文化积累与教学研究，力争早日脱颖而出。

四是倡导个体互助。既要挖掘教师个体的内在潜力，又要突出团队精神与合作意识。每逢教师在教学上遇到困难的时候，学校领导就会建议他们互相帮助，甚至结成对子，让个体在群体的合力中有较快的发展。

五是建立学习机制。让“学习是荣耀，学习有压力，学习见成效”的观念深入人心，如选派业务骨干和有发展前途的教师外出学习，归来之后要上交所有学习资料、日程安排及学习记录，并且做到“三个一”，即撰写一篇有个人见解的书面报告，进行一次规定范围内的专题讲座或执教一节有创意的公开课，上交一份讲稿或教案。

正是在这种学习环境中，教师们有了特殊的收获。王丽萍老师颇有诗意地说："走出心灵设下的重重关卡，细细品味人生的酸甜苦辣，擦一擦晶莹的眼眸，甩一甩飘逸的长发，不再感慨人心复杂，不再倾听小雨沙沙，如烟似梦的昨日，成为记忆中的快乐和潇洒。"

2. 在相互评课中提升教学水平

教师之间相互评课，不仅可以起到"它山之石，可以攻玉"的目的，而且可以激励自己奋起直追。下面是从教师相互评课的记录中选取的两个片段，供大家欣赏——

周霞：杨昱婷老师的教学风格独特，看似无心，却是匠心独具，要达到这样的教育境界绝非一日之功。我不由得想起一句诗："纸上得来终觉浅，绝知此事要躬行。"临渊羡鱼，不如退而结网，光羡慕别人没有用。如果赞美只是停留在嘴上，而不渗透到血液里，学习就是一阵风。我觉得，在教学上，不只有他们几位优秀的、可以登台展示的教师才是精彩的，我们每个教师都不是观众，而是演员，只有用心投入角色中，才能演绎精彩，博得掌声。

潘燕燕：吕老师课堂上的语言有时是恰如其分的引导，有时是睿智、从容的评价，有时是真诚、大方的激励……他的每句话都说到了听课者的心里，很多话都是简洁到位又富有哲理的。

3. 与失误对话，在反思中提高

侯溪萍校长认为，反思是一个思想与行动对话的过程，人们通过这一过程，收获会更多。而与教育教学实践对话，则是对"有源之水，有本之木"的再一次思考，有利于提高反思的有效性，提升自己的教学素养。因此，她要求教师在每节课后都要对自己的教学过程进行反思，积累教学目标、教学重难点、知识处理、教学方法、学法指导等方面的成功经验；领悟和发现生生互动、师生互动的精彩行为；追求和思考已发生的教育事实，提炼隐藏在教学行为背后的有价值的教学理念，总结师生在交互中生成的知识和技能。

侯溪萍校长在重视教师反思教学成功原因的同时，更主张教师要反思课堂教学的不足之处。从某种意义上说，课堂教学是一门遗憾的艺术，即使是一节看似设计得非常完美的课，也会有这样或那样的不足。所以，她提出，教师“不要追求平平淡淡的完美，而要追求有突破的遗憾”。遗憾是课堂教学的失败和挫折，失败和挫折对于教师来说有着极大的价值。教师要善于反思失败和遇到挫折的原因，将其升华为有价值的教训，从而不断强化自己的有效教学意识，不断地超越自我。目前，学校的教师们已经习惯了与教学失误进行对话，反思性的优秀文章也越来越多，其中不少已见诸报刊，并引起了较大的反响。

助校长发展一臂之力

——烟文英校长及学校教师们的教育情结

校长介绍

烟文英，山东省济南市七里山小学校长兼书记，中学高级教师，曾参加山东省 521 工程骨干校长培训。1999 年走上校长岗位后，确定了“缺乏幸福能力的教师，培养不出一生幸福的学生”的教育理念，并以“提升教师校园生活质量”为己任，使一批有思想内涵与文化品位的教师迅速成长起来。

一位教师在一所学校中工作少则几年，多则几十年，不少教师一生只就职于一所学校。他们在学校生活得是不是幸福，直接决定着其生命的质量。校长有责任、有义务为教师创造良好的生存环境，让每一位教师都对学校产生深厚的感情和强烈的归属感，从而为全校师生的生命成长奠基。

为了让教师拥有这种感情和归属感，山东省济南市七里山小学的烟文英校长一直在与教师相处的感情空间与精神家园中行走着。

建构和谐而简单的人际关系

教师生存状态的优劣，与学校人文环境的好坏紧密相关。如果一所学校的人际关系比较复杂，身处其中的教师就不可能感到愉快。烟文英校长努力营造的，就是一个和谐而简单的学校环境。

小学的女教师多，议论多，是非也多，但烟文英校长说，女人柔美、善良，只要引导得法，内蕴其中的真、善、美就会自然而然地流溢出来，从而使校园充满人情味。

采取通过压抑议论声音来减少是非的办法显然是行之不通的，只有在充分信任之下的疏导才能取得成功。于是，烟文英校长给教师搭建了一个直言不讳、各抒己见的话语平台，开发了一条教师与校长、教师与教师、教师与学生的信息与情感交流的畅通之路。起初，烟文英校长通过给教师写寄语的方法，打开了她与教师之间交流的闸门。她向教师们敞开心扉，谈教师学习、师德建构、学生发展、文化建设等。教师们从她那里感受到的是一览无余的真诚，于是对她更加信任、敬仰。同时，教师们也给校长写寄语，其中有表扬，有批评，有建议，也有感怀。烟文英校长说："读着教师们这些至真至纯的文字，我常常被感动得泪湿沾襟。没有教师们的帮助，我就不可能'择其善者而从之'。那份来自他们的信任与感激，足以令我这个做校长的欣慰一生。"

在搭建校长与教师的交流平台初见成效之后，烟文英校长又搭建了教师与教师多向交流的平台。她要求每位教师都要给其他教师写评价。因为每一个人都会收到来自他人的评价，所以就都心存了一种义务与责任。一方面，教师们找出了自己的问题，看清了自己的优点，明确了自己的发展方向；另一方面，这种评价来自全校所有教师，更公正、全面、真实，所以更能引起被评价者的重视。同时，由于教师们有了向校长和其他教师诉说的途径，私下议论也就变得多余了，他们的注意力便转移到了工作上。由此，一种关心他人、研究业务的氛围逐渐形成了。

教师们琢磨事的多了，琢磨人的少了；"求诸己"的多了，"求诸人"的少了；赞美的话语多了，非议的声音少了；相互的关心多了，彼此的矛盾少了。于是，和谐简单的人际关系应运而生。

由于校长与教师之间感情交流畅达，校长与教师都拥有了阳光的心态。烟文英校长说，学校管理应该做到"柔一点，多一些春风化雨；文一点，多一些生命关注；粗一点，多一些个性张扬；活一点，多一些宽容大度"。正是这四个"一点一多"，才有了她对教师们的欣赏。在采访中，烟文英校长谈的主要内容几乎都是对教师们的赞美：哪一位教师品格如何高尚，哪一位教师成绩何等突出，教师们怎样支持她的工作，等等。讲起这些，她往往会开心地笑起来，一下子年轻了许多，甚至有些孩子气。

在采访吕华、孙鲁雁等教师的时候，她们说因为有这样一位很有人情味的校长，才有了这个温馨和谐的幸福家园。她们还说："我们从校长那里，懂得了宽容和欣赏别人，学会了帮助别人也是帮助自己，从而开始更愉快地生活和工作。"

朱国红老师在教育教学上的执着探索，很快使她收获了令人赞叹的成果。与此同时，她在读书、写作等方面，都胜人一筹，成为学校的一颗新星。但她说："如果说我的成长是迅速的，那是因为七里山小学绝对是一方沃土，它建构的是和谐的校园文化、和谐的人际关系、和谐的教师观、和谐的师生观。从某种意义上说，一个好校长就能成就一所好学校，一个好校长就能造就一批好老师。"

是的，烟文英校长总是真诚地欣赏每一位教师，不吝啬对任何一位教师的鼓励与赞美，乐于为教师的成功喝彩，让每一位教师都感受到自己是重要的，在校园生活中是有尊严的，学校因自己的成长而骄傲，感到在校园里心灵的自由、灵魂的安宁、理想的放飞和奋斗的快乐。所以，教师们说："虽然我们的工作相当紧张，但是我们的心里在唱歌。因为我们随时可以感受到来自校长的信任和来自同事的鼓励，工作着且快乐着，研究着且收获着。没有时间也没有理由去抱怨，没有时间也没有理由私下里说长道短，有的只是快速地成长，快乐地生活。"这也许就是烟文英校长与教师们共同创建的和谐而简单的学校环境给群体带来的幸福吧！

工作室、研究室与俱乐部共享成功喜悦

2004 年，七里山小学成立了两个工作室，一个是以语文教师朱国红为中心的快乐语文工作室，另一个是以三位年轻的数学教师为主的快乐数学研究室。2005 年，学校又成立了以陈峰老师的名字命名的陈峰英语俱乐部。烟文英校长说，成立工作室、研究室与俱乐部的目的，就是为了让优秀的教师更优秀，让他们在对学校产生深厚的情感的同时，实现自身的价值，带动更多的教师迈进优秀者的行列。

一、快乐语文工作室

初创阶段的快乐语文工作室只有朱国红、吕华、张敬三位教师，但合作意识和共同指向的张力使他们十分有信心。睿智的朱国红老师变得更加沉稳了，经常把自己的所思所想毫无保留地拿出来与大家共享；吕华老师更加富有激情了，教学灵感不断涌现；张敬老师“生活化作文”的教学风格愈益凸显。个人迅速成长之际，合作共赢的局面也日渐形成。每个人都有收获，也有困惑；有互相启发，也有智慧碰撞。大家共同分享收获，共同解决困惑。智慧在每一个人的心里生发与扩展，这个小团队教育教学成绩丰收的喜讯在学校中频传。

工作室中如果有哪一位教师读了一本好书，就会马上推荐给另外两位，进而蔓延到他们所教的学生，于是师生共读就成了一道文化风景。交流读书体会，畅谈读书收获，快乐便在师生之间跳跃与漫延。元旦相聚，他们与学生一起包水饺，吃水饺；雪花飘起，他们与学生一起尽情地赏雪、玩雪。于是，校园小说《快乐小蹦豆》由此而生，由中国文史出版社出版。用吕华老师的话说：“我们的快乐也是共享的。”

朱国红老师在采访中说：“《没有孩子是差生》是我的个人专著，更是我们快乐语文工作室里三个人共同研究的成果。”她说，没有快乐语文工作室，没有吕华老师、张敬老师的帮助，没有烟文英校长的鼓励，就没有这本书的问世。所以，她说自己是在这个工作室中发展起来的，是在七里山小学这个精神家园里成长并收获幸福的。

后来，朱国红老师因其成绩突出而被济南市市中区教育局调到教研室工作，但她仍一直关注着快乐语文工作室的发展。她说，刚到七里山小学工作的年仅23岁的米蕴老师，在快乐语文工作室只有一年时间，在市中区新上岗教师考核中，语文综合成绩便在全区排到第二名，获得了语文“新苗教师”的荣誉称号；其论文也获得了全区唯一一个满分。于是有人说，七里山小学数匹“黑马”一跃而出，绝不只是个例，“江山代有才人出”是七里山小学最为迷人的教育风景。

二、快乐数学研究室

快乐数学研究室与快乐语文工作室一样，既促进了教师个体的快速发展，也形成了合作共赢的良好局面。

庄淑禾、王剑、李艳三位数学教师不仅在生活中是好朋友，在工作中也是好同事。由他们组成的快乐数学研究室在有效评价的课题研究中，已经取得了突出的成绩。

2005 年 9 月 17 日上午，我在听李艳老师执教的“平行四边形的面积”一课时，便看到了个体发展与合作共赢所结下的累累硕果。

在整个课堂教学过程中，李艳老师从容自信，一颦一笑均出自天然，是一种原生态的美与真。学生的话语或多或少，思维或快或慢，谈思路时或此方法或彼方法，回答问题时或举手或不举手，甚至有一个学生吸着鼻涕回答问题，憨态毕现，一派天真的模样。在整个教学过程中，李艳老师特别重视学生的体验与感悟，鼓励学生积极地思考，使学生产生了由浅入深的思维飞跃。

李艳老师说，她之所以重视教学过程中学生的体验与感悟，是因为它能使学生的学习进入生命领域，因为有了体验，知识的学习不再仅仅属于认知、理性范畴，而是扩展到了情感、生理和人格等领域，从而使学习过程不仅是知识增长的过程，也是身心和人格健全的过程。李艳老师还说，这种教学体悟，与其说是自己的实践结晶，不如说是快乐数学研究室共同的研究成果。个体因团队的共同研究，才有了更加清晰的思路，有了取得成功的信心。

三、陈峰英语俱乐部

2003 年 8 月，在济南市首届中小学教师英语素质大奖赛中，陈峰老师在五大组（包括高中、职业中专、初中、小学、非英语专业教师）共 5109 名教师选手中，荣获了全市一等奖第一名的好成绩。2004 年 11 月，在全国首届英语教师素质大赛中，陈峰老师又在 200 名选手中脱颖而出，获得了一等奖。陈峰成了济南市甚至全国教育界的一颗耀眼的新星。

大赛过后是做“流星”一现，还是做“恒星”永远，成了烟文英校长思考的一个问题。陈峰老师参加完比赛回来后，烟文英校长便和陈峰老师谈话：“你已经攀上了英语教师素质的‘珠穆朗玛峰’，但是身为一名教师，仅有专业素质是不够的，还要有较强的专业能力，做一名学生喜欢、家长满意的教师，这样才是一位真正优秀的教师。你还有很长的路要走，至于怎么走，我们可以一起来谋划。”

于是，烟文英校长与学校领导班子成员经过研究，决定成立以陈峰老师的名字命名的陈峰英语俱乐部，为他开辟专业生涯中的第二个战场，为他及英语组的教师们搭建专业发展的平台，使教师的个人价值在促进学生成长和学校发展中实现最大化、最优化。

四、向全体教师辐射

据吕华老师讲，工作室、研究室与俱乐部成绩斐然，人才辈出，吸引了更多教师的关注与参与。现在工作室、研究室和俱乐部的成员已经扩展，甚至辐射到全校所有教师。

工作室、研究室和俱乐部的成员发现一本好书后，不只是与团体内的几位教师共读，也不只是让他们带的几个班的学生共读，而是及时向全校推荐，让学校全体师生共读。工作室、研究室与俱乐部的教师开设讲座，会主动邀请全校教师参加，大家也会闻讯而来。工作室、研究室与俱乐部的教师研究一个课题，会恳请全校教师参与研究，大家也会积极认真地参与其中。虽然工作室、研究室与俱乐部只有区区数人，但它不断地向全体教师辐射，大家实际上已经自觉地成为其中的一员了。工作室、研究室与俱乐部已经成为七里山小学的一种精神符号，它不再属于某几个人，而是属于大家。

教师们也都把工作室、研究室和俱乐部的工作作为自己的分内之事。2005 年暑期，快乐语文工作室和全校语文教师进行一项课题研究，需要整理很多材料。很多时候，直到晚上七八点，大家还在紧张地忙碌着。有些女教师的孩子没人看管，为能参加这项工作，就找人帮她们代管。这批“志愿军”兼“娘子军”的思想境界如此之高，不能不令我们肃然起敬。

烟文英校长说，教师们合作时没有任何功利思想，是真正意义上的合作；彼此不是想着从别人那里得到什么，而是相互进行思想与情感的交流，愉快地帮助别人。而思想与感情交流的结果，就是共同发展。

帮助教师设计自己的职业生涯

以往常用蜡烛比喻教师的奉献精神，但随着我们对教育理解的深入，现在感到了这种比喻有失偏颇。因为学生的成长并不是对教师生命的剥夺，而是教师价值的实现和对教师生命的肯定。在我们为学生终生幸福奠基之时，为教师的生命成长奠基也已成为更多有识之士研究的重要课题。

烟文英校长就是一位关注教师成长的校长。她说："我们并不奢望学校的每一位教师都非常出色，非常优秀，但是，我们希望每一位教师都能坚定这样一个信念——既然选择了教师这个职业，就要充分享受这个职业所带来的幸福感。幸福是什么？幸福就是教师在人格不断完善、素质不断提高、价值不断实现中所感受到的一种特殊的精神愉悦与产生的美感体验。"

基于这样的思考，七里山小学于2005年3月举办了历时两个月的主题为"教师就这样成长——教师成长与自我规划"的学术研讨会，目的就是要使教师进一步明确自我发展的目标，学会规划自己的教育生涯，在教育实践中不断地体验创造的快乐，在对教育不断地反思和批判中体验、感悟生命的价值和尊严。为此，学校将教师进行职业生涯的设计作为校本行动研究的重要内容，搭建教师发展的平台，促进教师的专业发展；同时将教师职业生涯设计作为一个研究的过程、动态生成的过程，引导教师去思考、探索、寻找适合自己发展的道路。

在学术研讨会的课例研究阶段，学校不再用同一把"尺子"去衡量不同的教师，而是根据教师的生长点来确定评价标准，注重评价目标和策略的发展性和激励性。评价结果不再是奖次，而是给每一位教师提供课堂教学发展性建议，落脚点定位在引导教师的专业发展上，鼓励教师张扬自己的个性，形成自己的教学风格，成为有思想内涵与文化品位的教师。

朱琳是一位擅长书法、绘画且富于幻想的女教师。在学校领导和区教科室专家的帮助下，她找到了自己的研究点——"把握文本脉络，探索低年级阅读教学的基本方法"。从此，她乐此不疲，开始了其乐融融的教育生涯。

在研究过程中，她根据低年级学生天真、活泼、敢问、敢说的特点，引领学生与文本对话，不仅放飞了学生的心灵，而且让学生真正成了课堂的主人，使语文课堂成了学生学习的天堂。

她说："非常感谢学校帮我规划我的职业生涯，教我学会了怎样设计自己的教育人生，使我逐渐变得自信、成熟起来，使一个在教育道路上迷茫的前行者找准了发展的方向。”

其实，快乐语文工作室、快乐数学研究室、陈峰英语俱乐部便是教师职业生涯设计的几个亮点。假若没有这些独具匠心的设计，就不可能有这么多有个性、有成就的教师脱颖而出。

教师有了对自己职业生涯的设计，便有了奋斗的目标与前进的动力，于是在教育教学过程中，便少了几分浮躁，多了几分成熟；少了几分平庸，多了几分激情；少了几分苍白，多了几分色彩。

烟文英校长说，名师辈出也许是一个美丽的期待，但绝不是一个虚幻的梦想。每一位教师进行自我职业生涯设计的过程，实际上就是一步步向名师迈进的过程。

在这个过程中，教师们对学校更加依恋了，更加热爱了；同时，学校为教师们的发展也提供了更多、更好的机遇。

依恋与责任无处不在

烟文英校长在采访中说，教师们对学校的依恋之情与责任感几乎无处不在，从而形成了一种特殊的学校文化。她说，每天感动着她的不只是教师，工人与学生也常常令她感动不已。

七里山小学有一位维修水电和负责供暖的工人，烟文英校长就因他感动了许久。

以前，学校烧暖气所用的油都由专人送到学校，这样，负责供暖的工人既省心又省力。可是，他接手这项工作后，怀疑这种送货上门的“高级服务”背后可能会有问题，于是将送来的油一称，果不其然，油的实际重量比所开发票上的重量差了不少。他细细一算，一年下来，学校竟然多支出数千元。

此后，他不再享受这种“高级服务”，而是自己到加油站去加油。一次虽然只能加 5 桶，用不了几天就得去一次加油站，可是他不怕麻烦，不怕天冷，一如既往且心甘情愿地干着。与此同时，他还研究出了供暖省油的规律，摸清了什么时候烧油，何时多烧，何时少烧。他每天都要看天气预报，因为他要根据气温的高低，确定早晨几点烧火，烧多长时间，烧多少油。他认为，自己必须将这些算得一清二楚，这样才能做到心中有数，真正达到节约的目的。

烟文英校长说，这位工人不但为学校省了不少钱，最重要的是，他在这个集体中认真地尽着自己的责任。他从这个工作岗位上找到了自己的生命价值，找到了自己的精神归属。当烟文英校长表扬他时，他并没有觉得自己做得多么突出，他说，大家都那么尽心尽力地工作着，自己不尽心能行吗？

七里山小学的学生在主动承担责任方面，同样演绎了一段令人感动的故事。

吕华主任说，学生在学校学到的不单单是知识和能力，同时也学会了如何做人。六年级学生临近毕业的时候，一个班级教室的门坏了。按照一般的处理方式，就是找出损害公物者，让他照价赔偿了事。但学校没有这样做，而是在所有毕业班学生中召开了一个以“我们留给母校的是什么，带走的又是什么”为主题的讨论会。烟文英校长与教师们一起，也参与到学生的讨论之中。

学生讨论得非常热烈，最终达成共识：门坏了，我们就要承担起修理责任，不能把坏了的门留给下一届学生，因为那是一种不负责任的表现。未经动员，学生便开展了募捐活动，有的班级还专设了募捐箱。当学生将自己省下的钱投向募捐箱时，幸福也一并写在了他们那异常快乐而又天真灿烂的脸上。烟文英校长说，学生的责任意识令人敬仰。这件事虽小，但留在学生心里的是永远的回忆，责任感将如影随形地跟着他们，从七里山小学走到中学乃至一生。

烟文英校长说，学生之所以主动承担责任，主要缘于他们对学校的热爱。她说，有的学生在讨论时说：“学校就是我的家，自己家的门坏了，不得自己出钱修理吗？”他们对学校的深深依恋，与他们的责任感一起，已经根植到他们的心里，从而聚积成一种价值取向，成为学校精神的一部分，进而影响着此后一届又一届的学生。

读书架起师生心灵相通的桥梁

七里山小学的教师们对学校的依恋之情与责任感不断增强的同时，文化升值的需求也愈加强烈，于是，读书就成了他们共同的追求。在采访中，我为他们的读书之多与感悟之深而感慨。特别是经常性的读书交流会，更加彰显了他们的文化素养与教育追索。几位教师随意一坐，率意而谈，便呈示出一份丰盛的精神大餐。现从他们的谈话中撷取几个小小的片段，以飨读者——

作为快乐数学研究室核心成员的庄淑禾老师不仅对数学颇有研究，还与学生一起爱上了儿童文学作品。她说，杨红樱的系列小说《淘气包马小跳》风靡校园，教师对此不能一无所知。其实，马小跳非常淘气，他把妈妈花 3 万块钱买的钢琴以 5000 块钱就卖掉了；为了逃避练琴，半夜 12 点起来练，逼得妈妈只得答应他从此以后不再让他练琴。但学生为什么喜欢他呢？他们说："其实，马小跳很有正义感，有很强烈的集体荣誉感。"看来，学生与教师对马小跳的理解不尽相同。所以，教师在读书的时候，不妨思考一下我们的学生需要什么，我们的教育缺少什么。

孙鲁雁老师认为，马小跳确实调皮、淘气，有时候还会搞点恶作剧，其实，这不正是孩子的天性吗？教师阅读儿童文学作品不就是为了了解学生的所思所想，理解他们在成长过程中的问题，从而发自内心地去包容他们、赏识他们吗？尤其是对比较调皮的学生，教师更要多一分关爱，多一分理解，因为这些学生的创造力往往更强。说不定多少年之后，在这群调皮的学生中间，会有大文学家或大科学家横空出世呢！

吕华主任说："我和学生同读《城南旧事》的时候，常常沉浸在那充满着淡淡哀愁的情思里，学生却和我有着不同的感受。有的说：'老师，小英子的大眼睛太天真、太可爱了。'有的还提出了自己的疑问：'那位小偷哥哥到底是好人还是坏人呢？'为此，我们进行了专题讨论。还有的学生从这本书中感受到了小英子的坚强。学生的这些理解，提升了我对这本书的认识。所以，我觉得学生的潜力是无穷的，只要给他们充足的空间，他们就会有令我们意想不到的表现。"

张敬老师是一个比较感性的人，所以阅读儿童文学作品的时候往往会进入一种回味、一种追忆中。她说："在这个复杂的社会待久了，遇到困难和挫折的时候，就想回到那种至善至美、充满童真的简单社会里去。前几天，我读了《顽童时代》这部儿童文学作品，书中流淌的纯真与梦想、个性与希望、爱与被爱，正是我曾经拥有或渴望的。因此，每每谈起这本书，总有一种久远的印象零零散散地徘徊在脑海。更重要的是，在回味和审视过去的同时，我感到了一种责任，作为老师，作为母亲，我开始考虑怎样把我们那个年代受到的良好教育传播开来，怎样把某些不良的教育元素摒弃，以至于不再使自己的孩子和学生重蹈覆辙。”

李景丽老师说：“作为老师，我们有向孩子推荐好书的责任。所以针对二年级学生的特点，我阅读了很多儿童文学作品，如《窗边的小豆豆》《爱的教育》《会飞的教室》等。阅读《爱的教育》时，我被书中那种爱深深地感动了。所以，在‘全校共读一本书’活动中，我就将这本书推荐给孩子，我要让这种爱在我们班里继续蔓延。在我们一起读书时，我们不仅在被爱感动着，其实在师生之间、孩子与他们的父母之间也在传递着爱。”

何晓萌老师是一位出版过诗文书画集《墨语凌心》的诗人，所以，她的谈话中也弥漫着诗意。她说：“我在读儿童文学作品的时候有一种深刻的感受，那就是给自己赢得了两个机会。第一个机会是给了自己一个‘与自己童年对话’的机会。自己读儿童文学作品时，走进故事中去，回味自己的童年，单纯、幼稚甚至任性的一幕幕就重新走了出来，让自己沉浸在童年的故事中，重新成为孩子，把一切烦恼都抛开了，有时候甚至压抑不住书写自己的童年的欲望，用快乐的诗行书写自己的童年经历。第二个机会就是‘与人类童年对话’。例如，我在读曹文轩的《根鸟》时，从根鸟追梦的经历中，读出了人类童年的经历就是一笔珍贵的财富！根鸟经历了真诚的友谊，感受了善良心性带来的温情，也经历了艰难困苦和恶意欺骗。正是这个过程，让根鸟的童年丰富而充实，为根鸟一生打上了最亮的底色，而这个底色就是根鸟一生受益的精神财富。在阅读时我在思考：人类童年的共性是什么？我想，就是一种至真、至善、至纯、至美的本质，其中也不乏一些差异性。透过这些童年的现象去分析，就能找出一些人生规律。掌握这种孩子成长过程中的规律，对我们的教育教学及用心灵与孩子对话是非常有益的。”

孟玮老师与朱国红老师、张敬老师因才华出众与表现非凡而被誉为七里山小学的“三剑客”。烟文英校长说：“凡是领教过‘三剑客’功夫的人，都会对他们油然生出几分敬意。”的确，我听孟玮老师谈读书体会，感到富有深意且内蕴丰厚。她说："我非常爱读《傅雷家书》，最让我欣赏的是傅雷先生引导酷爱音乐的儿子走进了一个丰富的精神世界。他向儿子推荐唐诗宋词、经史子集，与儿子探讨中国古代音乐的发展，引导儿子读外国名著，从细节入手，教儿子一位音乐家应该具有的礼仪素养。他说，有良师益友的帮扶，再加上古今名著的精神滋养，就永远不会孤独，即使孤独也不怕了！他教育长期漂泊在国外的儿子：'赤子孤独了，会创造一个世界，会创造许多心灵的朋友。'我想，我们做老师和父母的，如果能向傅雷先生学习这一点，孩子的精神世界非但不会是一片荒漠，反而会阳光灿烂、绚丽无比。"

年轻的米蕴老师初来七里山小学时曾惊呼："这所小学的名人随处可见！"同时，她也像这些"名人"一样，很快爱上了读书。她甚至说，不读书，便觉胸中无宏图大志，眼中无光波流转，口中无华彩妙言。一读书，便只觉口齿留香，连睡觉也格外踏实。读书的女子必定具有古朴典雅之美，大气中不乏张弛有度，细敏中不失博大宽广；读书的男子必定具有清新辽阔之态，睿智中不乏真诚，谦逊中不失高雅。读书的人，风度现于外表，精彩又自在其中，真可谓"腹有诗书气自华"啊！

毕研文、王莉、江莲芹、陈楠、王剑、苏娟、杨继水等教师的语言同样精彩，由于篇幅受限，此处不再一一叙述。他们认为，师生共读已经成为七里山小学的一道绚丽风景。它不单单是教师与学生之间的心灵沟通，也有教师对儿童天真之美的回味，是让学生留住童年美丽的一种文化之路，是教师与学生教学相长的特殊之旅，是教师、学生创造的一个与自己童年、人类童年、有文化品位与思想内涵的作者进行对话的机会，是对人生真、善、美的一种幸福追索。而且这种心灵之旅，铺展的不仅是一个美丽的童真世界，还有教师对学生的心理认同与换位思考，以及"复归于婴儿"的童心荡漾。

烟文英校长说，七里山小学师生共读的不只是儿童文学作品，还有古今中外名著。教师和学生通过读书谛听着大师们的教诲，品尝着丰盛的精神大餐。于是，个体生命就在这所学校里昂然生长。

创新教育理论的探索者

——赵福庆校长的创新理念与理论话语

校长介绍

赵福庆，先后任山东省莱州市教科室教研员、莱州市莱州镇教委主任兼莱州镇中心小学校长，现为山东省莱州双语学校校长，兼任山东省人民政府督学、山东省中小学创新教育实验与研究课题组副组长。1998 年创办莱州双语学校，同年被授予“特级教师”称号。专著《素质教育实施策略》多次再版；作为主要作者，他与王立华、徐铎厚合作出版了《自主管理：创新教育的制度建构》一书。2003 年第 25 期的《山东教育》以他为封面人物，介绍了他艰难的办学过程。学校的办学特色多次被中央电视台、《人民教育》等媒体报道。

作为山东省 2005 年度教育创新人物，赵福庆校长的确实至名归。六七年来，他在创新教育领域一直上下求索。不管是在实践层面，还是在理念探究层面，他都收获了非常丰硕的成果。莱州双语学校师生的生命成长，也由此构成了一道绚丽的人文风景。由于篇幅受限，我不想面面俱到地叙写赵福庆校长与师生们在实践方面的收获，只从赵福庆校长在创新教育上的理性思考处着笔，来展示这位拥有非凡思想与文化的校长的风采。

建构学校创新体系

1998年8月，赵福庆始任莱州双语学校的校长；1999年春，他便确定了创新教育课题的研究。在他看来，创新是一所学校发展的原动力与生命线，有之则可以在短期内产生质的飞跃，无之则会长时间在原地徘徊。他认为，应当围绕创新教育这一课题，首先设计出一个适宜于学校改革发展的创新体系。经过认真调研与深入思考，这位具有教育思想与创新品质的校长，从十个方面确立了这一创新体系。

一、办学体制的创新

学校需要快速发展，否则就难以满足学生、家长的迫切需求。而发展需要财力，可是，当时政府财政不能拿出足够的资金投向这所学校。所以，赵福庆校长破釜沉舟地选择了股份制。在他看来，背水一战，才能置之死地而后生。于是，他成了莱州市教育界办学体制上第一位“吃螃蟹”的校长。

二、学制的创新

是办一所小学，还是办一所九年一贯制的学校？若只办小学，既省力，又可以在短期内出成果，待时机成熟再办初中亦“未为晚也”。但赵福庆校长认为，从学校长远的发展着眼，九年一贯制的学校是最佳选择。尽管起始阶段会遇到各种各样的困难，但是其影响力远非一所小学所能比拟的。所以，他最终还是决定办一所九年一贯制的学校。实践证明，数年之后，这所学校的质量快速提升起来，而且对市内其他学校的影响日深。

三、教学内容的创新

当时国家课程改革方案尚未出台，但赵福庆校长认为，不从课程改革入手就很难触及课堂教学改革的根本。于是，学校围绕双语特点，突出双语教学，增加了相应的教材，同时增加学生综合实践活动教材。赵福庆校长这一具有前瞻性的眼光使教师提前走进课程改革的园地之中。在2001年国家课程改革实施之时，莱州双语学校的教师们已经收获了可喜的成果。对于新课程的理念，他们并不陌生。有人说，赵福庆校长前几年的思想已经与新课程的理念不谋而合。

四、课时的创新

赵福庆校长认为，任何学科一节课都上45分钟太过死板，不符合小学生的学习特点。在充分调研的基础上，学校自主实行了“三四五”时间制，即英语、音乐学科的课时为30分钟；语文、数学学科的课时为40分钟；下午的大活动课，定为50分钟；计算机、美术学科以及学生进阅览室上的阅读课，采取两个30分钟连在一起，中间休息10分钟的课时制。当时，有人对此提出异议，认为全国小学的课时几乎都是一样的，而学校如此别出心裁，是否有悖于教育教学规律？但新的课时制实施一段时间之后，不但教学效率提高了，学生的学习兴趣也变得浓厚了。于是，异议声消失了，赞扬声多起来了。

五、课堂结构的创新

在继承传统课堂教学结构的同时，赵福庆校长强调在课堂上必须突出自主的环节，如学生自学、小组合作等。要求师生在每一节课上，围绕着教学重难点，必须凸显求异思维。此后，又创新了四种课型：文科是情境体验，理科为问题探究，校本学科为自主学习，实践活动重在实验操作。这种创新带来的不仅是课堂结构的革新，而且使自主学习逐渐成为课堂教学的主体内容。由此带来的教师教学理念与学生学习观念的变化，又生成了高效的课堂教学，教师的教与学生的学同时步入良性循环之中。

六、评价机制的创新

赵福庆校长提出用多把“尺子”衡量学生，并且制订了相应的改革方案。首先设计了《学生综合素质多元评价表》，对学生的特长发展、文化课学习分开评价，文化课学习中又分为文化知识与能力培养两项内容。不同的学科有不同的评价内容，如语文，既有基础知识的评价，又有听、说、读、写的评价。用多把“尺子”衡量的结果，是使所有学生都获得了来自不同层面的激励性评价，自然而然地调动了学生学习的积极性。

七、德育的创新

无的放矢和空洞说教的德育，使得学校的思想教育走进了尴尬的境地。赵福庆校长在分析德育失败教训的同时，积极探索以养成教育为主的新的教育内容与教育方式。一是从德育内容入手，每个年级都有分解目标；二是培养学生的德育情感，不只让学生做一些品格高尚的事情，而且特别培养其做好事的兴趣与情感。通过这种一步一个脚印的德育实践，让学生在九年的教育过程中，成为具有健全人格的一代新人。

八、家庭教育的创新

赵福庆校长认为，学校教育要与家庭教育形成合力，才能抵达成功的彼岸。于是，他每一学年都会邀请1～2位专家来校给家长讲课，让一些新的教育理念走进家长的心里，进而提高其家庭教育的水平。同时，每一学年召开一次家长会，家长会上不是向家长告状和打小报告，而是着力转变家长的教育观念。学校还规定每周五为家长开放日，欢迎家长来校听课，鼓励家长对教师的教学提出意见和建议。家庭教育的创新，不但开阔了家长的教育视野，改变了他们旧有的观念，而且密切了家校联系。于是，家庭教育成了学校教育的延续与伸展。

九、学校管理的创新

赵福庆校长对科学管理进行过一定的研究与有效的实践。他认为，随着形势的发展，只有把科学管理与人本管理结合起来，才能实现学校管理的创新。要把管理者与被管理者放在同一个平面上，体现人本管理色彩，充分发挥每一位教师的管理职能。为此，他提出了“人人都是校长，人人都是学校主人”的口号，而且制订了一系列的实施措施。全校教师在感受身为“校长”与“主人”荣耀的同时，有了特殊的责任感与事业心，主人翁意识和全局观念也在逐渐增强。此外，赵福庆校长还将自己对管理的思考与教师们的实践成果结集成册，形成一本30多万字的《学校创新管理指南》。

十、特色教育的创新

赵福庆校长认为，特色即卓越，一所学校如果没有特色，就无法展示自己。所以，在全面发展的同时，又确定科技教育、英语教育、艺体教育为学校的特色教育。为凸显特色，学校对特色教育都做了特殊的规定。如英语特色教育，不只是英语教师的事情，而是要求所有教师都要学习英语，要求非英语学科的教师照样能上英语课。于是，就有了连续数年的英语培训活动，以及非英语学科教师走上英语讲台的非常之举。

建构这个创新体系，并非赵福庆校长一时的心血来潮，而是贯穿始终的创新思想。没有思想的校长可能会做出一些成功的事情，但因其缺失思想含量而常常成为短期行为。而一位优秀的校长，则有文化内涵与思想深度以及瞩目未来的长远思考。这也许就是莱州双语学校持续发展的内在原因之一吧。

创新型校长必备意识

赵福庆校长认为，没有先进理念与创新意识的校长，就无法担当起教育创新的重任。为此，他对创新型校长应当具备的八大创新意识进行了深入的研究，并形成了自己的思想与理论体系。

一、挑战意识

赵福庆校长认为，既要挑战自我，也要挑战他人。当校长不是重复已有的自我，而是不断超越自己，今天一定要比以前做得更加出色；当校长也不是将前任校长的既有经验拿来为自己所用，而是有自己的创新思路与独特做法，要比前任校长干得更好。其实，一个人在挑战别人的时候，也在被别人挑战。赵福庆校长认为，与其被动接受挑战，不如主动去挑战他人，并在挑战他人的过程中获取克服困难与战胜困难的巨大喜悦。

二、自主意识

赵福庆校长认为，没有任何人能够给你提供一个完整的治校方案，他人成功的管理之法未必适用于自己。因为学校与学校之间不仅存在着地域、硬件设施等方面的差异，更有师资等软件特别是学校精神的不同，所以向他人学习时要结合本校实际做出自己的判断，而不能亦步亦趋地学习他人的现成做法，不然就会陷入邯郸学步、东施效颦的境地。学校管理成功的关键在于校长要有自己的思想，要有自主管理的思路。有了这种自主意识，才能根据学校的具体情况进行大胆的改革，从而形成自己的教育特色。

三、竞争意识

每一位校长都有自己的优势，而在某些方面取得一定成功的校长往往居功自傲。但被所谓的优势圈定之后，优势就可能转化成劣势。所以，优秀校长必备的品质之一就是居安思危，富有竞争意识。赵福庆校长非常欣赏《谁动了我的奶酪?》一书，他从中感受到了那种永远竞争的精神。现实中，他也一直在主动出击，不断地寻找着那块属于自己的“奶酪”。

四、超前意识

教育是一项面向未来的事业，校长既要活在现在，又要瞩目未来，具有先于行动的超前思考。即使是自己的成功经验，也会因时间、地点、人事等的变化而变得不适用，甚至成为导致失败的原因。事实证明，今天出现的问题，往往是犯了重复昨天成功经验的错误。作为一位创新型校长，大多不会躺在经验的安乐窝里自我陶醉，而是不断革新，超前思考且超前行动，并用这种思想影响教师与学生，进而在学校形成一种超前意识的文化氛围。

五、重点意识

校长面对的是复杂的教育现实，若不分主次、面面俱到地管理，必然会陷入事务堆里而难以自拔。创新型校长有着清晰的思路，特别具有大局意识，明晓工作的主次与先后，敏感且主动地追求速度与效率。这样虽然不能做到尽善尽美，甚至有可能在某些方面出现问题，但由于瞄准了前行的方向，抓住了管理的重点，就能够舍小事而成大事，真正推动学校的发展。

六、信念意识

校长既不能独断专行，也不能没有主见，更不能缺乏自信。一旦事情确定下来，就要百折不挠地干下去，即使历经重重困难也不放弃。这时候，也许会遭受来自不同层面的指责与批评，甚至还可能出现四面楚歌的危机，但越是这个时候，校长就越要冷静与自信，越要坚定自己的信念。这不是固执己见，而是坚持真理。因为一位优秀校长的自信不是盲目的，而坚持既是向成功步步逼近的过程，也是被群体心理认可与接受的过程。由此收获的硕果，才更加有价值。

七、开放意识

创新的本质决定了学校管理不可能处于封闭状态，因为开放可以让校长望向四方，透析他校教育管理成功的原因，反思本校教育管理存在的问题。赵福庆校长说，开放犹如一个上大下小的容器，溢出去的是糟粕，收进来的是精华。而在这种开放的态势中，教师们也会眼界大开，学会吸纳先进的教育思想与行之有效的教育教学经验，并省视自身在教育教学实践中出现的问题。

八、合作意识

创新往往能使个体的思维火花放射出绚丽的光彩，同时，创新的过程既是个体生命之间思维碰撞的过程，也是其智慧与思想共享的过程。所以，赵福庆校长高度重视合作在创新过程中的作用。他说，群体创新思维会使星星之火成为燎原之势，进而形成一种巨大的合力，获取令人惊喜的成功。

创新型校长应当具备的这八大意识，不是赵福庆校长凭空想出来的，而是在大量阅读古今中外教育理论书籍，特别是在教育实践的成功与失败经历中总结出来的。他践行了这种教育理念，同时也在不断地丰富与发展这些理论。

培养创新型教师

实施创新教育，既需要创新型校长，也需要创新型教师。没有前者，创新教育就如在大海航行中失去了舵手；没有后者，就截断了创新教育的源头活水。赵福庆校长在把握创新教育方向的同时，又在培养创新型教师方面进行了积极的探索。

一、给教师营造创新的环境

要让学校真正拥有发展的活力，校长就应当给教师营造一个创新的环境，而不仅是师生相对满意的环境。很多时候，受人的本质属性、市场经济等因素的影响，教师不可能对现有的环境永远满意。一个创新的环境却充满吸引力与新鲜感，能使教师不断地去探索、求新。正是基于这样一种思考，赵福庆校长总是想方设法为教师提供创新的契机，让他们永远不满足于既有的成绩，不断地追求新的奋斗目标。

二、激活教师创新的原动力

从创新教育的角度讲，要创新就必须时刻充满热情。它不是三分钟的热度，也不是表面上的喧闹，而是活动于生命个体内心深处的一种具有原始动力的能量。2002年，赵福庆写了一首题为《我的生命与双语同在》的歌词，后经谱曲，师生共唱。“我的生命与双语同在”是赵福庆校长的个人誓言，通过这首歌曲，进而成为全体师生的共同承诺。在赵福庆校长看来，只有将自己的生命融入共同的事业发展之中，学校发展才能拥有不竭的动力。

三、破除教师对创新教育的神秘感

赵福庆校长认为，创新能力可以是一种思想，可以是一种行动，甚至可以是点滴小事。人人可以创新，人人可以在创新之中获取快乐与幸福。破除神秘感之后，教师们便没有了心理负担。而愈是没有心理负担的创新，收获成功的可能性就愈大。

四、创新能力是一个复合体

创新能力培养不是独立的，而要从关注教师生命发展的各个方面来进行，从有利于教师各种素质的提升方面来努力，这样才能有所收获。关注教师的生活状态，就要思考如何提高他们的物质水平；关注教师自身素质的提升，就要从思想文化培养入手。

五、创新要讲究差异

尽管有时学校确立了创新的愿景，但由于教师的个体智力、学识、经历等的不同，不可能人人都向往这片美丽的文化风景。所以，赵福庆校长提倡教师的差异发展，为此实行了课堂职级制。其关键在于肯定教师之间的差异，提倡教师将现在的自己与过去的自己相比，只要努力创新、积极发展，就会受到鼓励与支持。

六、适时肯定创新成果

创新虽不神秘，但并非特别容易，有时甚至比较艰难。如果哪位教师通过努力取得了创新的成果，其愉悦、激动之情是难以言表的。这时候，校长就要及时对创新者进行有效激励。如有的教师发表论文后，赵福庆校长会将其叫到自己的办公室并与其谈话，表示欣赏，进行鼓励、表扬。而哪位教师上了一堂优质课，他也会采用恰当的方式对其进行激励。在赵福庆校长看来，教师在创新实践中取得成果时，校长的适时激励犹如催化剂，会使其更富有激情地去创新。如果视而不见、置之不理，甚至讽刺挖苦，就会浇灭教师的热情，影响教师的情绪，使其产生一种思想负担。

七、善于捕捉创新灵感

创新灵感与创作灵感一样，倏然而至，又稍纵即逝。所以，要及时捕捉，不让其轻易流逝。不管是行走在路上，还是在睡觉之前，甚至如厕之际，灵感一闪，就要紧紧抓住不放。但有的教师对灵感缺少敏感性，不知道灵感的重要性。赵福庆校长说，这需要校长的点拨，就犹如生命成长需要提醒一样。

八、效率比方法更重要

赵福庆校长认为，高效率的课堂教学中蕴藏着高度的创新智慧。方法只能为效率服务，创新的智慧才是高效率的原动力。

九、学习要讲究含金量

创新型教师的价值不是体现在量的积累上，而是反映在质的提升上。有的教师写了不少学习心得体会，可是感受不深，流于形式，没有思想，缺少创意，这并不是真正意义上的创新。所以，赵福庆校长衡量教师的创新能力，不是以量多而定，而是以质取胜。有的教师写了厚厚一本经验之谈的著作，他未必加以表扬；有的教师用了很长时间只写了一篇颇有思想含量的论文，他会对其高度赞扬，甚至在全体教师大会上大加表扬。

十、创新是多元的

教师的创新能力不应当只表现在课堂上，而应该体现在其所从事工作的方方面面。比如，哪位教师在家访时体现了创新的思路，赵福庆校长也会表示欣赏。

十一、创新的群体效应

赵福庆校长认为，每一位教师都有独到之处，校长应当发挥每一位教师的优势，但从整体上讲，学校教育追求的是一种群体效应。如果在学生方面追求的是群体效应的个性化的话，那么在教师方面追求的则是个性教师的群体化。

十二、创新是自我实现的追求

教师从事教学工作有三种情况：一是将其视作职业，二是将其视作事业，三是将其视作志业。由于每一位教师的思想水平、文化素养不同，对自己所从事工作的看法不同，也就有了不同的心理感受与工作态度。将工作视为职业者，为获取工资而已，往往对工作敷衍了事；将工作视为事业者，会将工作纳入自我的价值追求之中，工作热情持续而长久；将工作视为志业者，则会达到忘我而快乐的境界，时刻充满创新激情，既能实现自己的人生价值，更能推动学校工作的开展。赵福庆校长要求教师至少要将教育教学工作作为事业，最好作为志业。从生命发展的角度看，教师不会体验职业中的快乐，就不会教出生命质量优质的学生来。

赵福庆校长在采访中谈到，他们在实践层面的收获更加丰硕。因为教师们由此学会了创新，并且使创新成为一种自觉主动的追求。这种创新追索，又自然而然地影响了学生。于是，师生同在创新领域行走，就成了学校一道美丽的风景。

培养学生的创新精神与实践能力

《中共中央国务院关于深化教育改革，全面推进素质教育的决定》明确指出，培养学生的创新精神和实践能力是素质教育的重点。这是根据世界发展的趋势和我国社会主义现代化建设的需要，针对现实教育的不足而提出的具有时代意义的战略决定。赵福庆校长就是在培养学生的创新精神与实践能力方面进行了深入思考与积极探索的创新型校长。

一、让每一时空都产生教育的意义

赵福庆校长认为，从环境的意义来说，学校的教育不能只局限于课堂教学，每一个空间、每一个时段都应该产生教育的意义。比如，学生一入校门，相互问好就是教育。校长要考虑的是每一个角落是否都能起到教育的作用。

二、提升学生的生命质量

对学生进行生命教育，首先应当从生态环境教育开始。这里的生态环境主要指的不是自然生态环境，而是人文生态环境。这种生态环境应该是自然、平衡与和谐的。学生在这种环境中学习与生活，不仅有一种心理安全感，而且有一种“道法自然”的从容与快乐。赵福庆校长认为，学校只有建构这种生态环境，才能真正提升学生的生命质量。这不但可以使学生的学习效率提高，还会培养学生的健康思想和阳光心态。

三、关注生命教育

多年来，赵福庆校长一直在积极探索生命教育的要义。他认为，生命教育首先应敬畏生命、尊重生命、善待生命，只有这样，才能认识生命、珍惜生命，从而提升学生的生命质量。在平时的教育生活中，只有与学生实现情感与情感的交流、心灵与心灵的碰撞、生命与生命的对话，才能为他们的终身发展奠定坚实的基础。生命教育的内容应该是多层次的，学生不仅要体验快乐，也应该知道痛苦、挫折，知道只有战胜痛苦生命才更具光彩。学生犯了错误，教师不应当一味地批评，还应将其视作教育资源与教育契机。若能把握住这种契机，不失时机地对学生进行教育，就可以快速地促进学生的生命成长。

四、小学阶段是培养创新思维的关键期

小学生还未形成严密的逻辑思维，但往往越是打破逻辑思维之处，越是创新火花迸发之时。教师要紧紧抓住创新的跳跃式特点，对学生进行创新思维的培养。教师不要轻易否定学生不合逻辑的“胡言乱语”，不然，一些创新思维就会在教师的批评中泯灭。同时，赵福庆校长认为，创新并不排斥继承，不然创新就会成为无源之水。只有二者和谐共进，才能真正实现创新教育的目的。赵福庆校长在教育实践中感受到，小学生的思维异常活跃，但往往是最爱他们的教师与家长将这种创新思维扼杀了。珍惜且释放这种生命潜能，就可以使小学生的创新思维飞速发展，就能够产生一个又一个令教师与家长想象不到的奇迹。所以，赵福庆校长提出了“十百千万工程”，即每一个学生学会十项创新本领，会做一百件科技作品，学会一千个英语单词，提出一万个问题。

五、生命成长所需要的养料要合理搭配

赵福庆校长认为，生命成长需要养料，但并非意味着可以将滋养生命的所有养料不分主次与多寡地送给学生。养料需要合理搭配，给予太多会撑着，施之过少会饿着，多少不均会偏食，从而影响学生的健康。

六、教育应该从小处着眼，从细节入手

赵福庆校长认为，细节虽微小，却具有生命的活力。真正有效的教育，往往是通过一些看似微不足道的教育细节，来不断引发教师对生命教育的思考，不断丰富教师的生命教育实践，共同提升师生的生命质量的。

七、在实践中进行德育

长期以来，我们的德育目标偏重于认知方面，强调从小培养学生的爱国主义、集体主义、社会主义思想。然而这些上层的道德理念的建立离开了基础性道德品质的支撑，所以出现了小学生进行共产主义教育、中学生进行社会主义教育、大学生进行集体主义教育的德育目标体系“倒挂”现象。赵福庆校长认为，道德知识是一种实践性知识，德育最根本的任务是指导学生的道德实践。因此，道德实践应该是中小学德育的起点。只有使学生在实践中体验、感悟、成长，才是深入心灵的德育。教育源于生活，又作用于生活。莱州双语学校有不少寄宿生，学校对他们进行生活教育，与德育、智育处于同等重要的地位。

八、让每一个学生都有展示才华的平台

特长展示是学生的内心需要，他们会在展示中感受到成功的快乐与创造的幸福，进而投入更加激情的创新之中。赵福庆校长说，学生之所以在很多方面富有个性与特长，就是因为学校为他们尽情释放自身的潜能提供了广阔的平台。

九、让学生走出校园，服务社会

无疑，学生只有在生动活泼的社会实践中锻炼，才能真正快速地成长。可这与时下的安全教育又形成一种悖论。赵福庆校长认为，对学生的教育是不能耽误的，否则，会影响学生一生的发展，所以要想尽一切办法，为学生创造“走出去”的机会。2004 年冬天，农业部让莱州双语学校的学生到北京人民大会堂参加活动，赵福庆校长毫不犹豫地答应了，参加的学生在活动中得到了很大的收获。在赵福庆校长看来，对于学生来说，获得直接经验比间接经验更重要。

十、进行人格教育

赵福庆校长认为，学生养成良好的习惯比学到知识更重要，陶冶情操比提升能力更重要。一个人格不健全的学生，不管在学校中的学习成绩如何优秀，踏向社会与走向未来都会失败。环境不能决定人的发展，但肯定会影响人的发展。学校应该为学生人格成长提供合适的环境。

创新教育的核心是提升学生的创新品质与创新能力。赵福庆校长在培养学生的创新精神与实践能力上的思考与行动，与其对教师创新能力的培养相互促进。学校由此形成了一种创新教育的文化氛围，进而凝聚成一种学校精神。精神的无形力量与长久影响，为莱州双语学校的发展注入了源源不断的创新活水。

师生生命发展的引领者

——杨一青校长的理论话语与实践收获

校长介绍

杨一青，浙江省杭州市学军小学校长、党支部书记，中学高级教师，特级教师。杭州市人民政府专家咨询委员，浙江省义务教育小学语文教材主编，浙江教育学院兼职教授。获得全国教育系统劳动模范，浙江省劳动模范、优秀教师、科研型校长、明星校长等荣誉称号。2004年，杨一青被评为杭州市十佳校长、浙江省功勋教师。已出版《搭建飞翔的舞台》《杨一青与和谐教育》《怎么写好课堂作文》等著作。主持开展了全国、省、市级教育科研课题7个，科研成果获省级及省级以上奖9项。

杨一青校长不仅拥有丰富的教育阅历，而且始终有着活跃的思维与先进的理念。如果不到学军小学采访，不与其进行深入交流，就很难想象这位在教育系统工作了40多年的“老兵”被誉为“教育界的常青树”的内在原因。

前瞻理念

杨一青校长的十六字理念为“整体观念，主体思想，个性发展，和谐关系”，其间有对“它山之石”的借鉴，也有他自己独特的思考。这一理念在今日看来未必特别具有前瞻性，但它发轫于20世纪80年代末期，在当时无疑是先进的。

“整体观念”之中的“整体”，其外延并非是单一的，而是呈现出多元的走向。学校是一个整体，各个科（部）室、班级也各自构成一个整体，各科教师、每位学生自身也都形成一个各具特色的整体。有了这种整体思考，就有了全局观念，有了统一考虑。如果将学校领导班子视作一个整体的话，就会考虑班子成员的思想、才能的多向性，班子之中既要有视野开阔的“思考者”，有埋头苦干的“实干家”，也少不了游刃有余的“外交官”。唯其如此，才能各施其才，达到“一加一大于二”的理想效果。

杨一青校长认为，整体是部分的优化，部分又在优化的整体中更加优化。如此循环往复，整体才能持续快速地发展。

“主体思想”之中的“主体”，不是强调校长个人作为主体存在的价值，而是校长在教育过程中将被管理者视作主人的一种理念。有了这种思想，就会将教师看作主人，尊重其主体人格，承认其主体价值。在教育教学中，学生是学习做人与探索未知的主人，所以要以学生的发展为目标，为学生的发展创设良好的环境，让学生真正自主地发展。

这种“主体思想”具有浓郁的人本情怀，又处于“己欲立而立人，己欲达而达人”的境界。其实，校长只有心系教师与学生的发展，且为其创设优质的人文环境，“主体思想”才能在本质意义上得以实现。

“个性发展”已经成为当今教育界的一个流行词汇，不过，杨一青校长当时更多地将自己的思考指向了未来。他认为，未来对人才的要求是多层次和多规格的。为了适应未来发展的需要，教育就要从现在做起，为学生的个性发展提供“未来”环境。正是基于这样一种思考，在应试教育与未来发展产生矛盾时，他便毫不犹豫地舍弃前者而选择了后者。

素质教育重要的任务之一就是开发学生的潜在智能，从而使学生的个性品质、兴趣爱好在优质的教育中得到充分的发展。有了这样的认识，学军小学就有了前瞻性的行动。学校中有各种特长的学生越来越多，已经成为五彩缤纷的人文风景。

杨一青校长在20世纪80年代末提出“和谐关系”理念的时候，虽然没有从学科之间的和谐方面进行更多的思考，但他对人际的和谐这一本质性问题进行了深入的思考。他认为，和谐是教育走向高层境界的必要条件，领导班子内部需要和谐，领导与教师、教师与教师、教师与学生、学生与学生、教师与家长、学校与社会都需要和谐。唯其如此，才能促进学校的综合发展。

孟子说："天时不如地利，地利不如人和。"注重"人和"环境的建构，应该是学校的教育之本。失之则一事无成，得之则万事俱兴。没有"人和"的保障，其他和谐就都只能在表层游弋。

"三化"目标

杨一青校长认为，在全球化的今天，社会已进入知识经济时代，时代呼唤教育培养高素质、充满活力、富有个性的创新型人才。时代的需要就是学校的办学宗旨：面向时代，造就具有个性化素质的公民；面向未来，培养具有现代化素质的公民；面向世界，成就国际化的世界公民。正是基于这样一种思考，杨一青校长将个性化、现代化、国际化作为学校培养学生的战略目标和发展模式。

一、为学生提供敢于"放肆"的课堂环境

有的校长不是具有独特思想的决策者，而是上传下达的传声筒；不是主动创造的教育者，而是人云亦云的邯郸学步者。个性的缺失，使得校长思想苍白，管理毫无特色。自然，对于学生的个性化教育，也就无从谈起。这与当今所倡导的学校管理思想相去甚远，如此下去，"个性化"只能是一个空洞的口号而已。

教育个性化意味着自主、独立、创造，学生在活动过程中根据自己的内在要求和个性特点选择独特、适合自己的方法，独立地、创造性地解决活动中的问题，从而充分享受活动的乐趣。

杨一青校长则为学生的个性化发展提供了一个广阔的空间。

学生个性的张扬需要一个相对安全的环境。在这样的环境中，他们不必担心在凸显个性的时候会受到教师的指责与批评。学军小学的学生在课堂上"放肆"的行为，淋漓尽致地诠释了教育个性化的美丽。

当我走进六年级一个班级的语文课堂中，发现金庸、琼瑶等人的小说成为学生学习的内容。一个小姑娘满脸兴奋地说："我刚从图书馆借了几部金庸的小说，准备好好研究研究，期末做一篇金庸作品人物分析的论文。"据学生讲，这是他们的研究性学习课，所有选题都由学生根据自己的喜好确定。只要学生喜欢，所确定的选题又有研究价值，不论是金庸的作品还是琼瑶的作品，都可以大大方方地摆到课堂上进行分析、讨论。

据王亚芳老师讲，学生在课堂上之所以敢于"为所欲为"，是因为学校给他们提供了一种自由的环境。杨一青校长认为，既使学生感到身处安全的环境之中，又让他们的个性得到充分发挥，才算是优化的课堂教学。

二、思想现代化引领行动现代化

现代学校需要现代化的教育教学手段、现代化的教学设备，更需要现代化的教育理念，因此校长的思想首先要现代化。即使在建设学校的基础设施时，也要具有现代眼光。2001 年，学军小学建造教学楼的时候，杨一青校长就有了前瞻性的思考，他认为，几年后汽车会走进寻常百姓家，所以在建设学校时应建一个停车场。尽管当时很多人不以为然，甚至有人坚决反对，他还是坚持建造了地下停车场。现在，整个停车场已经小车云集。偶尔有人提起当初之事，即使是当初的反对者也笑着说："还是杨校长有眼光啊!"

如果没有现代眼光，就不可能展望未来。如果学校培养的人没有现代眼光，就不能适应未来社会的挑战。

杨一青校长认为，社会是最好的课堂，是学生成长的最好天地。为此，学军小学与近 10 家单位签订协议，创建德育基地与研究性学习课程实践基地，引导学生走出学校，走向社会。学生走上农村的田埂，体验播种的艰难和欣喜；走进军营的训练场，感受战士们的铮铮风骨……他们在实践活动中了解了社会的方方面面。

据冯岳老师讲，随着眼界的进一步开阔，学生对科技的认识更加深入，运用电脑的范围更加宽广。在"世界上该不该有克隆人"的班级辩论赛前，学生在网上查找了大量资料，比赛时呈现出你来我往、唇枪舌剑的精彩场面；校园网的"智慧谷"以最高的点击率在众多栏目中独领风骚，让所有的学生真切地感受网络给他们的学习交流带来的快捷、方便；各班自主设计、自主管理的班级网页中，文字的处理、插图的使用、格式的设置都堪称专业……

三、关注师生“国际人”意识的培养

学生年龄虽小，却是未来社会的公民，而且是在全球舞台上的世界公民。为了更好地进行国际交流，学生应当从小学时便开始学习外语。正是从这个立场出发，杨一青校长特别强调学校的外语教学。

他说，如果没有世界一流的外语教师，就不可能有适应国际化需求的学生。为此，学校组织教师到英国伦敦大学进修。在2005年组织出国学习的15人中，有学校领导、中层干部、教研组组长、班主任和骨干教师。杨一青校长说：“我们现在培养的学生，10年、20年之后，要在国际舞台上施展才能。”国际公民素质的培养已经成了全校领导与教师共同的信念。如果教师没有与世界接轨的思考与行动，就无法与已经具备国际思维的学生接轨。

同时，杨一青校长非常关注学生的国际交流活动。他们特邀80名新加坡学生来到学校与四至六年级的学生进行交流。学校还与新加坡的小学进行网上交流，互寄报刊，开展各种文化交流活动，以提高学生的外语交际能力。

学军小学还与韩国丽都初等学校、澳大利亚堪培拉莫森小学和新加坡道南小学结成了伙伴关系，有意识地将“国际视野的公民教育”纳入学校的教育体系。除了与这几所学校在教学管理、教学理念、教材应用、教育资源等方面互通信息、取长补短外，每年暑假，学军小学还与丽都初等学校的学生进行相互考察访问，安排学生入住对方家庭，与异国的学生一起学习、生活，在活动中体会异域文化。

杨一青校长说，经历本身会影响人的视野、心态和对事物的看法。几次的对外交流活动对校园文化氛围、学生思维观念产生了很大影响。学生在各种对外交流活动中表现得热情好客、乐于助人，能尊重不同习俗和文化，体现出良好的沟通与合作的技能。对外交流活动已经成了学生了解世界、走向世界的一道桥梁，成为学校一门独特的交流多元文化的潜在课程。

亲情关爱

杨一青校长有一句“名言”：“进了学军的门，就是学军的人；学军人的小事，就是我的大事。”这种观念不只体现在他的话语中，更扎根于他的心灵深处。他说：“我要让教师在学校里有安全感、亲切感、成就感、幸福感。”他还说，绝大多数教师在一所学校工作许多年，有的甚至是一辈子，他们将自己的一生奉献给学校的同时，也希望能够在学校里幸福地工作与生活。校长就应当是满足教师这种幸福需求的教育使者。

一、让青年教师住得舒服、吃得可口

杨一青特别关注教师特别是单身青年教师的住宿问题，因为他认为，安居方能乐业。一年暑假，外地教师回老家了，学校却在热火朝天地搞改建工程：重新装修青年教师宿舍楼，由副校长亲自监督，以促进工程早日完工。开学了，大家回校一看，不由得惊呼起来：“哇，焕然一新的宿舍楼，浴室、有线电视、空调、网络，一应俱全!”而且原来四个人一间的集体宿舍变成了两人一间的标准间。看到这些，教师们的那份欣喜之情溢于言表。

杨一青校长认为古时所说的“兵马未动，粮草先行”虽系兵家之言，却可以作为当今治校的方略。既然要让教师好好工作，就要让他们在住得舒服的时候，也要吃得可口。为此，学校对厨师进行了专门培训。技艺提升之后，师傅们做的饭菜色、香、味俱佳，教师们在胃口大开的同时，喜悦之情也流露在脸上。

二、每逢佳节少思亲

中秋佳节，对于“独在异乡为异客”的青年教师来说，自然是“每逢佳节倍思亲”。可杨一青校长认为，学校应当成为单身青年教师的家。于是，月明星稀之夜，家在外地的青年教师聚集在“教工之家”，参加工会组织的中秋茶话会。工会主席周丽珍诙谐、幽默的开场白将大家一下子吸引住了，她说：“今天大家聚在一起，只谈家事，我们‘一家老小’要无拘无束地谈，让这里的笑声通过今晚的月光带给你们的亲人。”大家边吃月饼边高兴地谈着。一位教师动情地说：“能在学军小学这个大家庭里生

活真的很幸福，因为有这么好的‘家长’，又有这么好的兄弟姐妹。虽然第一次在外地过中秋节，但在这种气氛里就像在家里一样亲切，一样温馨。”“我要马上发条短信，告诉家里人不用担心，学校领导都很亲切。还有，月饼也特别好吃，嘻嘻。”另一位教师边嚼着月饼边说。

月圆之后有月缺，可照在这些远离父母的“大孩子”心头的月亮永远都是满盈盈的。

三、冒雪骑车向教师拜年

春节前后，杨一青校长与学校领导分头忙碌、奔波，去教师的家里给他们送去新年的问候。

浙江教育报刊社记者言宏对杨一青校长进行过采访。据她讲，有一年的岁末，再过两天就到春节了，杭州下了几天几夜的鹅毛大雪，人们都说这是十几年来罕见的大雪和寒冷天气，连郊区的公交车也停开了。可杨一青校长冒雪骑自行车到10多千米外的乡下，看望刚来学校工作的刘荣华老师及其家人。门一打开，刘老师看到雪人似的杨一青校长，一时竟感动得不知说什么好，只是一个劲儿地喊“请坐”。当着他父母的面，杨一青校长如数家珍般地叙述了刘老师在工作上取得的种种成绩，不停地夸赞他工作认真努力，善于动脑，并说：“感谢你们二老，为学校养育了一位好老师。你们尽可放心，我们一定会照顾好他的。”两位老人很是骄傲，不时叮嘱自己的儿子：“有这么好的校长，你真有福气呀！你要好好工作，对得起你们杨校长！”随后，杨一青校长又冒雪骑着自行车翻过山岭去看望另一位新教师。

四、解决教师的特殊困难及其子女的安排问题

教六年级毕业班的郜晏静老师因怀了三胞胎而悲喜交加，喜的自不必说，悲的是丈夫辞职后来到杭州却没有固定工作，而自己来校不久，积蓄不多，如何养活三个孩子？正在这个时候，杨一青校长夫妇骑着自行车前来看望，并请她一定放心，说学校一定会尽量帮她解决困难。郜老师剖腹产时，杨一青校长夫妇一起赶到医院，焦灼地守在手术室门前。当郜老师被推出手术室，一眼看到了杨校长夫妇，眼泪止不住流了出来。

学校集资建房，价格比较便宜。生了孩子在家休息的郜老师接到了杨一清校长打来的电话，说争取让她集资买房。这让部老师十分感动，这是她怎么都没有想到的，可又是她梦寐以求的。到学校见了杨一青校长，她就不由自主地流下了眼泪。她说："我只有好好地工作，来回报学校对我的关怀。"

部老师的三个孩子到了入幼儿园的时候，杨一青校长又千方百计地为她争取到了两个免费入园的名额。

杨一青校长认为，要让教师在学校有一种家的感觉，这是校长的责任与义务。所以，校长不但要关心教师是否有特殊的困难，而且要关心他们子女的安排问题。他说，自己在这方面下的功夫非常大，收获也很大。将教师的子女安排好了，他们就没了后顾之忧。比如，部老师的三个孩子初入学校，就要交一大笔费用。这会给她的经济造成很大的困难，给她的精神带来很大的压力。学校帮其解决了这个困难，同时也促使她加倍努力地工作。部老师说，正是有了学校的关怀，她才有了幸福的生活。

对每个人来说，家是温馨的港湾，是动力的源泉。如果一位校长能把学校营造得具有浓郁的家的氛围，让教师从中感受到一种浓浓的亲情，就一定是一位出色的领导，并受到教师的拥戴。若能使一个人把学校视为自己的家，他由此生发出来的激情和动力是不可估量的。杨一青校长在20多年的校长生涯中，努力做好这项"软"工作，让每一位教师在学军小学都有一种家的感觉。因为他坚信——爱，往往能激发潜能并创造奇迹！

精神引领

教师在学校的发展中起着举足轻重的作用，校长则应当成为教师发展的精神引领者，使他们在造就学校辉煌的同时，自己的生命也得以不断成长。学校与教师只有一直处于发展的状态，才能共创美好的未来，并为学生提供成长的空间。

一、不是招募劳动力，而是挑选优秀教师的"苗子"

"我不是来招募劳动力的，而是来挑选优秀教师的'苗子'的。"这是杨一青校长选拔优秀毕业生的口头禅。孔子曰："苗而不秀者有矣夫！秀而不实者有矣夫！"是的，"苗子"假如不"秀"不"实"，是无法培养成才的。只有好的“苗子”，才能通过培养脱颖而出。

1990年，杭州大学（现更名为浙江大学）外语系的毕业生吴幼春谢绝了好几所中学的邀请，最终选择了学军小学。她说，是杨一青校长的一番话打动了她：“虽然学校的外语教学还不成气候，但你将是我们学校外语学科的第一棵‘苗子’，我们会创造一切机会培养你。在这里，你施展才华的空间会更大！”后来，一诺千金的杨一青校长让她到上海、北京等地进行培训，并送她到伦敦大学进修。现在，她因为教学才能优异和管理才能较强，已经成为省府路小学的校长。

卢洁老师在杭州师范学院学习期间，连续五年通过班级的民主选举，成为少有的连任五届的班长，她以较强的组织协调能力和团队合作能力凝聚着整个优秀的班集体。了解到这些情况后，杨一青校长立即与之见面洽谈。杨一青校长说：“我就一下子被她的激情所吸引了。闪亮的眸子，恰到好处的手势，清亮的嗓音，积极向上的态度，无不显示出她是一位天生的好教师。一次面谈，使卢老师融入学军小学的大家庭。作为一位年轻教师，她的组织协调能力极为出色，赢得了大家的赞赏。如今，她已经成为我校最年轻的年级组组长。”

钱金林老师是湖州师范学校的体育尖子，字写得好，文笔亦佳，舞姿优美。然而，他曾经因为一次酗酒而受到了警告处分。杨一青校长等人前去考察时问他：“在被推荐的这五个人当中，你认为你会被选中吗？”他回答得非常干脆：“如果你们想选最能干的人，我想应该选我！”杨一青校长感到这是一个好小伙，有个性！优点突出的人，往往缺点也明显；能力出众的人，往往个性鲜明。结果，他被录用为学校的体育教师。如今，他已经成为副校长、市教坛新秀、省科研青年标兵、全国体育先进工作者。

杜绝“后门”，唯才是举，为优秀大学生进入学军小学打开了方便之门。也正是这种招聘理念与行动，才有了学军小学不断壮大的优秀教师队伍。

二、“第一次”——生命的提醒

当大学毕业生初入学军小学之时，杨一青校长便期望通过“第一次”给他们的梦想之舟指明前进的航向。所以，杨一青校长珍视与他们的第一次见面、第一次会谈、第一次评课。

杨一青校长与每一位新教师进行交心式的漫谈，谈人生，谈理想，谈初为人师的感受，谈班主任工作艺术，谈对教师职业的认识，谈如何教好一门学科，等等。谈话不仅促进了他与新教师情感上的沟通，而且给新教师以后的教育教学工作和自身素养的提高以启发和鞭策。很多教师说，这是校长对他们的生命提醒。正是这种提醒，为气质特点不同、学科专业不同的教师设计了多样化、特色化、灵活化、具体化的成长目标。

倪宗红老师曾经是杨一青校长的及门弟子，时隔 6 年，她又被杨一青校长“召”回母校。入校第一天，杨一青校长就找她谈话。他从重叙师生情谊谈到学校新近情况，从参与课题研究谈到 6 年成长规划，让倪老师听得热血沸腾，激动不已。她说：“在我眼前侃侃而谈的校长，并不像一位校长，而更像一位长者帮着小辈确定人生的目标，制订详细的个人职业发展计划。”

金玮老师在《初为人师》一文中写道：“第一次听课，杨校长说了短短的几句话：‘要面向全体同学，让大家都能看到你的表情，而不仅仅是听到你的声音。板书的时候，要注意细节，写错了不要用手擦黑板，要用黑板擦擦，标点符号也要写到位。教师的一言一行对学生产生的影响都是无穷的。’这让一向不修边幅、不拘小节的我明白了：面对学生无小事。树立精品意识，追求精品教学，成了我的教学目标！”

杨一青校长深有感触地说：“人生有许多值得一提的‘第一次’，每一个‘第一次’都有可能影响人的一生。因此，新教师的‘第一次’，无论是谈话、微笑、鼓励，还是批评，都要慎重，都要精心设计，都要力争完美。”

三、福利院实习的必修课

杨一青校长高度重视对初为人师的青年教师的师德教育，有计划地组织他们参加社会服务、公益活动、读书活动等，积极引导他们自觉地到社会实践的海洋中去锻炼、去探索、去体验。由团支部组织新教师去福利院实习，是每一届刚来学军小学的新教师都要经历的一次特殊师德教育课。这也是 10 多年来学校师德建设传统教育中最感人的一个篇章。

福利院里的不少孩子是有智力障碍的残疾儿童，教师和保育员却始终如一地将爱心和耐心奉献给他们。杨一青校长组织新教师到福利院去实习，希望他们能从中切身感受到做一名好老师最需要的是什么，使他们刚刚踏上工作岗位时就确立一个正确的努力目标。去福利院实习过的新教师重新回到自己的工作岗位后，都会深刻地体会到：一名教育工作者不仅仅要有高度的责任感，更要有深厚的爱。一位新教师这样写道："我曾为自己选择了教师职业而苦恼、悔恨，以为走错了路。现在看来，悔恨只能显示出我对人生目标理解得浅薄；苦恼是因为自己从未经历过真正的艰辛。当我看到福利院年轻的保育员忍着熏鼻的屎臭给残疾儿童更换衣裤时，看着与我们同龄的福利院老师不厌其烦地给已是四年级的学生一遍遍讲解退位减法时，我不仅感到脸红，更为他们的奉献精神所感动。"

杨一青校长认为，阅读信息，只能学习到百分之十；听到信息，只能学到百分之三十；但经历过，却能学习到百分之八十。师德教育只有通过实践、体验，才能使青年教师焕发生命的活力。

四、为教师获取"通行证"大开绿灯

青年教师进入学校之后，因为学历问题，会在评职称、提薪等一系列问题中受到阻碍。因此，提升学历，提高自身的文化素质，是教师的自觉追求。从 20 世纪 80 年代起，在学历进修尚有许多限制的时候，杨一青校长就给青年教师创造了一个个深造机会，让那些青年教师蛰伏的"野心"得以勃发。

从中等师范学校毕业后，章莉老师总觉得自己没有接受更高层次的学历教育是人生的一大憾事，就邀同龄的青年教师一起参加学历进修。当时进修不但有各种各样的条件限制，而且有的校长还担心青年教师进修会影响工作。而杨一青校长非但没有反对，反而大力支持他们报名参加进修。最终，章莉等一批青年教师成了学校第一批通过进修获得大专学历的教师。

拥有大学本科文凭的青年教师如果提出要进行学历进修，杨一青校长也会大力支持。有人担心教师学历高了有可能会"飞走"，杨一青校长却说："如果'飞'了对他们发展有利，我们就举双手赞成。再说，'飞'也是从学军小学'飞'出去的，那是我们的骄傲，是我们为更好的单位输送了更优秀的人才。"有了这种大气魄，特别是有了有利于优秀人才发展的机制，学历高、能力强的人才并没有从学军小学流失。

杨一青校长在学历进修管理上的远见，为教师们争取了主动权。现在，学校教师全部取得了大专学历，本科学历的教师达到了总人数的96％，最重要的是教师们渴望知识、渴望成长的愿望得到了尊重。经过学历的进修，他们的教育立足点更高了，视野也更开阔了。

五、让教师欣赏学历进修路上的风景

有的教师在学历进修时，过多地关注了学历的提高，而忽视了所学专业与所教学科应该对口。于是，杨一青校长又在校内积极进行引导，对教师的学历进修不再“放任自流”，而是制订有关的政策，要求教师积极参加对口专业的学历进修，使教师在提高学历的同时，也丰富所教学科的专业知识。有人说过：“前进路上，有人以为最美的地方是目的地，但其实，最美的是沿路的风景。”当教师不再仅仅追求文凭，而是专注于研究学问时，也自然欣赏到了学历进修路上的美丽风景。

数学教师王丽兵原本只是为了拿文凭而走上本科函授之路的，可走完理科进修之路后，他却发现三年的风雨历程是一笔远比文凭更为重要的财富：开阔的视野、敏锐的感觉、持之以恒的奋斗意志、收集现代信息的能力……

葛格老师在参加汉语言文学的自考过程中，自身的知识储备也与日俱增，精神上也日渐富足。她说：“这是我有生以来第一次有意识地用自己的主观意志完成的‘创举’。虽没有囊萤映雪、凿壁偷光的精神，却有‘衣带渐宽终不悔，为伊消得人憔悴’的意志。我想，这意志的价值远远超过了文凭本身。”

杨一青校长不但是一位颇具影响力的教育家，还是一位社会活动家。其实，就其教育的治校之道而言，我也只是选取了几个片段而已，但愿读者能够从中窥见文章之外杨一青校长更有魅力的一面。

真情在师生成长之路上流淌

——夏建娟校长的人本情怀

校长介绍

夏建娟，1983 年走上小学教育岗位，1996 年任山东省威海市光明小学校长，2001 年任威海市鲸园小学校长。先后被评为威海市优秀教师、威海市明星校长、山东省骨干校长，并被山东省政府通报表彰一次。她倡导“关注学生终身发展”的教育思想和“无边界网络化”的管理理念，让鲸园小学这所百年名校在“双线并举、双轨协进”的人文教育之路上收获了累累硕果。

我在采访山东省威海市鲸园小学的夏建娟校长之前，就读过江玉欣、刘雁萍、张华荣老师合写的长篇报道《书山有路勤为径，学海无涯“网”做舟——鲸园小学“无边界网络化”教育异彩纷呈》，听杨静、王艳芳等教师谈过夏校长关于管理者与被管理者无边界、学科教学无边界、班主任任用无边界等“无边界网络化”教育管理的具体内容，所以，此次采访夏校长，“无边界网络化”教育管理就成了我关注的主体内容。毫无疑问，这是夏校长教育管理的一个亮点，是蕴含着先进教育理念与承载着丰富文化内涵的特殊之处。

但随着采访的深入，我又发现了夏校长的另一方与情感相系的天空，那是一个很人性化的亮点，是一道异常绚丽的教育风景线。虽不惊天动地，却令我感动，令我敬仰。“无边界网络化”教育管理虽然丰富多彩，但因有人成功报道在先，我还是另辟蹊径，去开掘这方属于夏校长特有的人性化矿藏吧。

开会关闭手机逐渐被群体心理认同

现在的会议在开场时几乎都会出现这样一句话：“请大家关闭手机或将手机调到振动状态!”这反映了会议主持者的无奈。

2001年夏建娟调到鲸园小学就任校长之初，便决心废除这一惯有的程序。但她同时认为，孔子所言的“欲速则不达”颇有道理，必须循序渐进，以文化人。

第一次开会，她也说“请大家关闭手机或将手机调到振动状态”，但同时告诉大家：“以后开会不再重复这种没有意义的话，希望大家自觉遵守开会纪律。如果哪位教师的手机响了，全体为他鼓掌。”她试图以这种友善的、调侃的方式，让教师在一个和谐的环境中省检自身而“不贰过”。

此后的会议上，手机铃声少了很多，但仍偶有铃声响起，且因为“稀有”而显得格外“清脆”。这时候，先礼后兵的夏校长便做出规定：将这一项纳入师德考核之中，只要会上手机铃声一响，便扣10分。她说，不在于扣分的多少，而在于以此加深开会手机再响者的记忆。

但人群之中不知铃响何处的情况也时有发生，为了响中见人，特别是鼓励自觉承认者，于是又做规定：凡主动承认者，只扣5分。夏校长说，用这种形式，不只是尽可能地让手机铃声在会场上绝迹，更主要的是培养教师面对这一事情时的积极心态。

现在，鲸园小学开会时手机铃声响起的情况虽未绝迹，却已非常少见。开会之前那种无奈的开场白已不再有，由此逐渐形成的“开会即静”的价值取向已被群体所认同。更为重要的是，形成这一价值取向的过程，很有人文色彩，颇具人性情调，友善之心与文化品位同时在夏校长的文化管理中呈现出来。

以学生为本的校本课程彰显人性化

鲸园小学的校本课程富有创意且多彩多姿，于是，校本课程展示就成了学校一道迷人的风景。但在展示中是以学生为本，彰显人性化，还是将领导放在突出位置，凸显官本位，则成为检验一个校长是否以人为本的试金石。

夏校长是一位具有人性化特点的校长，时时处处在实践着自己倡导的“关注学生终身发展”的办学理念。她认为，校本课程展示的主体是学生，学生不需要听领导讲话，活动本身也不需要。如果领导大而化之地讲一通话，学生虽然敬而“听”之，心里的反感却是挥之不去的。更为重要的是，这种“唯上”行为会使师生在逐渐麻木的同时，形成一种官本位思想，人性化管理也会被其销蚀。

基于此，在校本课程展示中，夏校长取消了领导讲话，而且不设主席台。若领导光临，学校则让教师作为向导引领其参观，让领导自然融入学生快乐而投入的展示之中。

夏校长告诉我，其实领导对这种展示方式非常满意。领导在惊叹学生的创造力之时，常常会情不自禁地询问学生一些问题，说些鼓励性的话。学生侃侃而谈，领导洗耳恭听，人格平等与以人为本便一同外化在领导与学生欢快的笑声里。

领导、教师及学生在人格上都是平等的，但由于数千年来人们对官本位思想的心理认同，使得不少人在一些行为活动中，自觉或不自觉地降低了自己的人格，忽视了师生的需求，使所谓的人本、人性化管理都在“领导第一”面前消失得无影无踪。由此看来，夏校长的这一举措具有很大的价值与意义，既尊重了领导与学生具体实在的生命本色，关注了他们的情感需要与生命体验，又给学生创设了生命发展的自由空间。

鲸园小学在确定不同学生学习何种校本课程时，也是以学生的需要为主。夏校长从高考志愿填报中受到启发，让参与校本课程学习的学生根据自己的兴趣爱好填报“志愿”。学生按第一、第二、第三顺序填报“志愿”，学校按第一、第二、第三“志愿”先后“投档”。结果，80%的学生第一“志愿”“榜上有名”，其余学生第二“志愿”全部被“录取”。学生对59种之多的校本课程各取所需，学校对2000多名学生的“录取”工作用了两天时间便轻松完成。

学生在填报“志愿”的过程中，行使的是人之为人的选择权；学校在“投档”“录取”的工作中，体现的是以学生为本的人性化管理理念。这样，既为学生以后的学习开启了兴趣的先河，也为张扬学生的个性设置了人文铺垫。

间接刺激唤醒教师沉睡着的美丽

夏校长认为，教师干好工作固然重要，而身体健康与心情愉快同样重要。于是，就有了一年一次的体检与外出旅游。

说起旅游，夏校长神采飞扬。她说那是与教师进行感情交流的最好活动之一。2004年“三八”妇女节与学校教师去青岛旅游，便留下了一段令她久难忘怀的记忆。

3月6日，夏校长定了两辆中巴，决定于3月8日5时起程。不料6日晚间忽然飘起雪花，路上铺满了厚厚的一层积雪。如果按期出行，路上不太安全，有可能发生危险；但如果取消旅游计划，教师们必然感到失望。

为了能按原计划尽快起程，7日下午，夏校长乘车专门去探路，发现一路只有两处积雪，只要稍慢行车就不会有危险。随后她又通过电话打听去青岛沿途的路况，得到的回复都是明天路上行车没有什么问题。她当机立断：明天按照原定计划前往青岛。

3月8日早晨，全校教师与他们的孩子高高兴兴地坐上车，向青岛出发。

外面白雪皑皑，车内暖气融融。夏校长的心情如万里晴空一样明净而美丽。

不料行不多远，前面车上的教师打来电话，说他们的车上没有暖气。夏校长听到这一消息后，毫不犹豫地决定让女教师与孩子乘坐有暖气的汽车，让男教师乘坐没有暖气的汽车。而她毅然带着自己的孩子，坐进了那辆没有暖气的车。

车里很冷，但夏校长与男教师们都很自豪，为在这一特殊情况下的这一特殊选择。

不一会儿，另一辆车上的教师打来电话，说让他们的车停下。车刚停下，女教师们就将一件件羽绒服送了过来，其中还有孩子的羽绒服，说是送给夏校长的孩子御寒的。

夏校长的泪水不由得流了下来，在这个时候大家表现出来的互相关心，竟如此令人感动。夏校长感受到的是教师之间的温情关照，是一种金钱买不来的真情。她甚至自责起来，感到自己平时对教师的关心还不够。

这份感动在夏校长的心里一直奔流不止，她在想着如何以更多的时间、更好的方式，与教师们更多地感受这份最美、最真的情感。她说，这是一种文化，这种内化到鲸园小学教师心里的人文关照，是一笔丰厚的精神资产。2005 年春，夏校长又与教师们同游曲阜，一同去感受儒家文化，感受圣人之所以为圣人的那份人性之美。

夏校长认为，与教师外出旅游，不仅有利于领导与教师之间的感情交流，对教师来说，还是一种间接刺激，它让教师在教育教学之余，感受另一种新的生活，让教师心中沉睡了的对大自然之美的热爱、对人文景观的观照，复苏为生活之中一段永远值得回忆的美丽。这时候，校长与教师之间的情感融通，就因有了一种富有刺激性的生活媒介的参与，显得更加情趣横溢、美丽动人。

一位教师的凤凰涅槃

之前，夏校长在光明小学担任校长不久，就听人说体育教师于宏志脾气暴躁，喜欢喝酒，酒后经常出现过格行为。她想，一位青年教师这样，一定是有某种解不开的心结。通过谈心，方知其 6 岁丧母，家境欠佳，他有着渴望人们特别是领导理解、关心自己的欲求。于是，夏校长就经常与其谈心，对他进行鼓励、鞭策。一段时间后，于老师酒喝得少了，脾气也小了，快乐经常洋溢在他那张富有朝气的脸上。

一天早晨，夏校长突然接到了于老师的电话。他悲愤地说他的父亲遭遇了意外。他的父亲在一家工厂门外开了一间小卖铺，昨天不少发了工资的工人到父亲处归还往日赊欠的钱。可能是被坏人发现铺内有钱，夜间前来抢劫，他的父亲不幸遇害。

夏校长陡然生悲的同时，一种恐惧也从心里陡然升起。因为于老师血气方刚，一旦怀疑哪一个人是凶手，一场血刃战就有可能发生。

于是她郑重地对于老师说："你一定要沉住气，冷静再冷静。千万不能有任何过激行动！有线索向公安人员及时提供，但绝不能自己行动。那样，既有可能误伤无辜，也有可能伤及自身。你是一位人民教师，一定要做好哥哥的思想工作，安抚好姐姐。我拜托你了！"

于老师小声地答应着。

放下电话，夏校长还是深感不安。在这个以青年人为主体的家庭中缺少一个精神核心，在关键性问题上，很难做出一个合乎情理的判断。如果在这个非常时期哪一个人说出一句非常的话且付诸实施的话，其后果将不堪设想。想至此处，夏校长不寒而栗，于是马上驱车直达于老师家，目的就是尽快给这个家庭提供一个主见、一个方向。

她赶到后，立即对于老师及其哥哥情真意切地进行了一番关怀性的告诫："事情已经发生了，你们一定非常生气。但生气不能失去理智，不能因为父亲的死再生悲哀，不能让父亲的在天之灵担惊受怕。罪犯理应受到严惩，但你们绝不能意气用事而触犯刑法。处理好父亲的丧事，保护好全家的安全，尽快走出悲愤的心境，这才是最重要的。"

而后，她又单独对于老师的姐姐说："在这个家庭中，你的年龄最大，要保护好两个弟弟。有什么事，打电话找我，我想办法帮你们解决。"

看到他们已经明白了自己的意思，激烈的情绪也渐渐平复了下来，夏校长才离开。

这场灾祸使于老师宛如凤凰涅槃，一个全新的他诞生了。从此，他很少喝酒，即使喝也不喝醉、不闹事，而且能够虚心听从别人的劝导。

一个月后有一场篮球比赛，于老师整天与学生一起在炎炎烈日下训练。没有人催促，也不管他人如何评价，于老师只想着提高学生的篮球水平，只想着在比赛中取得好成绩。

但比赛结果并没有如他所愿获取前三名，实际上，他们连前六名都没能进入。于老师独自躲在宿舍里默默地伤心。

细心的夏校长感受到了他的这种"有辱使命"的失落感，就到商店买了两包开心果，然后去宿舍看望他。顾虑到他的自尊，夏校长特意表现出一副十分随便的样子，笑着说："我的孩子特别喜欢吃开心果，给他买的时候，顺便也给你买了两包。就是想着你吃了开心果，把所有不开心的事都忘掉，开开心心地工作与生活！"

夏校长说说笑笑着来了，又说说笑笑着走了。

夏校长调到鲸园小学的第二年，于老师也调到了鲸园小学，他说："工作热情需要以感情融洽为基础，是夏校长让我感受到了人间最珍贵的师长情谊，我愿意在她的领导下继续工作。"

新学期开学后不久，一位细心的数学教师发现班上好几个学生作业本上的家长签名都是"于宏志"，一打听才知道：原来新调来的于老师不仅负责学生的篮球训练，还担任着他们的"义务家长"，每天训练完毕都要检查学生的作业。他的这种敬业精神，不仅深深地影响着鲸园小学的教师和学生，还打动了鲸园小学的家长。家长们争着将自己的孩子送到他的队上，因为他手下培养出来的是有纪律性、有责任感的人，是能为自己负责，且愿意为别人负责的现代人。加之他的行之有效的训练举措，就更加吸引了学生与家长。与此同时，体育组其他几位教师在他这位组长的带领下，更形成了一个颇具凝聚力的小团队，其进步之快令人刮目相看，其中一位新来的教师一个月后就在工作中崭露头角。

现在，于老师成了一种品牌，教育局的领导、其他学校的教师都知道鲸园小学有这么一位优秀的体育老师。

于老师不仅以自己高超的教学水平取信于人，更以自己的诚信品质、对学校事业的关注、对学生发展的关心、视本职工作为事业而取信于人。他说："在鲸园小学有一群和我一样热爱生活、热爱教育的人，在夏校长的感召下努力地工作。这就像一幅生动的大写意画！"

打孩子的家长在校长的严词中如梦方醒

一天早读时间，在教室门前，一位家长正在斥骂着五年级的一位学生。夏校长闻声而至，打算制止这种粗野的行为。岂知这位家长非但置若罔闻，反而当着她的面在孩子脸上打了一个耳光，又在孩子腿上踢了一脚。平时儒雅的夏校长一反常态，大声问道："你是谁？是不是孩子的爸爸？有你这样教育孩子的吗？"这位家长理也不理，又在孩子腿上踢了一脚："我管自己的孩子，你管得着吗？"

夏校长厉声喝道："这是学校，我是校长，孩子来到这里就归我管！"

这位家长对校长并不惧怕，依然一把拉过孩子，又要动手。

夏校长迅速将孩子拉到自己身边，将这位家长挡在另一边。她怒不可遏地喊道："既然我当校长的不能管孩子，现在我就把孩子交给你，请你马上把孩子领走！"她一边推着这位家长，一边给孩子使着眼色不让其走。

孩子执意不走，这位家长处于进退两难的尴尬之中。

夏校长一边抚摸着孩子的头，一边批评这位家长。

已经冷静下来的家长开始叙说自己怒斥暴打孩子的原因："老师反映他上课的时候总是看小说，我已经让他写了书面检查。可他屡教不改，我不打行吗？"

他将孩子写的检查交到夏校长手里。

夏校长快速地看了一遍，感到孩子的检查写得既有条理又生动。她想，这其中一定另有隐情。

夏校长让孩子去教室上课，将这位家长带到学校德育处，倾心交流。

他说自己已经与孩子的妈妈离婚，虽然孩子现在归妈妈抚养，可老师找了她几次，却一点效果也没有。无奈之下，老师才找到他。孩子虽然从未给家长提过任何过分的要求，可他就是迷上了看书，放学之后就到小书摊上看，看到天黑才回家，周末还跑到新华书店去看书。

夏校长说："这是一个多么好的孩子啊！你偷着乐吧！你知道不知道，有多少家长想方设法培养孩子读书的好习惯而培养不出来，你的孩子有这么好的读书习惯你却不知道珍惜。上课看书固然不好，但我要了解一下他为什么上课看书。从今以后，你绝不能再打孩子，因为你可能会打坏一个天才！"

夏校长的一番话，说得这位家长如梦初醒。在保证以后再不打孩子之后，他感激地走了。

夏校长当天上午就找到这个孩子的班主任了解情况。班主任说这个孩子特别喜欢读书，也特别聪明。课堂上讲的知识用一半时间就学会了，其余的时间就是用来看书。他的书包里装的主要就是课外书。昨天，他在语文课上看小说，老师批评了他，但他说自己已经会了，就没有兴趣听下去了。夏校长马上找这位语文老师谈话，语文老师说："我要求学生上课必须目不转睛地看着我，一看他那副漫不经心的样子，气就不打一处来，所以告诉了他的家长，目的是让他爸爸教育教育他。"夏校长告诉这位教师说："这个孩子的语文成绩在班里已经名列前茅，有时候不听就已经会了，不要那么要求了，对学生要因材施教。同时要调整好你自己的心态，有一个博大的胸怀。"

随后夏校长又找到这名学生，和颜悦色地对他说，上课时间要听老师讲课，要尊重老师的劳动。同时，她又真诚地"请教"他最近在读什么书。他一听校长问，就口若悬河地讲了一通。夏校长赞叹地说："你真了不起，这些书我大多都没有看过，你可以做校长的老师了！"这个学生高兴极了。从此，他在课堂上专心听讲了，而且更爱看书了。

他的爸爸逢人就说："夏校长真了不起，佩服，实在佩服。"他还对夏校长说："你是我最敬仰的校长，是我最好的朋友。"

校长与一个有心理障碍的孩子交上了朋友

2003年春节刚过，一位家长找到夏校长，说自己的儿子童童不愿意上学，一说上学就又哭又闹，转了几所学校，结果都是以孩子罢学告终。他听说鲸园小学特别关注孩子的成长，便请求夏校长收下这个特殊的学生。

看着无可奈何的家长，夏校长当场答应下来。但她下意识地感到，童童或许是一个有心理障碍的孩子，于是将他安排到了颇有责任感的丛丽丽老师的班里。

入校前一天，夏校长单独与童童谈话。

夏校长的第一句话就是"从今天开始，咱们就是好朋友了"，并问童童明天准备从哪个校门来上学，表示到时候自己会专门去接他。童童听了这些话，心里很放松，也很高兴，回答说7点。

第二天7点之前，夏校长就在指定的校门口等候童童了。一发现童童的身影，她就喊了起来："童童，我在这里呢！"

夏校长携着童童的手走进教室，高兴地对全班同学说："现在校长给大家介绍一个新伙伴，名字叫童童，是校长的一个好朋友，希望大家也能与他成为好朋友！"

童童感到很骄傲，回家对爸爸说的第一句话就是“爸爸，今天我很开心!”

但在入学第五天的第一节语文课上，他说了声“肚子疼”之后，背起书包就走了。此后连续四天不再来上学。

夏校长便邀上丛老师到童童家里，想与他好好谈一谈。不料他紧闭屋门，任校长和老师千呼万唤也不出来。

此“门”不通，只得另想他法。夏校长听童童妈妈说童童对做菜很有研究，就与丛老师商量，在周六搞一个小范围的野炊。并告诉童童妈妈，说同学们听说他是做菜高手，都想尝尝他亲手做的菜。

童童一听说要野炊，自己可以承担做菜的任务，而且有一批崇拜者等着吃他做的佳肴，就非常爽快地答应下来。

野炊活动非常成功，特别是童童亲手做的菜，令所有同游的同学赞不绝口。

夏校长又与丛老师商议，第二天组织大家谈谈野炊的情况，让童童第一个发言。童童的发言赢来了阵阵掌声，幸福与自豪一并写在他那快乐的脸上。

此后，童童开始按时上学，与大家相处也比较愉快。

随后夏校长又与丛老师一起为童童专门制订了一个教育方案，既有近期与远期发展计划，又建立了适时跟踪手册，及时地记录童童的学习生活情况，以备随时调整教育方略。

夏校长说，孩子的心理经不起太大的风雨，为了挽救一个有心理障碍的孩子，做出这些努力是值得的。

此后，丛老师针对童童的情况召开了好几次班会，夏校长多次亲自参加，而且经常对童童给予放大型的表扬。

夏校长深知丛老师工作的辛苦，每隔几日，在询问童童的情况的同时，总是真诚地问：“你看看，我能为你做点什么吗?”

为了童童，丛老师确实做了许多工作，遇到了许多困难，但有校长的这份关注、这份真诚，她说：“我无话可说，只有做好工作。”

丛老师非常感慨地对我说，夏校长对童童的关注“发乎心，动乎情”，令她非常感动。下课了，夏校长经常走向阳台，用目光搜索童童的身影，一旦这一大一小两个朋友对视了，夏校长总会给童童一个美丽的微笑。于是，这种心理暗示就进入童童的心里，然后外化到他那张微笑着的脸上。

童童的笑在心里存留的时间愈长，快乐延续到家庭的时间就愈长。父母看到多少年没有开心笑过的儿子这么快乐，心里充满了深深的感激。

夏校长认为，一个有心理障碍的孩子的真正康复，需要学校与家庭多方面的努力。为此她找到童童的父母，让他们主动配合学校教育，并建议他们带童童到专门的心理咨询机构治疗。

半年时间内，童童再没有无故不到校学习的情况出现，数学还考了70多分。

威海电视台专门对童童及其身边的人进行采访，并以《童童，终于从苦学到乐学》为题，录制了一部专题片。该片播放后，在全市引起了强烈的反响。

为此夏校长高兴地对童童说："我真为有你这个进步这么快的朋友感到骄傲!"

童童脸上洋溢的，是如蓝天般灿烂的笑容。

丛老师对我说："夏校长让我感受到的不只是女性的美，还有她的人格力量，以及那种发自内心的对学生的爱。"

绝症孩子牵动校长的心

玲玲毕业前一个月不幸患了腹腔淋巴瘤，父母决定带她去北京治疗。她已不能参加毕业考试，但夏校长认为她有权享受来自学校的那份关爱。于是就与她的班主任丛丽丽商议，为她买了一本很美的毕业纪念册。第一页是校长留言，署名是"你的朋友夏建娟"，其后就是丛老师以及教过玲玲的每一位教师与全班同学的留言，每一个学生还都在自己的留言旁贴了一张照片，然后将毕业纪念册用特快专递寄往玲玲就医的北京市协和医院。

玲玲的妈妈翻开纪念册，一边读着，一边为校长、教师和同学的真情而情不自禁地流泪。天真的玲玲读后则高兴得手舞足蹈，为自己有这么多的好同学，为一直关心着自己的老师，为拥有一个身为校长的朋友而高兴。

夏校长对丛老师说："玲玲是我们鲸园小学的学生，我们应当永远关心她。”她建议丛老师将毕业典礼的整个过程录下来，连同玲玲的喜报、同学写给玲玲的信等，陆陆续续地寄往北京，并且安排同学轮流给玲玲打电话，让这个生命垂危的孩子持续收到来自母校的佳音与问候。

后来，玲玲因医治无法维持下去返回威海。玲玲走了，带着永远的遗憾与幸福走了。

当时夏校长出差在外，闻讯后立即打电话告诉丛老师，让她找来玲玲的已经进入初中的小学同班同学，代表鲸园小学全体师生到玲玲的家里和殡仪馆送送这个孩子。

在接受我的采访时，丛老师谈至此处，不由得流下了眼泪。她说，夏校长给她打电话时，她分明听到了校长那低声的抽泣。

玲玲的姥姥说，玲玲临死前最牵挂的就是鲸园小学的校长、老师和同学，她说："就让玲玲再从鲸园小学走一趟吧!"

玲玲的妈妈捧着玲玲的骨灰盒缓缓绕着鲸园小学走了一周，并在校门口停了五六分钟的时间。

玲玲的亲人、老师和同学，无不失声痛哭。

夏校长在接受采访时还说，非常遗憾的是，自己没能为玲玲送行。说完，她的眼里闪烁出一片泪花。

夏校长保留的这份遗憾，在任何人看来都不成其为遗憾。因为她应该想到和做到的都想到和做到了，而且她想得、做得令人感动、令人敬佩。但我又为她永存的这份遗憾而欣慰，因为这才是大写的人，这才是一位有血有肉、有感情的人性化的校长。

用智慧经营教育

——韩珍德校长的经济谋略

校长介绍

韩珍德，山东省胶州市向阳小学校长。青岛市中小学德育工作先进个人，青岛市优秀教师，青岛市十佳优秀校长；山东省少年儿童先进工作者，山东省优秀教师；教育部西部地区教育顾问，中国中小学素质教育专家委员。

2001年我去向阳小学采访时，曾写过一篇题为《“袖珍式学校”的大手笔——胶州市向阳小学的“IC效应”与“2433工程”》的文章，在报刊上发表后，产生了较大的影响。因为向阳小学是一所镇办学校，不足6000平方米，人均占地3.7平方米，只有一座1800平方米的教学办公楼，所以被有关专家戏称为“袖珍式学校”。而它却有20个教学班，1500名学生，80位教师。这一弹丸之地，被校长韩珍德经营得美轮美奂。当时我就非常惊诧于这位智慧型校长无穷的创造力，并与之约定两三年后再访向阳小学。

2004年12月，我再次走进向阳小学。经过深入采访，我发现韩珍德不仅是教育教学改革的先行者，还是市场经济大潮中勇敢的搏击者。他不但大胆地进行着教育教学改革，也用智慧筹措着学校发展所必需的教育资金。

学校发展需要资金，投入不足影响学校发展，这成了目前不少校长一个共同的话题。是坐等投入充足之日的光临，让教育踟蹰不前，还是主动、积极地筹措资金，使教育在快车道上疾驶？韩珍德选择了临难而行、主动出击。

找市长争取资金

自从1997年3月18日走马上任向阳小学校长之日起，韩珍德就有了一种“天将降大任于斯人也”的悲壮感。因为他所期待的学校发展目标，与现实之间的距离竟是如此遥远——

一、改造学校厕所

农村的“旱厕”是干净的城里人很难想象的一种厕所：破旧不堪，既无冲水设备，又无专人打扫，臭气扑鼻，苍蝇、蛆虫横行。在韩珍德初到向阳小学的时候，这里的厕所与农村的“旱厕”没有太大的差异。尽快还校园一片清新，让学生享受“方便”之美，就成了韩珍德的愿望。

改造厕所需要资金，学校却缺少资金，向政府要钱便成了唯一的出路。但此前在常州路小学担任校长时，韩珍德曾两次向分管教育的副市长申请过资金，再次开口有些难以启齿。善于寻求新思路的韩珍德在冥思苦想之后，想到了分管卫生的鹿副市长。何不上书一封？也许奇迹能够出现。于是他匆匆动笔，先写对政府重视教育的感谢之情，然后笔锋一转，引到厕所必须改造的内容上。

他说，胶州是一个开放城市，前来投资的人越来越多，入住胶州宾馆后，向阳小学就成了他们举足可至的地方，但厕所散发出来的臭气经常让他们掩鼻而返。这不仅影响学校的形象，也影响胶州政府的形象。所以，恳请划拨一定的资金，用来改造学校厕所。这也算改善胶州投资环境的一件必做之事吧。

信送出后不到两天，鹿副市长便派秘书来到学校，告诉韩珍德，鹿副市长已答应从卫生局拨款2万元。一贯精打细算的韩珍德，用了1.7万元就将厕所彻底改造好了。此后，再没了学生掩鼻进出厕所的尴尬；投资者偶尔光顾时，也对学校印象良好。

二、改造学校道路

1997年春季的一天，天下起了蒙蒙细雨。未经硬化的校园地面，在大家的踩踏下，已是泥泞遍地了。泥土随鞋而行，散落在楼梯上、走廊里、教室中。雨过天晴，泥巴又变成干土，随着学生欢快的脚步，在整个校园飞扬。

韩珍德从看到这一景象起，就在思考改变这一现状的可行之路。校园路面必须硬化，不然夏天雨水一多更不堪设想。但硬化路面需要大约10万元的投入，可学校只有500元的流动资金。

“如何再次向政府申请资金并如愿以偿呢?”韩珍德在泥泞中徘徊着，喃喃自语。从他面前走过的两名学生一时心急，几乎同时摔倒在泥水中，韩珍德慌忙去拉，不料脚下一滑，仰面朝天摔倒在地上。这一摔，使韩珍德的灵感突然迸发。他不顾一身泥水，跑去找来一架照相机，拍下了几张学生在泥泞的道路上蹒跚而行的照片。随后匆匆写了一封信，连同照片一起递交给市政府分管城市建设的刘副市长。

刘副市长从韩珍德的信中，感受到了一位真心关爱学生的校长的热诚，再看看那几张照片，不由得热泪涌动。这位对教育情有独钟的副市长，很快为向阳小学拨了10万元硬化路面的专用资金。

三、建设现代化教学楼

2004年12月，我再到向阳小学时，一座富有现代气息的教学楼已经拔地而起。这要耗资多少？资金来自何处？这些问题一下子就充斥了我的大脑。

“一是向政府要钱，二是进行社会化融资。”韩珍德得意地笑着说。

可是，这需要多大数目的一笔资金？胶州市政府能为这所街道办事处所办的学校投入多少资金？当初韩珍德提出建楼计划的时候，有人觉得不可行。

他们认为，这是一种巨大的冒险，是一种“知其不可为而为之”的不理智行动。

但世上没有能难倒韩珍德的事情！

在几经努力争取到市计划委员会的批复文件后，韩珍德便开始为筹措建楼资金而奔波。办事处的领导虽然非常支持，可是由于没有钱而爱莫能助。向市政府要钱，又没有为向阳小学建楼的专项资金。原先兴奋不已的韩珍德越来越感到平地起高楼比“难于上青天”的“蜀道”还难攀缘。

在想尽办法而又行之不通之后，他顿悟式地想到寻机接近市长申请资金的办法。因为一般的申请报告很难让市长慷慨解囊，甚至于接见都很难。于是，他开始打探市长的行踪，以便找机会与之接近。很快，他了解到市长是一个喜欢早起跑步的人。从来没有晨练习惯的韩珍德此后便每天早起跟踪式地在市长后面小跑，然后慢慢地接近市长，渐渐地与之搭话，一段时间后他们竟成了“跑友”。于是，“醉翁之意不在酒”的韩珍德便开始向市长讲向阳小学教育的发展、建楼的必要、资金的短缺、急需的支持。他说得情理俱在，市长为之感动，答应拨款50万元。但这与至少400万元的建设资金相比，实为九牛一毛。韩珍德继续跟在市长后面跑，进一步谈建楼所需资金的缺口之大。这位市长从他身上看到了胶州教育的希望，拨款增至100万，最后增至250万。

“得寸进尺”的韩珍德发现没了更进一步获取支持的可能时，便与这位“跑友”说声“再见”，一头扎进教学楼的建造之中了。从此，每天洒满晨曦的建筑工地上就出现了韩珍德的身影。

每每谈起胶州市政府对教育的重视，韩珍德总是感慨不已。他说，如果没有政府领导对教育的深情，没有办事处领导对教育的关怀，没有胶州教育的高质量，他也没有勇气去向市长要钱；即使要，市长也不会给。胶州市的教育要发展，经济也要发展，各行各业都要发展，如何将有限的资金投入最急需的地方，这是市长考虑的问题。作为校长，自己有责任、有义务向市长讲明学校发展急需资金的真实原因，以争得领导的关注与支持，不然就是失职，就是对教育发展的漠不关心。

韩珍德认为，政府投入不能没有回报，每一分钱的投入都要掷地有声。所以，政府为向阳小学每投入一次，他就感到自己身上多增加了一分沉甸甸的责任。他要做得更好，不然就有负领导与百姓的期望。以前，他领导的学校创造了胶州中小学教育史上的七个“第一”：第一家成立管乐队；第一家建立闭路电视与地面接收站；第一家建立校园电视台；第一家建立微机室；第一家使视频展示台、微机进教室，让每个教室都成为多媒体教室；第一家设立教育科研室；第一家创办家长学校。现在，他又在胶州建起了第一个空中植物园、第一个民族乐团、第一个健身房、第一个“大中国”展室。

2004年秋天，向阳小学新大楼正式启用，随之而来的是胶州市人大、政协及各级教育督导组对向阳小学的视察。当他们漫步在绿色的植物园中，欣赏着那群不满10岁的学生演奏的动人乐曲，徜徉在独具匠心的“大中国”展室时，每个人的内心都充满着欢欣与感动。

向社会寻求帮助

韩珍德在想方设法争取政府资金投入的同时，也在千方百计地用社会的资金办教育的事。让企业等社会力量力所能及地提供资金以支持教育，这是韩珍德经营学校的又一项举措。

一、更新教室设备

1997年初到向阳小学，韩珍德就决定在学校全面开展信息技术教育。但学校只有几台破旧过时的小电视，意欲走向现代化，设备更新是首要的事。韩珍德认为，即使是在“现代化”的初级阶段，也不能少于七八台高档电视机。

首要的问题还是缺乏资金。

没有资金也要上！这是韩珍德的风格。

韩珍德想，TCL是中国电视机制造行业中最大的企业，向其索求赞助也许有希望。

他来到胶州市的TCL专卖店，向那里的工作人员陈述他需要赞助的理由。工作人员为这位侃侃而谈、痴爱教育的校长所感动，可是赞助的决定权在深圳总部老总那里，爱莫能助的工作人员只好在遗憾中再三道歉。

韩珍德却茅塞顿开似的回到学校，立即起草了一份致TCL老总李东生先生的信。信中他对TCL电视机制造业的发展前景进行了展望，同时淋漓尽致地叙述了向阳小学经济的困难、学生的优秀，以及他们急需电视的迫切心情。他认为，让TCL现在就伴随着学生成长的话，这一品牌就会定格在他们的心里，长大成才之后，他们将不单单是感谢 TCL，还会宣传 TCL，在更大范围内使用 TCL。这种宣传上的提前投资，是具有前瞻性眼光的一种高级谋略。他深信，具有超前思维的李东生先生是不会拒绝他们的请求的。这封信当天用传真发往深圳，第二天便收到李东生先生的传真回复："对于你们的要求毫无条件地答应。因为 TCL 需要在全球经济背景下建立起来真正意义的国际化，在与世界经济和文化的融合中创建世界级的中国企业。那时候，你们的学生就已成为国际化中的一员。现在对你们的支持，就相当于未来支持了我们自己。"很快，7 台崭新、高档的电视机分文未花，进入向阳小学的教室里。

二、建造健身房

当今教师工作既苦又累，这是一个不争的事实，教师的身体健康状况令人担忧。在为祖国的花朵献出青春和智慧之时，如何使教师拥有健康的体魄、愉悦的心境，应当成为校长工作的重中之重。一贯倡导以人为本的韩珍德一直关心着教师的身心健康，但以前由于条件所限，为教师提供专门的健身场所只能成为韩珍德心中的"乌托邦"。韩珍德认为，健身既是一个人积极性常葆不衰的间接动力，也是教师生命发展的幸福之源。因此新大楼动工之时，他便特意设计了一个健身房。然而新楼建起之后，场所虽有，数十万元的健身设备费用却无力筹措。

一天，他在校园里转来转去，思考着这个问题时，突然，"双赢"一词在他的脑子里一闪，他想到了一个方案：由企业购买设备，由学校提供地方，平时供教师健身之用，节假日让企业经营。

我前去采访时，见几位焕发着青春活力的年轻教师正在健身房里进行着健身运动，还有几位则坐在沙发上喝着咖啡，十分惬意。问及有何感觉时，他们说"棒极了"，还告诉我，一旦遇上雨雪天气，这里就成了学生上体育课的场所。可以说，健身房成了师生心向往之的乐园。

三、利用儿童节取得"双赢"

六一儿童节在向阳小学不仅是儿童的节日，还是"家长看素质教育"开放日；不仅举办丰富多彩的学生活动，很多家长也参与其中。这一天，整个校园欢声笑语、热闹非凡，引得不少市民争相观看。有经济头脑的韩珍德在筹划节日活动之时，也瞄准了蕴藏其中的商机。节前，他给有关企业一一打去电话，说向阳小学的六一儿童节是学生与家长的同乐之日，也是企业宣传自身的最佳时机，学校的每一个活动项目都可由企业冠名。在竞争异常激烈的时代，企业自然不会放过这个机会，于是，“农行杯”拔河比赛、“人寿保险杯”劳动技能比赛、“供电杯”绘画比赛等的大型条幅便飘扬在向阳小学的校园内。一些企业人员甚至老总也闻风而至，一边欣赏着有趣的活动，一边看着印有自己企业名字的条幅，高兴之情溢于言表。掏出数千元以示资助，就成了顺理成章的事情。结果，10 多万元的企业赞助就在这欢乐的节日中，划入了向阳小学的账上。

韩珍德认为，此举是“鱼和熊掌”“得兼”之事，学校宣传了优秀的企业，企业赞助了最好的学校。所以，这一传统的活动，就在韩珍德担任校长期间，一年热似一年地搞了起来。

从学校挖掘“钱”力

争取资金投入与寻求社会帮助是韩珍德的筹资之道，但他同时也在学校内部挖掘“钱”力。他认为，向阳小学的师生不是旧时代的“书呆子”，而是新世纪的现代人。现代人，就要有经济头脑，就要有为学校发展聚集财力的能力。韩珍德，则是首当其冲者。

一、买专利

2002 年夏季的一天，韩珍德从杂志上看到一项新型防水涂料的技术转让广告，感到这一技术有着较大的市场前景，于是马上与厂方电话联系。虽然几经交涉，7 万元的转让费却是一条不可逾越的底线。这对于处于艰难创业阶段的韩珍德来说，是无法接受的一个巨大数额。

技术要买，钱却不能多花。韩珍德觉得，只有亲自跑一趟，亲见经理，也许会“柳暗花明又一村”。

他想给经理带点礼物，又不想太破费。思来想去，他到市场花几元钱买了两棵驰名中外的胶州大白菜，装在塑料袋子里，往身上一背，就上了火车。

一下车，韩珍德就直奔经理家。经理一家人正要吃晚饭，却迎来了山东的不速之客。韩珍德先将“礼品”送上，说“这可是胶州的特产，礼轻情意重啊”。一番交谈后，经理出于同情，答应将转让费降到5万元。任韩珍德再三恳求，经理都是三缄其口。韩珍德迫不得已，颤抖着双手，将自己的两个裤腿卷起。顷刻，肿胀的两条腿映入经理的眼帘。韩珍德几乎是含着泪说道：“经理，我们学校真的没有钱，可我们的学校要发展啊。我连买一张卧铺票的钱都舍不得花，由于来时着急，硬座票没有买上。这不，站了整整18个小时，连腿都站肿了。”经理的眼圈一红：“就凭这，我只收你1万元。我还要向我们的职工讲你的艰苦创业精神，要他们向你学习！”

韩珍德又是站着回来的，腿肿得比去的时候还要粗。可是，他的脸上洋溢着灿烂的笑容。

花了1万元成本，第一年就从中营利18万元。

二、卖馒头

向阳小学的馒头没有任何添加剂，兼由师傅强力揉压，吃起来既富有韧性又美味可口，于是物美价廉的馒头就成了学校教师春节购物的首选。这一现象很快引起“微”利是图的韩珍德的关注。他找到餐厅的师傅了解了情况，得知如果他们每天中午加班专蒸馒头，春节之前可以做出2000箱。除去给他们每人的加班费之外，投入市场即可获取上万元。

“向阳小学的馒头向市场开放！师生均可成为销售者！”韩珍德一锤定音。

学校外卖馒头已属奇闻，教师和学生成为馒头的销售者，更是奇中之奇。

对学生来说，他们可以在这种特殊的勤工俭学中，主动接受“诚信为本，质量第一”的现代教育，同时从小就接受市场经济的挑战，感受钱之得来不易，是一种利在当今、功在未来之举。

寒假未到，已有不少学生率先行动，初战告捷。我听说邓良同学一次就批发了50箱，而且很快销售一空，足足挣了三四百元。下个学期的学习费用，无须父母再添分文。

目前，馒头的销售已呈供不应求之势，仅供电公司一家就已订货1000箱，教师与学生卖馒头的积极性也在不断升温。韩珍德认为，学生的需求是第一位的。尽管本校教师与校外人员、单位批发的价格要比学生的高些，但韩珍德说，重要的不是学校挣多少钱，也不是让学生挣多少钱，而在于培养一批适应未来社会的企业家。

三、建低层学生宿舍

向阳小学的午餐费虽只收区区 3 元，却菜香饭足，因为学校不赚取任何利润，而是完全为师生服务。不少家长在赞不绝口之时，也有了进一步的要求，希望学校能够锦上添花，再给学生提供一个午休的地方。韩珍德对此高度重视，但若为此挤占教学与办公的房间，又非上策，只能另辟蹊径。

韩珍德在新建大楼里一遍又一遍地寻觅，却怎么也发现不了“新大陆”。一天，他抬头往上望，看到一片天空，忽然想到，如果楼房加高一层，问题不就解决了吗？然而这需要一笔不菲的资金，韩珍德又陷入了困境。但韩珍德并没有灰心，而是重新思考方案。后来，他想到了小巧玲珑的火车卧铺，如果建成如卧铺般的午休小房，应该不会花费太多的资金。

思路一出，韩珍德立即与建筑专家联系，绘制图纸之后，工程便立即启动。于是只用了 7 万元，一个可以容纳 480 个学生的午休之所就诞生了。

小小的房间，虽然只有 2 米高，可设计别有情趣，内设中央空调，采光通风俱佳，让你走进之后，顿感温馨异常。每天只需 2 元钱，即可享受午休的幸福。家长看了如此富有情调的午休小屋，便争相将孩子往里送。开学不到一周，所有床位均已住满。韩珍德算了笔账，仅此一项，一年就可以为学校增加 18 万元的收入。

四、建空中植物园

人们大都认为，有机栽培、无土栽培这些高科技的蔬菜栽培技术到专业种植地才能看到。向阳小学的学生却掌握了这些技术。

向阳小学虽然迄今还是一所“袖珍式学校”，但韩珍德认为，学生不能与植物“对面不相识”，也不能与现代技术相疏离。于是，经过思索与考察，一个空中植物园便在向阳小学诞生了。

二楼阳台经过加固、防渗、强化处理，覆以塑料，就有了 300 平方米的蔬菜大棚。芹菜、黄瓜、西红柿等在其中郁郁葱葱地成长起来。高达 9

层的立体种植，形成了 2700 平方米的空中植物园。

除了聘请的两位园艺师外，学生也都成了栽培者。他们在园艺师的指导下，每人“认养”一盆植物，学习之余，观察蔬菜生长，掌握蔬菜生长特点，学习现代技术。于是，空中植物园就成了学生最爱的场所。

从此，食堂里有了无公害蔬菜，一些饭店、宾馆也开始到学校订购蔬菜。

韩珍德窃喜：这学生的乐园，也是生钱之地啊！他那计算机似的头脑一转：在植物园中另辟 50 平方米的芽菜区，一年还可以为学校增加 10 万元收入！

对学校“钱”力的挖掘，不是唯利是图，而是在教师、学生和家长满意的基点上，从有利于学校的发展而为之的经济行为，是一项培养新时代人才的奠基工程，利在当今，功在千秋。

据学校会计张金铭讲，在韩珍德到向阳小学的这几年间，除新建大楼外，只学校建设一项就投入了 300 多万元，教师的福利也在全市遥遥领先。

副校长张淑红说，其实韩校长筹措资金的路子还有很多，但他是“君子爱财，取之有道”，一旦有悖于教师、学生和家长的利益，他就会毫不犹豫地舍弃。“不义而富且贵，于我如浮云”这一孔子之言，早已成为韩珍德和他的学校经营教育的道德守则。

寻求生命成长的支撑

——于春祥校长的文化“脚印”

校长介绍

于春祥，山东省淄博市临淄区齐陵街道中心学校校长，中学高级教师，山东省计算机教育专业委员会理事。1989年被评为全国优秀教师，1994年荣获美国李信麟教育奖金，2002年被评为淄博市中学语文学科带头人。

“春蚕到死丝方尽，蜡炬成灰泪始干”常被人们用来形容教师辛劳终生、奋斗不止的精神，为许多人所传诵。教师耐得住苦累固然是一种美德，但如果终其一生在苦中奔波，享受不到人生应有的幸福，无疑又是一种悲哀。教育本应使人走向幸福，不少作为“人类灵魂的工程师”的教师却与快乐无缘。

那么，这苦累的根源何在？怎样才能让教师的心里唱起欢快的歌？这是于春祥经常思考的问题。他认为，苦累并不可怕，可怕的是在苦累之后没有幸福之光出现。苦累虽系现实，悲哀却不能成为结果。不能苦中叫苦，苦中自悲；而应苦中取乐，苦有收获。

抵达幸福彼岸的活力因素就是文化。凡是对文化持之以恒追求的人，就会在日常的苦累中享受文化之旅的幸福。文化可以给生命插上翅膀，苦累因文化而积淀财富。

野心勃勃的三个“十年计划”

于春祥在20世纪50年代末出生，受时代背景的影响，他在最应学习求知的少年期便与文化擦肩而过。这种文化知识上的先天不足，一方面成为他以后发展的阻碍，另一方面也激发了他对文化更加强烈的渴求。

高三时，于春祥遇到了一位比较有思想的班主任——徐老师。一天，徐老师将他叫到自己的宿舍里，非常郑重地对他说：“你知道什么叫理想吗？我告诉你，理想就是人要有一点追求，甚至可以说是要有一点野心。只有这样，才能拥有一个美好的前途。”这位班主任的话语，在血气方刚的于春祥的心里激荡翻涌，并化为一种催其奋进的无形动力。

1975年，于春祥当上了民办教师。野心勃勃的他为自己制订了三个“十年计划”：30岁左右，在临淄区要小有名气；40岁左右，在淄博市要有一席之地；50岁左右，要在山东省甚至更大的范围产生影响。他没有忘记徐老师的警策之语，他也深信高尔基的一句名言：“一个人追求的目标越高，他的才力就发展得越快，对社会就越有益。”

“野心”引路，于春祥坚定地向着既定的目标行进——1989年，他被评为全国优秀教师，成为临淄区中学语文教师跻身全国优秀教师行列的“开荒者”；2002年，他成为淄博市中学语文学科带头人。

在理想的光华闪烁着诱人的光彩时，于春祥从未自满过，他甚至常常想起第一个目标临近时的尴尬。那是1989年6月的一天，他到临淄区教育局参加全国优秀教师的竞选时，激动与兴奋在他心中回旋，因为第一个“十年计划”的梦想近在眼前，理想的硕果已经散发出清香，等着他去采摘。尽管由于父亲住院和家中刚盖新房花费较大，自己又是一个收入微薄的民办教师，穷困潦倒到了几乎家徒四壁的地步，但于春祥的野心从未消减，奋斗目标始终如皓月般悬挂在他的心头。他志在必得地走进教育局的办公楼。走廊上，他与教育局政工科王科长邂逅。王科长在他身上打量一番后，便将他叫到自己的办公室。他没有看于春祥那一张自信的脸，而是将目光落在了于春祥的鞋子上。那是一双塑料凉鞋：脚面上的袢带三根断了两根，而且修补的“装饰”几乎改变了鞋子的原貌；后面的袢带有一根已经和鞋底“分家”，走路时必须用脚趾使劲扒住鞋底。这是于春祥唯一可以拿出门穿的鞋子。王科长关切地说：“尽管评委们不会以貌取人，但你也不能如此寒酸。”随后问道：“带钱了吗？去买一双新的！”于春祥窘迫地说：“有钱有钱，马上去买。”实际上，倾其所有，他也只有来时向别人借的5元钱。他急忙到商店买了一双布鞋。凉鞋是万万不能扔掉的，他将其放入鞋盒之中，以待回家干活时再穿。不过，买了鞋之后，他的囊中空空，中午饭就吃不上了。

于春祥在评选中的表现非常突出，当之无愧地被评上了全国优秀教师。但那双塑料鞋成了他心中永远的“文物”。它让他常怀“生于忧患”之想，激其“野心”不断膨胀。

于春祥对我谈起这段经历时，依然激动不已。他说，一个有追求的人不能对不起过去的苦难。孔子之言“仁者先难而后获，可谓仁矣”真是千古名训。真正有成就的人，应该苦难在先，回报在后；无名在先，有名在后。于春祥从不讳言对名利的追求，他说：“名，我所欲也；利，亦我也所欲也。然沽名钓誉，我不为也。”

读书成为幸福之源

于春祥不是“生而知之者”，甚至连“学而知之者”都算不上。他说自己可权作一个“困而知之者”。因为他高中毕业后参加高考，连续两年都名落孙山。为此，他曾连续10年以“于春”（谐音“愚蠢”）的笔名发表文章。但正是这样一个“愚蠢”的人，却有了厚积薄发之势，又取得了常人难以想象的成功。有人说，于春祥既不愚也不蠢，而是“大巧若拙”。诚哉斯言！听其纵横捭阖地叙说古今之事，全面深刻地高论教育理想，与“愚蠢”相距何止十万八千里！

但于春祥还是说自己天生愚钝，那么，他发生翻天覆地变化的个中奥妙究竟何在？

一以贯之的读书，是他凤凰涅槃的心灵密码。

在他看来，笨是一种智力状态，却不是一种人生状态。他的人生信条是“我很笨，但不敢懒”。自从1986年参加自学考试开始，他就再没有与书隔离过。每天坚持早起 1 个小时，读一些文学艺术或科普方面的书，这样一天的生活非但不会枯燥，而且有趣、有意义；晚上晚睡 1 个小时，读一些哲学或现代教育理论方面的书，这样一天的生活便会增加一个理性的反思、过滤的过程。他读的书，许多研究生、博士生都未必读过；即使读过，也未必读得如他那样深入。他读的书有《生命之约——重读尼采》《人性升华——重读弗洛伊德》《世界教育名著通览》《创造超越的人生》《跳出思维的陷阱：日常生活中逻辑的威力》《杰克·韦尔奇的 29 个领导秘诀》《美国“蓝带学校”的品性教育——应对挑战的最佳实践》《中国新一代思想家自白》《一半是圣徒，一半是魔鬼：我们的生存法则?》《听大师讲哲学——活着究竟为什么》《内在时间意识现象学》《人生哲思语编》《脑与行为——21 世纪的科学前沿》等。用他的话说，这些书均系上乘之作，通过读书，自己与这些未曾谋面的大师“亲密接触”，吸收了大师的思想精华。

如果不是多年坚持不懈地读书，恐怕迄今他还在乡村民办教师的队伍里挣扎徘徊着。是文化拯救了他，也是文化改变了他。

孔子说：“己欲立而立人，己欲达而达人。”于春祥成为齐陵街道中心学校的校长后，决定也要通过文化来改变所有领导与教师的生存状态。

于春祥认为，现实中有两种生存状态：一种是常能生存状态。处于这种状态下的人，凭借已有的知识就可以应付现有的工作，但没有太多的创造性，只是对既有工作的循环与重复。在学校中，习惯常能生存状态的校长不会感到有辱使命，习惯常能生存状态的教师则会觉得教育教学本应如是。所以，他们不读书也照样生存，甚至还活得“潇洒自如”。另一种是潜能生存状态。处于这种状态下的人，会不断开发自身的潜能，去迎接新的挑战。他们不满足于已有的成绩，也不愿在既有的思维框架中徘徊，为此便不断地读书、主动地学习。

于春祥希望整个齐陵街道中心学校的领导与教师都能与常能生存状态挥手告别，走进潜能生存状态的幸福园地之中。而这就需要营造一个真正的书香校园，让读书成为领导与教师生活的必需。

要让教师爱上读书，学校领导首先应当是一个爱书人。然而，当今最应当成为教师读书引路人的相当一部分领导却与读书“对面不相逢”。一个不读书的领导，要么要求教师读书成为“虽令不行”的可笑之举，要么与教师一道对书熟视无睹。所以，于春祥走马上任后的第一件大事，就是抓领导的读书，即使不理解、不愿意，也要将其逼“进”书中，进而让他们慢慢地爱上读书。

领导工作繁忙是一个不争的事实，但以工作忙为借口不读书是一个危险的信号。于春祥在自己广博多览的同时，对学校的各位领导提出了强制性要求。一方面给每位学校领导赠送了《把信送给加西亚》《没有任何借口》《细节决定成败》《执行力》等书籍，另一方面又为所有领导配了一个“中外经典视听图书馆”。只要将这一“图书馆”装入笔记本电脑，便视而可观，听而可闻。无论在学校里、家中，还是行于途中，都可以享受学习的快乐。于春祥说，这一拥有12000册、多达40亿字的“图书馆”，可以引领大家走上电子网络化之路，感受博览群书之妙。在某种意义上说，于春祥为他们的一生成长配足了必需的精神食粮。

既然每人都拥有一个“图书馆”，就不能让其形同虚设。于春祥除率先垂范有空就“泡”在“图书馆”外，还经常与其他领导谈自己的读书体会、写作感想。每次校长例会，于春祥都要进行“会前三问”：你最近在读什么书？你在思考什么？你最近写了什么？他不仅认真聆听，而且进行适时评价，读书多少及读书的质量优劣已经成为于春祥评价学校领导的一个重要方面。那些多年来与书无缘的学校领导开始想方设法抽出时间，感受开卷有益的乐趣。这一读，便发现了另一个天地，感受到了书香送来的幸福。有了感受，便情不自禁地在教师会上谈论一番。教师受到影响，也开始读书。继而，教师又带动学生读书。

于春祥一看时机已到，就对学生读书做了规定：每周至少背诵一首古诗，每月至少读一本刊物，每季度至少读一本名著。同时，将教师与学生之读纳入学校评估之中。琅琅书声，就一天响似一天地在校园里回荡，书香在教师与学生间缭绕回旋。

读书使每一个人感受到了一种生命的回应。他们由原先的叫苦叫累，发展到主动地寻找读书的快乐。读书成为不少领导、教师、学生的幸福之源，也成为他们对自身生命的一种关爱。

生命需要不断唤醒

从2002年起，临淄区成了华东师范大学叶澜教授的新基础教育实验的一个基地，于春祥就是这一基地中的践行者之一。在两年的实验中，于春祥每个学期都有了与叶澜教授直接对面的机会。叶澜教授所说的“生命需要唤醒”对于春祥产生了振聋发聩的心灵冲撞。他常常想，是的，生命要不断地唤醒，而要想唤醒别人，自己首先要醒着。他是被叶澜教授唤醒的，他也要去唤醒其他尚在沉睡中的人们。

人们不但需要生命唤醒，也需要使命提醒。2003年秋季的一天，于春祥在送叶澜教授去机场的路上，提出了一个久存心中不得其解的问题：“您都这么大年纪了，不缺钱，不少名，每天中午却只吃盒饭，日夜奔波在实验基地上，如此艰苦地工作究竟是为了什么?”叶澜教授笑笑说：“像我们这样的人，也许你们大都称呼为教育家了吧？如果在我们的手里不能诞生出与世界教育相抗衡的基础教育的理论和实践模式，我们凭什么与世界级的教育家相提并论呢？我们心里急啊!”于春祥心里一颤：这就是一位教育家的使命感！是夜，于春祥彻夜难眠，他反复思考着一个问题：作为在基层工作的校长，我们的使命感在哪里呢?

后来，他认识了当代教育家朱永新教授，有了多次亲自聆听其教诲及直面交流的机会。在朱永新教授针对新基础教育实验开展的各种会议上，他又结识了许多全国著名的教育专家、学者及名校长、名师。他常常踏着使命提醒的钟声，步入与大师对话的神圣殿堂。

于是，一种唤醒他人的使命感在他的心里涌动起来。

唤醒学校领导、教师尘封已久的生命，让文化为他们插上幸福飞扬的翅膀。

为了达到这个目标，于春祥除了开展一系列的读书活动之外，就是让学校领导、教师参加高层次的研讨会和聆听名家的报告，因为他的生命就是在这些场合被唤醒的。他有一种时不我待的使命感，因为一个人的生命有限，延缓唤醒时间，就是对生命发展的漠视与戕害。所以，仅2004年一年，他就组织学校领导、教师参加了三个研讨会，听了六场报告。这一举动，为久居乡村的学校领导、教师的生命唤醒提供了一个难得的契机。

他说，让乡村教师与全国一流的教育大家零距离接触，能够点燃其沉睡的生命激情，从而进入自主成长的快车道。其间，一些教育大家还与教师们直接交流，使教师们感受到了与大家对话的文化价值。这种文化点燃，创设了一种文化成长的氛围，在教师心中形成了一种追索文化的内在情结。

反思是自我成长的内在思辨

于春祥认为，文化继承是创造的基础，文化反思则是促进人类前进的动力。但现在不少人既不继承，更不反思。即使反思，也常常会走入误区。反思犹如画圈，画法却不同。有的反思以“我”为圆心，又以“我”为半径，结果画来画去，成为“零半径”的状态，只有“我”的思想，最多残存些许可怜的文化碎片，越来越失去了对文化的追求。而有的反思以“我”为圆心，以他人及他人的智慧与知识为半径，进而与已有之“我”的文化积淀融合，从而不断地享受文化升值的幸福。显然，后者是自我成长的一种内在思辨，是游弋人生幸福之水上的一叶兰舟。

于春祥认为，反思的有效途径之一就是将所读、所为、所思形诸文字，最好的方式就是写教育随笔与教育叙事，因为这两种文体不限长短，是写“我”之读、之为、之思的异常灵活的载体。每天晚上，是写作的最佳时间，静静地听着键盘的击打声，就好像在聆听一首动人的乐曲。

为此，于春祥动员所有学校领导与教师都要写教育随笔与教育叙事。他认为，没有文字罗列的学校领导和教师，一定不能成为文化人，更不能成为思想者。而学校领导与教师，理应是集思想者与文化人于一体的教育者。

文字反思，在为读书、行为和思想凝结成果的同时，也在改变教育者的教育行为，陶冶教育者的教育情感，提升教育者的教育思想。现在齐陵街道中心学校的领导与教师已有50多部教育随笔专辑在“教育在线”网站上发表，其中不乏文思兼美的佳作。以前齐陵街道中心学校所有领导与教师一年在报刊上发表的文章只有一两篇，甚至为零。而在2004年一年，就有58篇文章见诸全国报刊。于春祥的教育随笔集《用脚做梦》已经由四川教育出版社正式出版，这是他的第一本随笔集，也是他的第一本反思集。

优美的文字之中，流淌的是跳跃不止的思想与独出心裁的创造。最重要的是，他形成了自己的哲学反思，诞生了其特有的“脚印文化”。

“脚印文化”哲学解码

第一次听于春祥谈“脚印文化”，我在感受它的新鲜别致之时，更感到这是一种沉淀了思想深度的哲学思考。

2004年暑假前，于春祥一直在思考华为集团首席执行官任正飞将“狼文化”作为公司文化的真正原因：其一，狼嗅觉灵敏，企业也需要灵敏的嗅觉，及时捕捉商机；其二，狼喜欢冷天出动，企业也必须学会在艰苦的竞争环境中开拓市场；其三，狼成群结队行动，企业也需要有团队精神。再说，人们多以“狼来了”比喻我国加入世界贸易组织之后的竞争态势。狼真的来了之后，我们要学会与狼共舞，增强竞争意识与竞争能力。

2004年整个暑假，于春祥一直被学校文化的物象化困扰着，一直在思考属于学校的文化图腾。他认为，人不可无敬畏，心灵不可无图腾。假如我们能将自己对教育的理解物化成一个形象，然后将这一形象化成一种思想融入人的心灵，继而成为教师和学生的一种行为模式，这岂不就是心灵的图腾？教育一旦有了“图腾崇拜情结”，追求和使命岂不就会更加主动、自觉？所以，痴迷于文化图腾的再造，绝不是追求一种时髦的灵光，确属使命感使然。

2004年8月20日晚上，于春祥夜不能寐，以何标示理想的文化图腾，成了他反复思考的问题。突然，灵感一闪，一个明晰可辨的脚印映现在他的脑海并形成了一种文化图腾。这令他激动万分，经过他的升华与完善，最终形成了“脚印文化”的图腾。

21日上午，于春祥在去济南机场接朱永新教授的返回途中，兴奋地汇报了这一发现。朱永新教授为之振奋，并与于春祥进行了更加深入的探讨。下午，淄博剧院座无虚席。朱永新教授做完“新教育实验与教师成长”的报告后，突然点名让于春祥谈谈自己在“新教育实验”中的成长体会。于是，于春祥便第一次公布了自己对新教育执行力文化图腾——“脚印”的理解。

这不是于春祥从经验性的总结中得出的一般性结论，而是他在丰富的经验积累之后的深层哲学思考。对于“脚印文化”，于春祥赋予其五种含义。一是脚印不能歪斜。走得正，才能立得直。人生的过程就是道德长跑的过程，每一个脚印都能丈量出人格的高下，道德修炼是相伴终生的事情。二是要学会用脚做梦，用脚思考。教育不能没有梦，有梦，教育才会有希望；有梦，我们才不会寂寞。但是，如果我们只是满足于用头脑做梦，那么，梦有可能只是虚幻缥缈的海市蜃楼。我们要学会用脚做梦！三是千里之行，始于足下。再伟大的目标也不能耽搁在希望和等待之中，再宏大的理想也要从“足下”迈出。只有将“足下”走好了，才能经营美好的未来。四是一步一个脚印。人要一步一个脚印地走，而且要走得精彩、绝妙。脚印在许多时候是以文本的形式收藏的，读书是对别人的脚印进行扫描的过程，写作是对自己的脚印不断收藏的过程。将平凡的事做好，就是不平凡。五是生命密码破译——追求完美。小事要追求十全十美，大事也要追求十全十美；今天要追求十全十美，明天也要追求十全十美。这种永远的高要求，是一生走向幸福、走向成功的时刻提醒。但是，反思我们的工作，却往往是以小于“十”的状态为结束。这期间的“差”，就是人生的差距。在工作中，每一个层面、每一个环节、每一个细节都追求完美，这便是人生的使命和义务。

如今于春祥的“脚印文化”已经深入齐陵街道中心学校的领导与教师甚至学生的心里。在采访中，我发现以“脚印”为主体的张贴画在校园中随处可见，学校领导与教师谈起“脚印文化”时，也滔滔不绝，深有感触。他们在认可这一文化时，也在践行这一文化。于春祥说，学校还要搞“脚印文化”的雕塑，进行“脚印文化”的课题研究，一方面形成学校的文化氛围，另一方面营造一个蒸蒸日上的文化生态环境。

以人为本，铸造民族之魂

——李升勇校长的创意思维与治校之道

校长介绍

李升勇，山东省乐陵市实验小学校长。他自称自己是一个“蠢人”，在物欲横流的社会中自守清纯的逆行者；是一个“狂人”，在一所偏僻落后的小学里想着民族大业的幻想者；是一个“废人”，在追求时尚和现代潮流中捡拾道德遗物的复古者。

如果不与李升勇校长进行直接交流，你多半会产生错误的印象。因为他那朴素的服装和憨厚的脸，透露出来的只有朴实与勤勉。所以，植入人心的超前理念和创新行为与他无缘。

但他一谈起教育，就创意迭出、宏论不断，令人顿生诧意，于是，在刮目相看的同时，也不断更新着对他的印象。

为学生终生幸福奠基，铸造民族之魂

李校长认为，教育的起源是人，教育的本源也是人。“传道”是育人之本，“授业”“解惑”则只在技能与知识层面徘徊。教育最大的功能是文化功能：传授知识，启迪思维，追求智慧，完善人格。现在的一些教育者

却忽视了教育的人文性与社会性，仅仅追求教育的功利性，或停留在技能与知识层面。教育的主体功能就是让迷失的人性回归，进行素质教育的根本要义就是要将缺失的人文性与社会性补上。

同时，全球经济一体化和信息时代的到来，使民族文化与民族精神受到了挑战。生活的改善、自然环境的改变带来的是文化生态环境的改变，从而影响了一些人的世界观、人生观、价值观和品格素养。经济一体化的背后，是文化、政治的一体化；西方强势话语的背后，是西方思想观念的植入。在某种意义上说，文化生态环境被污染比自然环境被污染更具威胁性和危险性。一个民族如果长期处在消极文化、低格调文化、垃圾文化之中，其社会精神就会受到损害，国民素质就会受到腐蚀，最终其民族精神就可能衰亡。固然，民族文化的发展离不开与世界文化的交流、融合，但民族文化的发展应是继承性和建设性的发展，而不应是否定式或破坏式的发展。没有民族的就不可能真正成为世界的，一个民族如果没有了自己的文化特性，也就不是一个独立完整的民族。所以，大力开展继承与发扬民族文化、弘扬与培育民族精神的教育，已成为当前学校必须肩负的一项重大而又紧迫的任务。

正是基于这样一种思考，李校长提出了“为学生终生幸福奠基，铸造民族之魂”的办学思想。他认为，这两者缺一不可。没有个人的发展，就不可能有社会的发展。但过分强调个人发展而忽略了社会性，就没有人与自然、人与社会的和谐持久的发展。个人的发展是以社会的发展为基础和目的的，没有人与自然、人与社会的和谐持久的发展，个人的发展最终就有可能产生违背教育目的的结果。没有民族的复兴、国家的强盛，个人的发展最终就会走到尽头，甚至回到起点。没有了民族，没有了国家，谈何发展?

让传统美德与学生结伴而行

传统美德教育，目前已经成为学校教育的一个关注点。乐陵市实验小学并没有停滞于理论层面的认识上，而是在数年前就独具匠心地开展实践操作了。

一、感恩节：说一句话，做一件事，洗一次脚

2002年，乐陵市实验小学将每年的3月8日定为学校的感恩节。这一天学生必须做好三件事情：一是向父母说一句感恩的话；二是为父母做一件有益的事；三是为父母洗一次脚。在这“非常”的节日里，在家做惯了“小皇帝”“小公主”的学生体验到了孝敬父母的快乐，感受到了回报父母之恩的幸福。

李校长认为，爱心、孝心必须从小就开始培养，传统美德教育也应当要求学生从身边的小事做起。现在，大多数家庭中的爱都是单向的，父母对孩子的爱是一种不要求回报的爱，这种单向的爱培育出来的只能是没有孝心的孩子。举办感恩节的目的，就是在学生的心里播下爱心与孝心的种子，并让其在他们的心里生根、开花、结果。

二、文化小使者活动：敬、听、问、做、学、用

从2003年开始，学校每年临近春节都要开展“文化小使者”活动。这一活动包括六个方面的内容。一是敬。除感恩节的三项内容之外，还要求学生让家里的老人感受一下天伦之乐，具体体现就是为祖父母洗一次脚。二是听。要求学生听祖父母讲人生，了解祖父母的童年，感受两代人生活的悬殊和祖国的巨变，从而培养学生珍惜幸福生活的情愫与热爱祖国的感情。三是问。礼仪是道德高尚与素质高雅的外化形态，为了让学生知书达理，在春节中，要求学生见了客人要主动、热情地问好。四是做。在春节里，要求学生特别是中高年段的学生为客人做一道菜，使学生在学会一些家务活的同时，感受父母日常做饭的劳苦。五是学。春节是一个传统的节日，也是自我学习教育的好机会。在知识方面，要求学生在网上搜索“二十四孝”，了解其内容；在技能方面，向老人学习剪纸等民间工艺；在风俗方面，从老人那里了解风土民情等。六是用。要求学生用好零花钱，学会勤俭节约，倡导学生参加爱心活动。

让现代文明成为一种习惯

在继承与发扬中国传统美德的同时，李校长并没有忽视对学生现代文明习惯的培养。

一、高雅从安静开始

学生一下课就乱跑、乱闹和乱叫，这已成为学校中司空见惯的一景。在许多人看来，这是挥洒孩子天性的自然行为。但李校长认为这种行为并不文明，凡事必有规范，学生尤其应当如此。如果任其发展，学生就会成为自然人，而不是社会人、文化人。所以，他规定学生要“室内不跑，楼内不吵，注意听讲，路队走好”。

为了强化这一意识，他在全校内搞了一个“无语周”。在“无语周”期间，除了课内，学生不再说话，在自我控制中感受安静所赐予的优质学习环境。但他同时强调，学生不能没有挥洒天性的场所，所以他将学校分成两大区。学习区就是学习的地方，是一个有规则且规则甚严的安静之地。到了操场区，学生则可以无拘无束地尽展天性，跑、跳、叫、闹无一不可。

二、弯弯腰拾起垃圾

一所学校卫生环境的好坏，体现了领导管理水平的优劣。乐陵市实验小学校园能终日保持干净整洁的直接原因，就是全校师生“弯弯腰拾起垃圾”的共有行为。李校长就是这一行为的倡导者和垂范者。

但有人也对此提出批评：堂堂校长，是抓大事者，干一些拾捡垃圾的小事，既有失高雅，又管理错位。但李校长认为，校长与教师一样，都是为人师表者。校长见垃圾就拾，在师生中无疑起到了“不令而行”的潜号召作用。况且这小小的“弯弯腰”，收获的不仅是全校的环境之美，更是养成文明习惯和塑造美好心灵的精神之旅。为此，李校长还在全校范围内开展了“无值日生”活动，师生通过“弯弯腰拾起垃圾”，出现了虽无值日却胜似值日的卫生景观。《中庸》中的“君子慎其独也”的内省、自律道德意识，也在这种行为中“润物细无声”地走进了学生的心灵。

但学校周围依然垃圾成堆，与学校的内部环境形成了巨大的反差。为此，五年级学生曹璐专门给市环卫处主任写信反映这一问题。环卫处高度重视，组织200多人清除了垃圾。于是，校内、校外有了和谐的卫生环境。

三、停下来敬礼问好

走进一所学校，学生敬礼问好的情景随处可见；但边走边敬礼边问好的形式化的敷衍，总令人感到隐隐的不悦。孔子曾感叹地说：“礼云礼云，玉帛云乎哉？乐云乐云，钟鼓云乎哉?”在他看来，外在形式与内在之仁应是一种高度的和谐，而不是互不关联的“两张皮”。我们要求学生要讲礼貌，但那种敷衍的行为无疑与真正的礼貌相去千里。所以，李校长要求学生敬礼问好都要停下来，而且心中要存有一个礼貌的精神实体。来校参观者及家长见学生如此彬彬有礼，总是称道不已，不少人说：“在这里，才真正感受到了什么叫懂礼貌!”

教育，在李校长那里，不是大而无边的空洞说教，而是具化成一个又一个小之又小的可以操作的点，触手可及，动手可做，是真真正正的从大处着眼，从小处着手。比如，爱国从孝敬父母开始，爱党、爱社会从感受社会变化开始，培养民族精神从寻亲问祖开始，传承民族文化从培养人的爱好开始，人生教育从拓宽视野开始，诚信人生从自我控制开始，关心集体从理解他人开始，保护环境从个人卫生开始，等等。而每一个点，又都有具体的实施方案。如在“保护环境从个人卫生开始”中，他提出了“一屋不扫，何以扫天下”的卫生理念，开展了“小脏手，黑脖子”的学生互查、评比活动。现在，学生不仅告别了“小脏手，黑脖子”，而且对讲卫生有了自觉的追求。

对学生负责，“普九”复验搁浅

目前，以人为本已经成了学校管理中的话题。但是，每所学校对以人为本这一教育理念的认识与实施大不相同。在李校长看来，以人为本的关键是人的优化发展。它涉及学校是对上级负责还是对学生负责，是对个人负责还是对工作负责，是对学生现在负责还是对学生一生负责的大问题。

每一名校长都想将学校建好、建美，但乐陵市实验小学不仅没有新建的高楼大厦，就是外显的大门也只是两扇仅花了60元钱从废品收购站买回来的铁门，再经电焊简单组合而成。但学校一年用到教师培训上的花费达到6万元。这一对比，昭示的是以人为本的教育思想。在李校长看来，学校资金投入重心放在何处，是检验一名校长是真以人为本还是假以人为本的试金石。壮观美丽的学校大门容易见到，教师水平的提高却往往是看不见、摸不着的。但没有教师的发展，学生的发展便将成为一纸空谈，将6万元投到教师培训上，无疑是将重心放在了教师的发展上。李校长说："我们在这一软投资中已经收获了成绩，教师有了持续快速的发展。"近两年，学校不但在省市级优质课评比中连获佳绩，而且在国家级优质课评比中也已榜上有名。

但在2005年的"普九"复验中，乐陵市实验小学却名落孙山。因为"普九"复验对学校实验室、阅览室和电教室都做了达标的硬性规定，这虽然是必需的，为应付验收做做表面文章也并非力不能及，但在对上级负责还是对学生负责发生矛盾时，李校长毅然选择了后者。他非但没有加强对学校实验室、阅览室和电教室的建设，还将其改成了教室。这种"倒行逆施"自有它的道理：因为学校教学质量提升吸引了更多的求学者，一个班级90多名学生的情况已不罕见，为了减小班额，对学生发展负责，李校长才有了这一有悖常理的行为。

但他并没有因此让学生与实验和阅览失之交臂，而是别出心裁地想出了新的方法。他将阅览室的图书分发到各个班级，改名为"图书银行"，并且实行会员制。学生只要捐献一本书，就可以成为会员。因此，图书不但没有减少，反而增加了；学生不但没有失去阅读场所，阅读反而更加方便了。这种只对学生负责不对上级负责的做法，虽留下了未能达标的缺憾，却为学生的发展创造了更好的条件。

别出心裁的治人之道

李校长认为，校长不应是干部而应该是领导，"领"就是校长要率先垂范，事事带头，从而实现校长个人人格魅力基础之上的权威管理：廉生威，公无怨，诚有信，情聚心，才服众。工作中"喊破嗓子不如做出样子"，凡是要求教师做到的，校长首先做到。校长应是到校最早的、离校最晚的、出勤率最高的、业务能力最棒的、知识最渊博的、人品最端正的、作风最廉洁的人。

在知识分子聚集的学校之中，校长不但要以真诚之心待人，还要精通治人之道和用人之术。李校长研究过古今中外许多优秀的政治家、教育家的管理经验，结合学校的实际情况，才有了如下一些别出心裁的治人之道。

一、知人之心：校长由人变成“神”

校长是学校管理的核心，今天所倡导的以德治校，就是强调校长的作用，让校长在管理中通过个人的人格魅力，用思想启迪智慧，以智慧培育美德，以美德净化心灵。一位能独善其身的校长只能算是一个好人，却不能算是一个好领导。好的校长要努力在每位教师心目中塑造完美的形象，只有走进心灵，才能塑造心灵。

李校长非常关注教师的发展，对每一位教师的优点都了然于心。年终总结时，学校60多位教师平时点点滴滴的事迹，甚至是教师本人都忽视了的优点，他都能如数家珍般一一道来。这令教师们感到非常惊讶：校长竟如无处不在、无所不知的“神”，一直关注着自己的发展，优点既已为“神”所见所知，自己就必须更加努力，以使自己更加完美，使“神”更加相信自己。于是，校长成了教师心中的精神领袖，有了一种绝对的权威性。

李校长说，自己当然不是神，只是一个凡夫俗子。他认为，教师工作非常辛苦，学校既然无力在经济上给予他们更多的奖励，就应当在精神上多进行鼓励。于是他便于细微处了解每一个教师的优点，并一一记录在案，所以才有了年终总结时的“无所不知”。但他也认为，教师在领导的认可与鼓励中，可以更好地工作；校长在教师中享有威信，才能政令畅通。所以在某种意义上说，校长由人变成“神”，也不失为一种教育管理的上乘之举。

二、用人之短：让短处变成长处

在人们多言用人要“扬长避短”之时，李校长却提出了另一种用人的理念——“用人之短”。他认为，人各有异，任何人都有缺点与短处，但有时候，这种缺点与短处又可以变成优点与长处。

学校有一位教师，工作非常认真，却缺少合作意识，与共处一室的同事相处得不融洽。2003年“非典”时期，对各种各样的进校人员进行检查成了管理人员的一个难题。于是李校长让这位教师分管这一工作。很快，不经校长特批的人员便被阻挡在学校之外，“非典”防治工作有了明显的改善。一天，市教育局的一位局长进校检查工作，也被这位教师挡在了门外。随行人员告诉他这是教育局局长时，他仍一脸严肃地说：“没有校长的条子，谁也休想进学校大门!”局长本就是来检查“非典”防治工作的，见有如此认真负责的工作人员，非但没有批评，反而格外高兴，他说：“这个‘闭门羹’吃得好，吃得让我放心。”

三、有所为：重视思想文化建设

当校长就得干事，就得有所为。李校长说，教师不仅是教书育人者，也是思想与文化的传承者，因此，必须高度重视教师的思想建设与文化发展。为此，李校长要求每周都要开展一次思想教育课。同时，还从教师中选出20％的优秀分子，作为树正气、树大气的学习典型。

教师的文化学习是一项软建设，只有教师的文化水平提高了，其教学水平才能真正提高。为此，李校长搞了一个读书会，经常请专家学者到校为教师讲课。他还非常关注教师之间的交流，要求教师写反思日记，每学期用两天时间要求每一名教师讲一讲个人的工作得失、学习心得等。有的教师说：“我们也许在经济上没有太多的收益，在文化上却有了丰硕的收获。”

四、有所不为：给犯错的教师以自尊

在“有所为”的同时，“有所不为”同样是李校长管理成功的秘诀。

李校长是全校职工中每天到校最早的一个，但他并未因此批评迟到者。当看到某位教师迟到时，他总是迅速地躲到一边，故作视而不见。李校长说，这并不是放任，而是为了维护这些教师的自尊。大多数教师在保留自尊之时，同时也会给校长一个回报，那就是不再迟到，以维护自己在校长心中的形象。李校长说，如果在大会上对迟到的教师狠狠地批评一番，他就可能由此一蹶不振，也可能虽在大庭广众之下承认错误，心里却因此埋藏了怨愤。有自尊心和责任心的教师迟到多有合理的原因，校长的理解与信任给予教师的心理支撑远胜于批评的价值。

一天，李校长发现一位教师让一个学生打他自己的脸。对于这种体罚行为，理应给予严厉的批评。教师看到了校长，立即停止体罚行为，准备着接受校长的批评。出乎意料的是，李校长却一言未发地走向另一个地方。这位教师认为，此后的某一天，他将在全体教师面前受到“制裁”。一天过去了，一个月过去了，一年过去了，李校长还是只字未提，而且每次相遇，待他一如先前。这位教师后来对别人说：“我一直等待着校长的批评，然而他没有批评我，深藏心间的自责却愈演愈烈，也更想修复自己在校长心中的形象。”据李校长讲，这位教师从那以后再没有体罚过学生，而且在各个方面表现得都非常突出。

对教育的批判性思考

当今，一些时髦的观点及话语纷涌迭出，不少人随波逐流，也“时髦”起来。但李校长总是非常审慎地考查这些新生事物，甚至对一些人们公认的、流行的正确观点，他也从批判的视角出发，进行了独特的思考。

一、不应盲目地追求“张扬个性”

新课程改革实施以来，不少人大谈要张扬学生个性，李校长却提出了疑问：我们的学生真的缺少个性吗？是学生缺少个性还是我们的教育不承认学生的个性？我们的学生真的就那么需要张扬个性吗？张扬个性适合我们的国情吗？张扬个性是对学生个人有利，还是对国家、对社会、对民族发展有利？或者是对西方世界有利？

西方文明基本上是基督教下的文化，其逻辑起点是天赋人权的“个人本位”。在这样的文化基础上去追求个性，是有益无害的。而中华文化与西方文化有着本质的区别，中华文化的逻辑起点是“社会本位”，有中华文化血统的日本、韩国虽然经过几十年西方文化的冲击，仍没有偏离“社会本位”的内核。今天我们如果不顾民族文化传统和民族心理，一味倡导“个性化”“张扬个性”，盲目跟着西方跑，不但我们的教育功能会被弱化，甚至有可能走入误区。

二、没有惩戒的教育是不完整的教育

李校长说，现在有的人把素质教育、新课程改革理念搞成一味地表

扬、赞美、激励，不敢进行有效的惩戒，这是违反教育规律的，不是正确的理念。中国和西方都有人之初的“性本善”“性本恶”之说，但“性本善”也好，“性本恶”也好，都在肯定一点：儿童需要教育，需要全面的教育。由于儿童自身认识上的特点，其自控力和是非辨别力都较差，有时对一些社会阴暗面的东西缺少抵抗力，所以在某些事情上有必要进行一些有效的惩戒。学校和教师不是不要惩戒教育，只是要把握好惩戒的方式和程度。

生命因享受教育而精彩

——张萍校长创意治校之道

校长介绍

张萍，一位在教育第一线辛勤耕耘10余年、成绩斐然的小学语文教师，曾获济南市语文教学能手、百佳教师，山东省优秀教师的殊荣。2001年，33岁的她调任山东省济南市六里山小学任校长，仅仅用两年的时间，就在开放式小班化教育实验、教师校本培训等方面取得了显著的成绩，使这所原本名不见经传的小学，成为济南南部城区冉冉升起的一颗新星。2003年，济南市教育局选拔任命她担任济南师范学校附属小学的校长兼党支部书记。

将办学理念定为“尊重为本，享受教育”的张萍校长，是一位有才气但没霸气、有和气但不和稀泥、有脾气但很少生气的杰出女性。她任校长期间，演绎了一段探新求索又精彩纷呈的治校故事。

建构心理安全系统

如果说不断恶化的自然生态会对人类的生存构成巨大的威胁，那么，心理生态恶化对人类生存的威胁就更加可怕。契诃夫笔下的《小公务员之死》也许有夸张的成分，但现实生活中如小公务员一样心存忐忑者绝非少数。一个人若不能安然地于一个相对稳定的环境里工作、学习，那么其生存质量就只能在低层次徘徊。

张萍校长也遇到过一位“小公务员”似的教师。这位教师非常忧郁地对同事说，不知什么原因张校长对自己不好了，因为一向满面笑容的张校长有一次对自己竟然没有笑。这无疑是一个误会，因为张萍校长根本就没有对这位同事印象不好，自己也不知道什么时候没有对她展露笑容。但她意识到，也许自己一时的不愉快情绪流露出来，让这位教师有了本不应有的想法。

张萍校长对此进行了反思，之后她决定为学校师生着力建构一个心理安全系统。

她认为，以人为本的关键是尊重。创设一个人人相互尊重的学校环境，是建构师生心理安全系统的基础。在这一系统中，校长起着至关重要的作用。校长对中层干部发火，中层干部就可能迁怒于教师，教师则又可能将不良的情绪转嫁给学生。在这种不健康的心理环境中工作与学习的师生，就很难有愉快的心境，更遑论工作与学习的高效率与高质量了。

基于这种思考，张萍校长在师生面前特别注意自己的情绪。每次见到教师，她总是露出灿烂的笑容，进而给他们一个非常明确的心理暗示——我喜欢你!

即使受到不被尊重的待遇时，她也会控制好自己的情绪，尽量给教师应有的尊重。

她要求教师开会关闭手机，不单单是为了维护开会的纪律，更多的是让教师维护自己在公众场合的形象，养成尊重讲话人的好习惯。

一次开会，她刚讲了一会儿，就响起了手机铃声。随后的两分钟内，又连响两三次。她非常生气，停止了讲话，足足沉默了两分钟之久，整个会场静得像凝固了似的，“火山”也许顷刻就要爆发。可是，她渐渐地恢复了平静，重新开始讲话。此时此刻，她听到教师们都长嘘了一口气。

会议刚一结束，两位教师便尴尬地走到她跟前来道歉。她只是释然一笑。这笑里包含着对两位教师的谅解之意，更有着对自己的情绪得以控制的欣然认可。

张萍校长对我说，假如当时她大发脾气，不但会在这两位教师的心里投下很难抹掉的阴影，也会在全体教师的心里形成一个人人自危的磁场，甚至于通过情感体验的传递，将这种做法不自觉地运用到他们的教育教学工作中去。因为在很多情况下，校长的行为就是一种示范，校长的好恶就是一种导向！

如果说这次手机事件对张萍校长的尊重意识是一种考验的话，下面的这个突发事件就成了她一种下意识的行为。

一天中午休息时，一群学生喊着、叫着往休息室里跑去。张萍校长正想去告诉学生小声点，突然听到一位教师大喝一声："安静点，不要和疯狗似的乱叫！"张萍校长的第一反应就是想站到窗前看看这是谁。但刚一起身，她又下意识地坐下了，闪现在脑海中的念头变成了"绝对不能知道这是谁"，因为她认为自己初到新学校，许多教师都在尽力将自己最好的形象展现在她面前。在这种情况下，她一旦知道这位教师是谁，再怎么理智也很难保证自己不会对这位教师形成下意识的偏见。

到现在，她也不知道这位教师姓甚名谁。不过，她曾在会上讲了这件事情，警示大家要时时尊重学生的人格，并注意保持自己在学生心目中的形象。

她用保留与警示的有机结合完成了一次相互尊重的人生之旅，在她与教师的心里都留下了相对完美的形象。

张萍校长说，尊重并非没有原则，它有一个基本的底线，这底线就是自己一直在努力建设的科学、完善的具有刚性管理特点的学校制度体系。违反制度，如经常性地违反劳动纪律、违反教师师德规范要求、影响学生身心健康、破坏学校形象等，就要按章行事，决不手软。她认为，这是对学校发展负责，也是对教师群体、对学生成长真正尊重的本质体现。

所以，有人评价张萍校长的管理风格是刚柔相济。

这是典型的中庸之美，体现了一种和谐的美。

追求和谐是人类的心灵渴望，没有和谐就不可能出现心理安全环境。人人"安居"于心理安全的港湾里，尽情地享受着人生与教育之美，又何忧之有？由这样的教师培养出来的学生，又怎能不身心健康、快乐美丽？

满足教师的合理需求

尽管历来人们都用“春蚕到死丝方尽，蜡炬成灰泪始干”来称颂教师的奉献精神，但张萍校长认为，一名校长在引导教师无私奉献的同时，应高度重视教师的合理需求。承认教师的合理需求，不但不会损害教师的形象，而且是检验校长是否真正关心教师的试金石。

张萍在六里山小学担任校长期间，为了加快学校的发展，只好负债建设和增加设施。负债就有逼债之人，逼债就有难堪之际。在一次全体教师会议上，说起负债的艰难，张萍校长不由得泪水挥洒，令一些女教师也跟着抽泣不止。

第二天，一位非常内向的年轻教师专门来见张萍校长，并递给她一封信。信中写道：“在这么短的时间内，学校发生了这么大的变化，您已经问心无愧了！”在极尽安慰之语后，是一幅有画有字的自创作品：在一串串小小的脚丫旁边，工工整整地写着孟子的一段名言：“天将降大任于斯人也，必先苦其心智，劳其筋骨……”

张萍校长的眼里顷刻溢满了泪水。

就在泪水未干之时，又一位教师来到张萍校长跟前，建议暂时从教师那里借钱，以解燃眉之急。他还说，大家都愿意帮学校这个忙。这令张萍校长非常感动，但她的心里有着一个坚定的信条：欠谁的钱，也不能欠教师的钱！她说，教师如此辛苦，绝不能让他们负债教学。她认为，负债看似只是在物质层面上的欠账，其实投进教师心灵的债务更加沉重。

她到济南师范附属小学担任校长之后，仍然是负债发展，但她做的第一件事情就是筹措资金，还清了拖欠教师的30余万元欠款，因为她觉得欠教师的钱，晚上睡不踏实。同时，她还花10多万元钱专门为教师建造了一个咖啡厅式的休闲书吧，为教师子女建造了一个温馨舒适的休息室。她强调这既是给予本校教师的特殊待遇，同时也规定教师不能再将自己的孩子带到办公室里来而影响工作。此外，教师子女的入托、升学问题也是她关注的头等大事。她说，这一后顾之忧解除之后，教师就会完全将心思用到教学上，教育教学质量的提升也就成了自然而然的事情。

教师关注领导对自己的感情投入常常超过对物质的需求，这就是情感的魅力所在。张萍校长深谙其中的要义，经常有意识地去满足教师的合理需求，并利用最佳的载体将这一情感投入表达得淋漓尽致。

教师生孩子，她亲临问候，送上祝福；教师过生日，她将蛋糕、康乃馨亲自送到教师手中。她认为，现在大部分教师人到中年，多是为老人、孩子过生日，自己的生日往往被忽略了。她要借此“抛砖引玉”，让教师的亲人们也来关注他们的生日与情感需要。教师结婚，她每场必到，每到必讲，每讲必激情洋溢。她将教师夸成一朵花，让其在亲朋好友面前挣足面子。为了达到这一目的，讲前她总要认真写稿，反复“备课”。由于文稿写得文采飞扬，讲得真情四溢，结婚现场经常掌声迭起，这一环节就成了结婚典礼中的高潮与亮点。

宣泄也是一种情感需求。教师平时的工作太过紧张，有些负面情绪得不到缓解，久而久之就会对身体健康与工作情绪产生影响。这同样需要一种宣泄的载体，于是就有了张萍式的狂欢方式。张萍任六里山小学校长期间，每到学期末和年底，她都要与全校教师同过“狂欢节”。一群英雄，轮番把盏，直喝得迷迷糊糊，醉眼蒙眬，无话不谈。什么芥蒂，什么隔阂，都在一醉方休中烟消云散。

张萍校长认为，我们要求教师要为学生的终身发展奠基，那么我们也应当为教师的专业发展和生命服务。发展离不开学习，学习是教师的合理需要，也是一种文化升值的精神之旅。教师不但应当成为合格的教书育人者，也应当成为真正意义上的文化人。于是，学习便被赋予了一种特殊的意义。

古人云：“取法乎上，得乎其中；取法乎中，得乎其下。”对于教师的阅读学习，此言仍颇具意义。张萍校长就是本着“取法乎上”的宗旨为满足教师的需求而为其规划学习方向的。她不仅向教师赠送《爱心与教育——素质教育探索手记》《差异教学策略》等富有崭新教育理念与思想内涵的书，也向教师推荐《爱的教育》《把信送给加西亚》等经典著作。她还亲自精选、编印了编读互动、装帧精美的教科研杂志——《放飞》，教师们在阅读之时，一篇篇札记也便纷涌迭出。其后，教师们又将《放飞》做成电子版，放到学校网站上。

文化之旅引发了教师不断进取的心理需求。六里山小学的王爱美老师是一位工作积极、努力的教师，在一次进修名额竞争中取得了第三名的好成绩，然而区教育局给学校的进修指标只有两个。王爱美老师的进修热情特别高，她找到张萍校长希望她能帮自己争取一个进修的机会。张萍校长认为这是一种合理的需求，便找到局长为其特批了一个指标。王爱美老师异常珍惜这一得之不易的进修机会，进修期间特别努力，结业时因表现突出又获得了赴上海学习的机会。从上海学习归来，她的教学水平有了极大的提高，令人刮目相看。这不仅令张萍校长激动不已，也向其他教师传递了一个文化升值的有效信息。此后的进修学习，再不用校长动员，各位教师都纷纷报名，积极参加。

在文化不断升值的过程中，教师们的研究兴趣也愈来愈浓。为了满足他们的这一需求，张萍校长成立了教师发展学校，开设了先锋论坛，还请来全国知名专家开设讲座，引领先锋思想，传播前沿理论，使教师们在接触最有思想的人士，聆听最有价值的话语之时，也有了与专家对话交流的机会。

在六里山小学进行小班化研究时，张萍校长力倡教师大胆实验，鼓励教师创新求异。夏敏老师将所编所写集于一体，就有了“快乐系列丛书”，包括《快乐小灵通》《快乐小王国》《快乐小脚丫》《快乐创造室》《快乐连心桥》等。张萍校长甚至设想为富有特长的教师创办工作室，让其创意展露、个性张扬。她认为，教师的特长可以转化为学生的特长，从而成为学校的品牌。

研究需要交流，因为研究者的成果需要认可，其他教师也需要从中汲取成功的经验；研究也需要评比，通过评比，可以激发教师更大的研究热情，使他们确立新的攻关目标。于是，“芳菲杯”教学大赛、札记交流会、四星级教师评选等活动，就成了张萍校长满足教师要求的定期必做之事。

教师的需求丰富多彩，只要是合理的，张萍校长就给予肯定和支持。需要得到了满足的教师，不但心畅意舒，潜力也得到了最大限度的挖掘，积极工作的热情与日俱增。于是，学校和谐向上的氛围也渐渐形成了。

创设新型学校文化

校长的文化使命，是建构真正意义上的学校文化。学校文化体现在显性层面，更蕴含于隐性层面。

我到六里山小学采访时，就为其无处不在的校园文化而深深感动。不说“一草一木会说话”，不说以“田园”“海洋”“天文”“城堡”命名的四大系列的小班化教室文化，就是厕所也是一道亮丽的风景。厕所中不但有洗手盆、梳妆镜，还张贴了梅、兰、竹、菊的装饰画。学生自己制作的“七十二泉”展牌，也挂在了厕所的墙壁上。走进厕所，不仅可以学到知识，而且可以受到美的熏陶，以及文明礼仪的教育。

六里山小学的微机室里挂着一幅张萍校长精心挑选的比尔·盖茨的巨幅照片。照片上这位电脑世界的巨人悠然地躺在沙发上，随手扔下的纸团也悠然地“躺”满一地。于是，比尔·盖茨专注做事时陶醉其中、享受生活的形态与心理，就通过这幅画惟妙惟肖地呈现了出来。张萍校长说，这幅照片可以向学生传递一个信息：在今后的学习与工作中，可能会非常辛苦，但一旦真正投入其中，就会乐在其中、美在其中。这种文化引领，将积极向上与享受生活融于一体，对学生的影响之大是可想而知的。

一年冬天，济南下了第一场大雪，一个银装素裹的世界吸引了六里山小学所有的学生。好动的男孩子打起了雪仗，还大叫着纷纷向三楼砸去。有教师正想去制止这种行为时，广播喇叭里突然传来了一位女教师诵读峻青《第一场雪》的声音。伴着《雪绒花》的优美旋律，文章的内容通过清脆而柔美的声音弥漫在整个校园中，又悄悄地渗入了学生的心里，与现场的雪景、学生的审美快感和谐为一。凝神静听代替了原有的喧嚣，无意识的文化学习取代了无秩序的肆意妄为。张萍校长说，这就是六里山小学的文化，一种“随风潜入夜”的自由而又自觉的文化。

张萍校长提出的书香文化说也有别出心裁之妙。她说，古今中外的教育大家，无一不是饱读诗书者。一个不爱书的教师，终其一生也只能是一个教书匠。教师只有爱书，才能真正驶向教育家的彼岸。这绝非神话般的空想，持之以恒，定会收获始料不及的喜悦。

让教师爱书，首先要营造爱书的氛围。为此，张萍校长经常同教师一起到书店买书，一方面让教师真正地选其所需，另一方面也让他们在书的世界里受到陶冶与感染。同时，她将六里山小学图书室中的一些好书搬进办公室里，摆在专供教师休息的“爱心小屋”里，放到教室里、楼道间，形成了一种开放式的阅读大环境。有人担心如此会不会造成图书的丢失，张萍校长却不以为然。她认为，相信教师与学生，他们也会给你信任。事实真的如此，公有的图书非但没有减少，有的教师和学生反而将自己家里的书也拿到了学校里。张萍校长还出台了一系列的奖励政策，如哪位教师认为哪本书好，可以不经校长同意自己买来先睹为快，读后再给学校，学校照价付钱。此外，学校还建了一个类似于咖啡厅的书吧，那是一个温馨宜人的地方，教师不但可以在那里潜心阅读，课间还可以来此批改学生的作业。

阅读高品位的书刊是一种美好的精神漫游，教师在这种漫游中拥有了乐而忘返的愉悦，实现了从知识向智慧的精神过渡。

济南师范附属小学是一所文化底蕴深厚的百年老校，文化建设自然也是至关重要的。张萍校长说："我们要积承附属小学之情，求索附属小学之魂，传习附属小学之脉，更立附属小学之新。"他们借百年校庆之时，通过季羡林和王祝晨在附属小学学习工作史事，充分发挥名人效应，为两座教学大楼另起名字，一为"羡林楼"，体现季羡林真诚质朴、淡泊阔大、勤奋博学、富有爱心的特点；一为"祝晨楼"，彰显王祝晨强烈的使命感、严谨的治学观、不懈的改革意识。

名人走过的足迹，今人重又踏了上去。不因名人曾在此校而自傲和自满，而因名人走在了前面而自励和奋进。

提供公开的"赛马场"

张萍校长在培养学生成才方面有许多新的思路与新的举措，但她直接管理的还是教师。因为济南师范附属小学有 2400 多名学生，一名校长不管精力如何充沛都是力不能及的。学生是祖国的未来，而决定"未来"命运的是教师。所以她对教师的关注远远胜于学生。她认为，20％决定着 80％的发展走向。对教师队伍来说，领导班子成员就是这 20％；对于全校师生来说，教师就是这 20％。校长，就要着力在这 20％的教师上做文章。

她认为，教师队伍不应是一潭死水，而应当始终处于动态发展之中；教师不应是被动的育人者，而应是主动的创造者。在某种意义上说，古已有之的伯乐相马说就不再具有现实的意义。

众所周知的海尔用人观就昭示了这样一个道理：在相马这一事件中，千里马的命运掌握在别人手里，十分被动；赛马则不同，它彻底改变了千里马的被动命运，充分显示自身价值的希望不再寄托于伯乐的出现，而将命运的缰绳紧紧地握在了自己的手里。

校长不能只做相马的伯乐，不然，有些千里马就会因为未被发现而籍籍无名。

张萍就是一个不愿只做伯乐的校长，她为全校教师提供的是一个公平、公正、公开的“赛马场”，真正的“千里马”都可以在这片场地上一展风采。

济南师范附属小学实行的中层干部竞聘上岗就是一次名副其实的“赛马大会”。

新的中层干部竞争上岗之前，所有中层干部一律免职，重设“赛马场”，全部阳光操作。第一步由职工无记名投信任票，教师自己算分，凡得票率超过80%者直接聘任。其余竞聘人员一律参加下一轮的角逐，通过个人绩效考核和现场答辩，由群众代表及专业人士公开选举产生。整个操作过程中，校长只是一个旁观者。谁是“千里马”，大权在握的群众便将选票投向谁。于是，上去者高兴，下去者无话可说。在一般人看来多是兵戈相见的竞“官”之争，就在这样的“赛马场”上浪息风静了。

张萍校长说，中层干部竞争上岗，难做又好做。只要真正公正、公平、公开，并给所有教师提供一个充分展示才华的平台，就会化难为易、化险为夷。她说，有的结果尽管超出了她的意料，但群众认可的就是最优秀的。校长的可操作度为零，群众走上了主宰自己命运的舞台。这，正是学校管理走向民主科学决策的关键一步。

中层干部要竞争上岗，名师也要在“赛马场”上驰骋。

其实，早在2001年年底，济南市市中区评选年度优质课前，张萍校长就在呼唤“千里马”的横空出世。尽管六里山小学此前从来没有得过一等奖，但张萍校长说：“我们学校参赛的5位选手个个都是‘千里马’，人人都要争取一等奖。”人的潜力是无穷的，在她的激励与教师的努力下，5人全部获得一等奖。在颁奖会上，张萍校长激动万分。她说，“赛马场”无处不在，机会源源不绝，更多的“千里马”还会奔腾而出。此后，不论是教师演讲会，还是教育沙龙，教师无不踊跃参加。

济南师范附属小学名师荟萃，人才济济。但张萍校长认为，要保持名校的品牌，就必须不断有名师涌现。校长要着力创设一种机制，提供一个“赛马场”，让一批又一批的名师脱颖而出。她告诉我说，现在学校不但开办了先锋论坛，尝试建立了教研组组长负责制、首席教师制、导师制等，还正在着手建立一种新的评价制度，就是希望通过教师的积极参与，力争在学校中形成一个内部人才小市场，分层次地进行“阳光教师”“星光教师”和“萤光教师”的梯队建设。

一匹千里马一鸣惊人固然令人振奋，万马奔腾则更加雄奇壮观。

张萍校长最愿意看到的，正是这万马奔腾的雄奇壮观的景象，所以她非常关注对教师合作意识的培养。在制订教师奖励规定时，大多不是针对一个人，而是针对一个相互关联的集体。任何教师在争获奖励时都必须与其他教师共同前进，真是“一荣俱荣，一损俱损”。只有一个人发展很难榜上有名，必须共同进步才能获取荣誉。

享受快乐美丽人生

张萍校长认为，校长应该是一个有诗意的生活者。只有富有诗意的人才能远离功利，追求宏远的理想。有教育理想的人，才能培养出面向未来、富有理想的一代新人。她说：“我把目标锁定月亮，经过努力，也许无法收获月亮，但我会得到满天的星星。”所以，校长必须富有创造力和激情，不断编织成人童话，让教师和学生快乐地生活。

张萍校长与教师达成共识的工作信条就是“我工作，我美丽，我健康，我快乐”。而教师的快乐又是与学生的发展联系在一起的，所以又有了“与学生同成功，让教育更精彩”的教育理念。学生享受学习，教师享受人生，家长享受成长，社会享受进步。

直到今天，张萍校长的手机上还保留着六里山小学教师发给她的两条短信，上面定格的是他们的共同信念：工作着是美丽的，生活着是快乐的。

为了让教师快乐而诗意地工作与生活，在六里山小学任校长期间，张萍校长特别关注教师办公环境的建设。她认为，教师工作太过辛苦，校长虽不能在物质上给予更多的奖励，但可以为他们创设一个诗意的工作环境。

心情好的教师，传递给学生的也是一种好的心情。

张萍校长还力所能及地为学生创造了一个与其童年相宜的快乐环境。她想到鲁迅笔下的百草园，那是每个学生都向往的地方。于是，在不大的校园里，建了一个植物博物馆。学习之余，学生经常到这里尽情地享受与植物接触的快乐。

学生的快乐与痛苦往往来自家庭。在校园里享受快乐的学生，也应当拥有一个快乐的家庭。于是，2002 年上半年，六里山小学在全国率先开展了“不请家长”活动。因为学生犯了错误后，请家长更多地带有处罚的味道，听说“孩子表现欠佳”的家长，大多对孩子恶言以对甚至拳脚相加。学校开展这一活动后，学生感到自己受到了尊重，也没了挥之不去的恐惧心理。但“不请家长”并不等于不与家长沟通，学校会通过家访、电话和“同心圆”联系册等各种有效的手段，把学生在学校的表现情况及教师的期望传达给家长。学校还定期开设了“家长茶座”。既然是“茶座”，就要如好友似的交流，促膝谈心，共建快乐家园。于是，快乐走进了学生的家庭。

采访结束，我与张萍校长握手道别时，她又非常欣慰地对我说：“我们的教师、学生和我都有一个共同的感受，那就是‘生命因享受教育而精彩’。”

快乐而精彩地工作、学习和生活，生命怎能不生机盎然、异彩纷呈?

江苏凤凰教育出版社
《行知工程》系列丛书目录

系列	序号	书　　名	作者	定价
教育思想者系列	1	《治校之道——小学名校长的办学智慧(1)》	陶继新	35.00
	2	《治校之道——中学名校长的办学智慧(1)》	陶继新	40.00
	3	《父母要成为子女的精神导师——五个孩子走向卓越的奥秘》	陶继新	30.00
	4	《品鉴教育文化盛宴——陶继新序跋屯集》	陶继新	45.00
	5	《为什么而出发——一位研究者对教育本质的沉思》	齐　健	35.00
	6	《高效教学的道与术——陶继新教育讲演录》	陶继新	30.00
	7	《铸造一流教育品质——陶继新区域教育巡礼》	陶继新	35.00
	8	《名校之道——陶继新对话名校长（1）》	陶继新	30.00
	9	《名校之道——陶继新对话名校长（2）》	陶继新	35.00
	10	《教育，一切从孩子出发》	黄　俭	30.00
行思讲坛系列	11	《中小学生如何学会合作》	张玉彬　刘昕昱	40.00
	12	《灵动而朴素地教语文——潘文彬的微格教育生活》	潘文彬	30.00
	13	《师爱无疆——润泽学生心灵的教育故事》	侯忠彦	30.00
	14	《怎样反思更有效 ——促进教师专业发展的反思策略》	诸贝贝	30.00
	15	《成为高度自觉的教育者 ——写给后课标时代的数学教师》	许卫兵	30.00
	16	《哲思数学课》	刘全祥	30.00
	17	《智慧数学课——黄爱华教学思维的实践策略》	黄爱华	30.00
	18	《童趣数学课》	徐　芳	30.00
	19	《把学生教聪明》	严育洪	30.00
	20	《教师最应该规避的教育误区》	杨坤道	30.00
	21	《用语文的方式教语文 ——潘文彬教学主张与实践智慧》	潘文彬	30.00
	22	《怎样让阅读教学更有效 ——提升教学能力的十种读诵模式》	汪秀梅	28.00
	23	《让生命在润泽中起舞 ——当代小学生最需要的主题班会》	吴联星　罗　琳 冯卫东	30.00
	24	《让生命欢快拔节 ——当代中学生最需要的主题班会》	冯卫东　吴联星	30.00
	25	《课堂因生成而精彩——高效教学的生成智慧》	张文质	30.00
	26	《回到每一个人的生命化教育 ——张文质二甲中学教育行动录》	张文质	30.00

系列	序号	书名	作者	定价
新父母教程	27	《一年级的孩子》	陈文芳	28.00
	28	《二年级的孩子 》	陈文芳	28.00
	29	《三年级的孩子》	钱静霞	28.00
	30	《四年级的孩子》	谢　云	28.00
	31	《五年级的孩子 》	陈　春	28.00
	32	《六年级的孩子》	袁卫星	28.00
	33	《七年级的孩子》	焦晓骏	28.00
	34	《八年级的孩子》	钟　杰	28.00
	35	《九年级的孩子》	凌宗伟	28.00
教育求索系列	36	《让经典滋养人生——名著导读教学策略（中学）》	郑建忠	35.00
	37	《关注每一位儿童的发展 ——语文小班化教学的探索和实践》	何慧玲	40.00
	38	《让生命诗意地栖居——诗意教育的理念建构与实践探索》	钱丽美	40.00
	39	《怎样上好语文课——时鹏寿解析精彩课例》	时鹏寿	45.00
	40	《让书香浸润生命——时鹏寿伴你品读经典》	时鹏寿	35.00
	41	《开在手心里的花——一位优秀教师的教育情怀》	詹雪莲	40.00
	42	《学科建设与教师发展——中学数学》	杨志文	30.00
	43	《欣说教育那“一亩三分地”——一位一线教师的教育微思考》	王庆欣	30.00
	44	《爱的守望——一位一线教师对教育的坚守》	林卫红	30.00
	45	《思政教学的人文力量》	戴晓华	30.00
	46	《师道新说——给教育者的 30 条箴言》	徐　卫	30.00
国际教育系列	47	《美国教育面面观——一位特级教师眼中的美国教育》	邵淑红	35.00
创新教学探索系列	48	《学生数学整体思维培养 ——小学数学结构化教学的探索与实施》	颜春红	45.00
	49	《基于核心素养的体育与健康校本课程建设》	赵卫新	35.00
	50	《把古文教活——激活文言文课堂的教学策略》	刘小华	35.00
	51	《做童年面前最合适的人——我和孩子们的“童化语文”》	曹丽秋	30.00
	52	《品世界名画，学精彩作文 ——特级教师的“名画”作文教学法》	李日芳	36.00
	53	《玩出精彩作文——张化万活动作文教学经典策略》	张化万	35.00
	54	《〈红楼梦〉里的语文课》	李日芳	30.00
	55	《让学生把母语用精彩——“语用课堂”的探索与实践》	余小红	30.00
	56	《“备”出课堂精彩——备学式教学的课堂实践与思考》	张旭兰	30.00
	57	《神奇的阅读教室——带学生踏上美妙的阅读之旅》	李祖文	30.00

系列	序号	书　　名	作者	定价
创新教学探索系列	58	《打造有生命力的课堂 ——“两步八环节”教学模式探索与实践》	查联智	30.00
	59	《最能培养学生探究能力的课堂 ——小学科学与信息技术单元整体课程实施与评价》	李怀源	30.00
	60	《最能激发学生运动天赋的课堂 ——小学体育单元整体课程实施与评价》	李怀源	30.00
	61	《最能提升学生艺术素养的课堂 ——小学艺术单元整体课程实施与评价》	李怀源	30.00
	62	《“生命语文”探索——焕发语文生命力的思考与实践》	王自成	30.00
	63	《粘连作文教学：让习作成为有个性的自我建构》	黄瑞夷	30.00
	64	《备学式教学——在体验中建构数学思维》	单广红　范雪梅	30.00
	65	《向着自主进发——自主教育的创新实施智慧》	朱亚红	30.00
	66	《写中学——让学习更有效的学科写作教学》	钟传祎	30.00
	67	《小学科学实验总动员——大科学课堂有效提升学生创新力》	江美华	30.00
	68	《小学语文单元整体课程实施与评价》	李怀源	30.00
	69	《小学英语单元整体课程实施与评价》	李怀源	30.00
	70	《小学数学单元整体课程实施与评价》	李怀源	30.00
	71	《让教学更能激发智慧——“思维碰撞”课堂的建构与实施》	程和方	30.00
教师软实力系列	72	《教师人际沟通力》	黄爱华　夏丽娟	38.00
	73	《班主任教导力》	黄爱华　戴诗银	38.00
	74	《教师执业道德力》	黄爱华　夏丽娟	38.00
精彩课堂系列	75	《基于核心素养的数学教学》	赵红婷	35.00
	76	《中学生核心写作能力培养》	陶　波	36.00
	77	《给孩子更好的数学课堂》	易增加	30.00
	78	《小学生阅读素养的提升策略》	邵巧治	35.00
	79	《从语文素养走向生命成长 ——小学语文读写课堂教学密码》	曾海玲	30.00
	80	《真实的品德课》	朱淑秀	30.00
	81	《英语课堂学习共同体——新型的师生交互学习场》	杨延从	30.00
	82	《指导自主学习——初中数学学与教的研究与实践》	刘其武	30.00
	83	《玩出精彩的课堂 ——小学低年级教与学方式转变研究》	陶红松	30.00
	84	《让生命之花自主绽放——语文个性化教学建构策略》	商德远	30.00
	85	《让学生亲历知识——主体参与下体验式学习的实施策略》	何世祥	30.00
名校系列	86	《从校本课程走向学校课程——锡山高中课程探索之路》	唐江澎等	35.00
	87	《让每个孩子都成志 ——清华附小主题阅读课程的实施探索》	窦桂梅	30.00
	88	《让每个孩子都成志 ——清华附小主题实践课程的实施探索》	窦桂梅	35.00
	89	《向着朝阳走去——清华附小合作办学实践探索》	窦桂梅	30.00

系列	序号	书名	作者	定价
名师成长系列	90	《情怀·智慧·境界——教育名家演讲录（1）》	钟惠河　李榅琬	30.00
校长领导力系列	91	《学校细节管理的执行力》	林文明　王林发	30.00
	92	《校长智慧统筹的领导力》	谢耀丰　蔡丽姗 王林发	30.00
	93	《学校持续发展的研究力》	林文智　宋佳敏 王林发	30.00
	94	《学校和谐融洽的协作力》	陈一平　郭雪莹 王林发	30.00
	95	《学校教育提升的引领力》	谢文东　关敏华 王林发	30.00
	96	《学校团队成长的学习力》	黄纪　蔡美静 王林发	30.00
	97	《学校高效管理的创新力》	张旭	30.00
	98	《学校成功管理的决策力》	邱黎明	30.00
	99	《高品质学校生长要素》	王益民	30.00
	100	《校长高效教学领导力提升策略》	徐世贵　郭文刢	30.00
新思维系列	101	《让后进生学习有后劲之36计》	严育洪	30.00
	102	《教育中的“不一定”——打破教育的19种思维惯式》	严育洪	30.00
教师修炼系列	103	《如何炼就课堂好声音——教师美嗓保健实用宝典》	薛建洲	30.00
	104	《与学生一起成长——90后教师的心路反思》	王　晗	30.00
	105	《教育，爱与宽容——教师心灵礼仪修炼》	许力争	30.00
教育家核心思想系列	106	《叶圣陶论写作》	叶圣陶 著 李怀源 选编	30.00
	107	《叶圣陶谈阅读》	叶圣陶 著 李怀源 选编	30.00
	108	《多元智能理论的本土化应用》	刘治富	30.00
	109	《大教育家最具施教力的教学思想》	白刚勋	30.00
学生心理解码系列	110	《在人生的春天播种 ——十四岁，写给青春的一封信》	白宏宽	30.00
	111	《孩子问题行为一点通 ——只有好老师才知道的学生心理谜底》	严育洪	30.00
校本研修系列	112	《徜徉语文教研》	肖俊宇	35.00
	113	《校本研修资源的开发与利用》	陈朝林	30.00
	114	《校本研修与教师专业成长》	吴积军	30.00
	115	《卓越教师经典研修成长策略》	刘天宝等	30.00
	116	《特色校本课程开发范例解读》	刘永平　李秀伟 张雪梅	30.00
	117	《高效校本研修模型构建艺术》	刘素雁	30.00
	118	《走向实践的教研——中小学教育科研引领与应用》	江　敏	30.00

系列	序号	书　　名	作者	定价
教育管理力系列	119	《缔造唯美教育——延奎小学素质教育实施策略》	易增加	30.00
	120	《让普通学校崛起的20个细节——“生命为本”教育团队成长密码》	李其玉	30.00
	121	《“走”出教育的精彩：走动式学校管理文化构建》	罗　军	30.00
	122	《校长兵法：学校管理四十六计》	皮大鹏	30.00
班级文化系列	123	《活力班级的文化建设》	胡　珏	30.00
	124	《做幸福的班主任》	吕　丽	26.00
高效能教学系列	125	《高效能教师的10个好习惯（中学卷）》	张　瑾	30.00
	126	《让作文落地生根——提高写作实效的教学策略》	黄桂林	30.00
	127	《高效能作文教学5项修炼》	陈步华	30.00
	128	《高效能校长的10个好习惯》	张　勤	30.00
	129	《高效能教师的10个好习惯（小学卷）》	谢　英	30.00
	130	《高效能语文教学5项修炼》	王其华	30.00
新课程探索系列	131	《语文新课程的批判与重建》	葛桂斌	30.00
美国名师教学译丛	132	《美国名师游戏教学本土化应用：幼儿园》	（美）玛西娅 L. 泰特 著 胡珍　瞿菁　编译	30.00
	133	《美国名师游戏教学本土化应用：小学英语》	（美）玛西娅 L. 泰特 著 杨永华　张心影　编译	30.00
	134	《美国名师游戏教学本土化应用：小学数学》	（美）玛西娅 L. 泰特 著 谢艳红　编译	30.00
	135	《美国名师游戏教学本土化应用：小学科学》	（美）玛西娅 L. 泰特 著 刘丽萍　编译	30.00
	136	《美国名师游戏教学本土化应用：小学社会》	（美）玛西娅 L. 泰特 著 姜梅芳　编译	30.00
	137	《美国名师游戏教学本土化应用：小学音体美》	（美）玛西娅 L. 泰特 著 尹立志　编译	30.00
鲁派名师名校·教育探索者系列	138	《悦读立人——校园阅读文化体系构建策略》	杨世臣	30.00
	139	《教育智慧何处来——一位特级教师的思考手记》	付立金	30.00
	140	《和雅文化——校本课程的创新构建》	汤善香	30.00
	141	《让个性绽放精彩——学校课程体系整合与创生》	谢建伟　徐淑萍	30.00
	142	《让每个学生都幸福——最能润泽生命的学校文化建设》	谢建伟　张新喜	30.00

系列	序号	书　　名	作者	定价
生态化校园系列	143	《文化管理——构建生态和谐校园的必由之路》	付全新	30.00
	144	《点燃学习的激情——构建校园生态化学习型组织》	杨树岳	30.00
	145	《课改突围——构建学校生态化教学体系》	杨树岳	30.00
教育新思考系列	146	《语文教育向何处去》	王　丛	26.00
	147	《教育，就是做好普通的事》	孙志毅	27.00
	148	《走出语文的偏见——让学生体悟文本的原义》	丛智芳	30.00
	149	《让语文教学更高效——批注式阅读教学探索》	韩中凌	30.00
	150	《读写互促——探寻学以致用的语文教学》	曹　龙	30.00
	151	《跳出数学教数学——用文化融通数学教学》	马建秀	27.00
名师感悟系列	152	《让心灵伴着歌声成长——22位音乐名师的教育智慧》	陈　璞	30.00
	153	《超越自我的教师——32位名师的成长感悟》	李卫东　李秀伟	35.00
	154	《心灵的守护者——19位名班主任的教育智慧》	王晓松　曲文弘	30.00
	155	《名师感悟班主任有效工作艺术90例》	符礼科	30.00
	156	《名师感悟有效教学90例》	林高明　徐玉烟	30.00
信息化教学系列	157	《巧用白板教语文——信息技术与语文教学操作指南》	蒋丽清	30.00
	158	《跨越式实现高效课堂 ——信息技术与课程整合高效教学方案评析》	陈　玲　刘　禹	30.00
教师必读系列	159	《教师必学的16堂修养课》	武宏伟	30.00
	160	《教师不可不知的教学心理效应》	叶勇军	30.00
	161	《班主任不可不知的管理效应》	奚一琴	30.00
	162	《教师不可不知的教育心理效应》	孙　媛	30.00
	163	《校长不可不知的管理效应》	谢申刚　张金豹	30.00
	164	《成为好教师的7项修炼》	王福强　李维华	30.00
	165	《如何让学生会学习》	龙　冰	30.00
	166	《如何让学生爱学习》	周震宇　许小燕	30.00
核心教学主张系列	167	《新生代语文名师核心教学主张》	许友兰	30.00

系列	序号	书　　名	作者	定价
中国教育变革之路丛书	168	《百年树人师何为——教师队伍建设困顿与出路》	将丽珠　李玉向	30.00
	169	《入园何时不再难——学前教育困惑与抉择》	曾晓东 范　昕　周　慧	30.00
	170	《三尺书桌何处寻——流动人口子女教育困难与破解》	范先佐	30.00
	171	《苦旅何以得纾解——高考改革困境与突破》	郑若玲	30.00
	172	《择校纠结何时了——择校问题困局与治理》	曾晓东　周文海 曾娅琴	30.00
创新教学思想系列	173	《“大问题”教学的形与神》	黄爱华　张文质	30.00
教育漫笔系列	174	《课堂，诗意地栖居》	吴书华	30.00
教学提升系列	175	《有思想地教阅读——让学生学会品读文字真意》	王学东	30.00
教育艺术提升系列	176	《藏在师生体态语言里的教学智慧》	张　宇　廖生波	30.00
教学全手册系列	177	《小学习作教学全手册》	郭家海	30.00
	178	《中学写作教学全手册》	郭家海	30.00
	179	《情境教学操作全手册》	冯卫东	35.00
	180	《合作教学操作全手册》	李春华	35.00
	181	《探究教学操作全手册》	周新桂	35.00
	182	《自主教学操作全手册》	诸葛彪	35.00
	183	《创新教学操作全手册》	王　玮	35.00
	184	《班主任工作全手册》	刘沛华	35.00
	185	《新教师工作全手册》	周震宇	35.00
	186	《学生心理健康教育全手册》	刘海莉　刘春杰	35.00
	187	《高效教学操作全手册》	马友平	35.00

系列	序号	书　　名	作者	定价
创新人才培养系列	188	《创新人才培养校园科普精品课程开发与指导——人大附中创新人才培养》	罗　滨	30.00
	189	《创新人才培养特色校本课程开发与创新人才培养——清华附中“国际安全下的科学技术”课程构建与实施》	王殿军　方　研　赵宏雁	30.00
	190	《创新人才培养：学校实验室建设与管理》	刘克文　杨发丽　杨　平	30.00
	191	《创新人才培养：数学探究活动开发与指导》	马云朋　韩继伟	30.00
	192	《创新人才培养：化学研究活动开发与指导》	王　磊	30.00
	193	《创新人才培养：物理探究活动开发与指导》	廖伯琴	30.00
	194	《创新人才培养：地理探究活动开发与指导》	张建珍　陈　澄	30.00
	195	《创新人才培养：生物探究活动开发与指导》	张迎春	30.00
	196	《创新人才培养：理念探索与思维突破》	王晶莹	30.00
新生代通派名师系列	197	《简约数学教学》	许卫兵	30.00
	198	《语文教学的本真——情意课堂展现母语之美》	吴建英	30.00
	199	《语文课堂的理想追求——欢快达成三维目标》	董一红	30.00
	200	《阅读教学的真髓——意象构建读出文学的真美》	祝　禧	30.00
	201	《美术教育的真谛——审美人生教育让生命绚丽成长》	陈铁梅	30.00
	202	《语文教学的理想境界——无痕教学润泽生命》	李　凤	30.00
	203	《儿童作文的本义——嬉乐作文让儿童乐并成长着》	王笑梅	30.00
	204	《名师是怎样炼成的》	王建明　王笑君	35.00
幼师成长系列	205	《幼儿行为背后——教师如何读懂幼儿的心思》	吴亚英	30.00
	206	《最具教育力的22种幼儿教育思想》	杨　达	30.00
	207	《幼儿教师必知的安全应急措施》	杨　达	30.00
	208	《幼儿教师必备的教育技能》	李　玲	30.00
	209	《卓越园长21条幼儿园管理策略》	周　丹　江东秋	30.00